KB219532

사회 이슈와 한국교회

사회 이슈와 한국교회

2014년 12월 25일 초판 인쇄
2014년 12월 31일 초판 발행

지은이 | 조용훈
펴낸이 | 이찬규
펴낸곳 | 북코리아
등록번호 | 제03-01240호
주소 | 462-807 경기도 성남시 중원구 사기막골로 45길 14
　　　우림2차 A동 1007호
전화 | 02-704-7840
팩스 | 02-704-7848
이메일 | sunhaksa@korea.com
홈페이지 | www.북코리아.kr
ISBN | 978-89-6324-418-1 (93230)

값 15,000원

* 본서의 무단복제를 금하며, 잘못된 책은 바꾸어 드립니다.
* 이 도서의 국립중앙도서관 출판시도서목록(CIP)은 서지정보유통지원시스템 홈페이지(http://seoji.nl.go.kr)와
　국가자료공동목록시스템(http://www.nl.go.kr/kolisnet)에서 이용하실 수 있습니다.(CIP제어번호: CIP2013012377)

사회
이슈와
한국교회

조용훈

북코리아

머리말

'예수님은 좋은데 교인은 싫다.' '교회가 다르기는커녕 세상보다 더하다.' 간혹 사람들이 교회를 손가락질하며 하는 말들이다. 과거의 한국교회는 '세상의 희망'이었지만 지금의 한국교회는 '세상의 걱정거리'로 전락한 듯하다. 물론, 종교인과 종교단체에 대한 사회적 신뢰 상실과 그에 대한 비판은 비단 한국교회만의 현상은 아닐 것이다. 어느 시대, 어느 종교에도 비슷한 문제가 존재했다. 종교인에게 거는 기대가 클수록 실망도 그만큼 큰 것은 당연하다. 그러나 우리 시대 한국교회의 사회적 신뢰나 윤리적 탁월성의 상실을 심각하게 생각해야 하는 이유는 한국교회가 우리 사회에서 차지하는 위치와 영향력이 크기 때문이다. 영향력이 큰 종교일수록 사회적 폐해도 클 수밖에 없다.

신앙공동체의 과제 가운데 하나는 신자들의 인격적 성품 형성을 돕는 일이다. 교인들의 종교심을 함양할 뿐만 아니라 교인들을 착하고 정직하며 겸손한 성품을 지닌 교양 있는 시민들로 성장시켜야 한다. 더 나아가 신앙공동체의 사회적 책무도 소홀히 해서는 안 된다. 사회 조직 가운데 하나인 교회는 사회정의나 평화, 인권이나 민주주의 발전에도 기여할 의무가 있다. 교회란 예수님께서 산상수훈에서 말씀하셨듯이 '세상의

5

빛'이요 '산 위의 동네'다. 교회는 그 자신이 평화롭고 민주적인 공동체적 삶을 통해 현실 세계에 대한 대안공동체가 되어야 한다. 말하자면, 교회는 하나님 나라의 관점에서 현실 세계를 심판하고, 현실 세계로 하여금 하나님 나라를 꿈꿀 수 있도록 끊임없이 도전하고 자극해야 한다.

이 책에 실린 글들은 이런 문제의식과 자기반성 속에서 생겨난 것들이다. 우리 사회에서 사회 이슈들이 논의될 때, 그리스도인과 교회가 어떻게 그것을 이해하고, 윤리적으로 대처해야 할지를 고민하면서 썼던 글들이다. 예를 들자면, 목회자의 성적 탈선문제가 교회문제를 넘어 사회문제로 부각되었을 때 「목회자의 성적 탈선문제와 목회윤리」(2004)와 「목회자의 도덕적 리더십」(2004)을 썼다. 황우석 교수의 논문 조작사건으로 인해 학계만 아니라 사회전체가 혼란에 빠졌을 때 「연구(자)윤리와 기독교」(2008)를 썼다. 17대 대통령 선거에서 한국교회가 장로대통령 만들기와 기독당 창당에 나서고, 서울시청 앞에서 대규모 친미반공집회를 열 때 「반공주의에 포로 된 한국교회」(2006)와 「최근 한국교회의 정치참여 비판」(2009)을 썼다. 신학 사상을 문제 삼아 감신대 변선환 교수와 홍정수 교수가 해직된 데 이어 강남대 이찬수 교수가 대학으로부터 해직(2006)되는 일련의 사건을 보면서 「학문의 자유와 기독교」(2009)를 썼다. 나머지 글들도 교회가 관심해야 할 사회적 이슈들과 직접적으로 관련되어 있다. 인터넷 강국으로 알려진 우리나라에서 인터넷으로 인한 윤리적 이슈들을 다룬 「인터넷윤리에 대한 기독교적 이해」(2007), 소비사회에서 아동들의 영혼 문제를 다룬 「아동의 소비문화와 교회의 과제」(2008), 환경문제를 둘러싼 사회적 갈등과 세대 간 갈등 문제를 다룬 「환경정의를 둘러싼 윤리적 쟁점과 기독교」(2011), 그리고 최근에 정부가 뿌리 뽑아야 할 4대 사회악 가운데 하나로 제시한 학교폭력 문제를 다룬 「청소년 학교폭력 문제와 기독교」(2014)를 썼다.

이런 글들을 통해 필자가 말하고자 한 점은 사회 윤리적 이슈들 역시 한국교회가 민감하게 반응하는 동성애나 도박, 술 · 담배와 같은 개인윤리적 이슈들만큼이나 중요하다는 사실이다. 교회는 사회를 구성하는 중요한 일원이며, 우리 사회에서 그 어떤 사회기관이나 단체보다 영향력이 크다. 게다가 대부분의 사회적 이슈들은 관련된 사람이나 단체들 사이에 이해관계가 충돌하고, 사회제도나 법이 관련된 복잡한 문제다. 개인의 양심이나 도덕적 호소만으로는 쉽게 해결할 수 없는 문제가 대부분이다. 그럼에도 불구하고 사회 이슈에 대한 교회 강대상에서의 선포는 견해가 제각각인 데다 분석은 피상적이고 단순하며, 대안도 순진하게 보인다. 그러다 보니 사회여론의 형성과정에서 교회는 아무런 영향력도 미치지 못하게 된다.

물론 이 책이 모든 사회 이슈들을 다루는 데 목적을 둔 것도 아니고 그럴 수도 없다. 어떤 사회 이슈를 다룰 때 그에 대해 교회와 그리스도인이 어떻게 접근하고 이해하면 좋을지를 예시적으로 보여주는 데 목적이 있다고 보는 것이 더 정확할 것이다. 아무튼 이 책을 통해 교회와 그리스도인들이 우리 사회의 쟁점이 되는 이슈들을 바로 인식하고 분석하고, 다양한 규범이나 가치들을 적용해보면서 스스로 결단하는 데 약간의 도움이라도 되길 바랄 뿐이다.

어려운 출판 환경에도 불구하고 이 책의 출판을 선뜻 허락해주신 북코리아 이찬규 사장님과 거친 문장을 다듬느라 수고해주신 선우애림 님께 감사드린다. 물론, 독자들이 글을 읽으면서 문법적 잘못이나 모호한 문장을 발견한다면 그것은 전적으로 필자의 책임이다. 한남대 기독교학과와 교목실에서 교육과 연구, 그리고 대학선교를 위해 함께 땀 흘리는 동료 교수님들의 우정과 신뢰에 감사를 드린다.

2014년 12월
조용훈

CONTENTS

머리말 ·· 5

I. 사회 이슈와 한국교회 ··· 15

1. 환경정의를 둘러싼 윤리적 쟁점 ··································· 17

　1) 서론 ·· 17

　2) 환경정의 개념의 전개 과정 ······························· 19

　3) 환경정의의 내용과 윤리적 쟁점 ························· 20

　4) 환경정의 실현을 위한 기독교윤리의 과제 ··········· 35

　5) 맺는 말 ··· 39

2. 인터넷윤리와 기독교 ··· 41

　1) 서론 ·· 41

　2) 인터넷 문화와 신학적 입장 ································ 44

　3) 인터넷윤리의 성격과 기본 원칙 ························· 54

　4) 인터넷윤리 방법론에 대한 기독교윤리적 이해 ····· 55

　5) 맺는 말 ··· 67

CONTENTS

3. 아동의 소비문화와 교회의 과제 ······························· 69

1) 서론 ··· 69

2) 에인젤 비즈니스와 키즈 마케팅 ··· 72

3) 아동의 소비행태 ··· 75

4) 아동 소비문화의 윤리적 쟁점들 ··· 78

5) 아동의 건강한 소비문화 형성을 위한 기독교의 과제 ········ 81

6) 맺는 말 ·· 88

4. 청소년 학교폭력과 기독교의 과제 ························· 89

1) 서론 ··· 89

2) 학교폭력에 대한 일반적 이해 ··· 91

3) 학교폭력 해결을 위한 교회와 기독교학교의 역할 ············ 100

4) 맺는 말 ·· 112

5. 최근 한국교회의 정치참여 비판 ····························· 115

1) 서론 ··· 115

2) 최근 한국교회의 정치참여와 교회적 · 사회적 위기 ········· 119

3) 정교분리 원칙의 정치윤리적 함의 ····································· 123

4) 정교분리 원칙에서 본 한국교회의 정치참여 문제 비판 ···· 129

5) 정교분리 원칙에 기초한 한국교회의 정치적 책임과 과제 ······· 136

6) 맺는 말 ·· 141

6. 반공주의에 포로된 한국교회 ··· 142

1) 서론 ·· 142

2) 한국교회의 반공주의 형성의 역사 ······································· 144

3) 정치사회 현실의 변화와 교회의 과제 ··································· 156

4) 맺는 말 ·· 161

Ⅱ. 학문과 윤리 ··· 163

1. 연구(자)윤리와 기독교 ·· 165

1) 서론 ·· 165

2) 연구윤리의 이슈와 쟁점 ·· 168

3) 연구윤리의 방법론적 특성과 기독교윤리적 과제 ··············· 177

4) 연구윤리의 신학적·목회적 적용 ·· 188

5) 맺는 말 ·· 190

2. 학문의 자유와 기독교윤리 ·· 192

1) 서론 ·· 192

2) 학문의 자유의 개념과 내용 ·· 194

CONTENTS

3) 학문의 자유를 침해하는 요소들 …………………………………… 197

4) 학문의 자유의 윤리학적 토대 …………………………………… 203

5) 한국교회 현실에서 학문의 자유 …………………………………… 208

6) 맺는 말 …………………………………………………………… 213

3. 대학생의 가치관과 대학선교 …………………………………… 215

1) 서론 ……………………………………………………………… 215

2) 대학생의 가치관 ………………………………………………… 217

3) 기독교대학의 선교적 과제………………………………………… 228

4) 맺는 말 …………………………………………………………… 235

III. 신앙문화와 목회윤리…………………………………………… 237

1. 한국교회의 신앙문화와 윤리적 과제 ………………………… 239

1) 서론 ……………………………………………………………… 239

2) 한국교회의 반지성적 신앙문화……………………………………… 240

3) 한국교회의 문화지체 현상………………………………………… 253

4) 새로운 신앙문화 형성을 위한 과제 ……………………………… 263

5) 맺는 말 ·· 269

2. 목회자의 성적 탈선 문제와 목회윤리 ································· 271

   1) 서론 ·· 271

   2) 성적 탈선의 심리적 배경 ··· 273

   3) 성적 탈선의 사회 문화적 배경 ·· 276

   4) 목회윤리적 과제들 ·· 279

   5) 맺는 말 ·· 291

3. 목회자의 도덕적 리더십 ··· 294

   1) 서론 ·· 294

   2) 지도력과 권위의 토대 ··· 296

   3) 목회윤리의 방법론적 특징 ·· 306

   4) 맺는 말 ·· 314

4. 생명신학과 살림공동체 ··· 316

   1) 서론 ·· 316

   2) 생명신학의 태동 배경과 발전 과정 ··································· 317

   3) 생명의 개념과 특성에 대한 일반적 이해 ························ 321

   4) 기독교 생명신학의 이론적 토대 ······································· 327

   5) 맺는 말 ·· 339

I

사회 이슈와 한국교회

1.
환경정의를 둘러싼 윤리적 쟁점[*]

1) 서론

　최근 인문학 서적 가운데 한 권이 상당한 기간 동안 베스트셀러가 되어 사회적인 주목을 받았다. 미국 하버드 대학의 마이클 샌델(M. J. Sandel) 교수가 쓴 『정의란 무엇인가』가 그 책이다.[1] 이 책이 주목을 받게 된 이유 가운데 하나는 아마도 지금 우리 사회에서 정의에 목말라하는 사람들이 늘어가고 있기 때문일 것이다. 국제적으로 신자유주의 이념에 기초한 지구화경제가 확대되면서 실업자가 늘고, 국내적으로는 이명박 정부 이후 사회적 양극화가 심해지고 있다.[2] 이런 현실에서 정의에 대한 관심이 높아지는 것은 당연한 일이다.

　지금과 같은 심각한 환경위기 시대에 정의 문제는 단순히 인간사회

---

*　이 글은 「환경정의에 대한 기독교윤리적 이해」라는 제목으로 『장신논단』40, 2011에 실린 글을 약간 수정했다.

1)　마이클 샌델, 이창신 역, 『정의란 무엇인가』, 김영사, 2010.

2)　최근 자료를 보면, 청년층(15-29세) 고용률이 2004년 45.1%에서 최근에는 40-41%로 떨어졌으며, 소득분배의 불평등 정도를 나타내는 지니계수가 2006년 0.285에서 2009년 0.294로 높아져 양극화 문제가 악화되었음을 경고하고 있다. 〈국민일보〉, 2011년 2월 23일자.

의 개인들 간 혹은 계층 간의 문제로만 제한할 수는 없다. 지금까지 윤리학은 인간과 인간 혹은 인간과 사회 사이에서의 도덕적 책임 문제에 대해서만 관심했지만, 이제는 책임의 범위를 다음 세대나 자연생명 전체로 확대할 것을 요청하고 있다. 그에 따라서 정의에 대한 논의도 인격의 공정성이나 법의 정당성, 그리고 사회적 정의의 차원을 넘어, 인간과 자연세계 사이의 환경정의로까지 발전하길 요청한다. 실제로 오늘날 제한된 환경자원을 배분하는 문제나 환경파괴의 원인·결과, 그리고 환경문제를 해결하는 수단의 도입과 거기에 드는 비용부담을 둘러싸고, 한 사회내의 다양한 사회계층과 지역, 국가 간에 갈등과 분쟁이 커지고 있다. 왜 공해산업시설이나 쓰레기소각장이 하필이면 저소득 빈곤층 주거지역에 집중적으로 건설되는가? 왜 다수의 빈곤국가 국민들이 전 세계 자원의 4분의 3을 소비하는 선진국 사람들이 일으키는 환경파괴의 결과로 고통당해야 하는가? 자연세계가 인류 공동의 유산이라고 생각하면서 왜 현세대 사람들이 화석연료를 다 사용하려 하는가? 모든 생명체가 다 생존의 권리를 가지고 있다고 할 때, 인간 취미활동으로 사냥을 하거나 가죽을 얻기 위해 동물을 죽이는 행위가 도덕적으로 정당화될 수 있는가?

이런 다양한 질문들을 둘러싼 사회적 갈등과 분쟁은 한 사회의 안정과 평화를 해치는 핵심 이슈 가운데 하나가 되었다. 이제 환경정의 없이는 세계평화가 있을 수 없다고 전망된다. 동시에 '환경난민' 문제가 국제사회의 새로운 갈등의 원인이 되고 있으며, '환경안보'가 국가들의 중요한 정치적 과제로 떠오르고 있다.[3]

아래에서 우리는 환경정의란 무엇이며, 그에 대한 학문적 논의가 어떤 과정을 통해 발전해왔는지, 그리고 환경정의를 둘러싼 윤리적 쟁점들이

---

3)   조용훈, 『기독교 환경윤리의 실천과제』, 대한기독교서회, 1997, 192.

무엇인지 살펴본 후, 기독교윤리학의 과제를 탐색할 것이다.

2) 환경정의 개념의 전개 과정

환경정의라고 하는 개념은 환경에 대한 이슈들을 둘러싸고 생겨난 차별적 정책을 경험한 데서 생겨났다. 한 예로써, 1987년 미국에서 '인종과 정의를 위한 통합기독교위원회(United Church of Christ Commission for Racial Justice)'가 환경과 관련한 인종차별을 주제로 보고서를 출판하게 되는데, 거기에서 폐기물 처리장의 입지가 주로 빈민들과 유색인이 밀집한 지역사회에 편중되고 있다는 사실에 주목했다. 비슷한 시기에 수자원 오염, 핵폐기물 처리장 선정에 대한 결정을 둘러싸고 세계 각지에서 동시다발적으로 발생한 지역주민의 저항운동이 환경정의에 대한 논의를 전 세계적으로 확산시키는 계기가 되었다.[4] 이러한 논의들이 발전해간 덕에 1991년에 미국에서 '전국 유색인종 환경지도자 제1차 회의(The First National People of Color Environmental Leadership Summit)'가 개최된다. 이 회의에서는 모두 17개 항의 '환경정의의 원칙'에 대한 합의가 이루어지는데, 거기에서 환경정의에 대한 중요한 내용들이 등장하게 된다.[5]

① 환경정의는 어머니 지구의 신성함과 생태학적 통일성, 모든 종의 상호결속 그리고 생태파괴로부터 자유로울 수 있는 권리를 인정한다.
② 환경정의는 공공정책이 모든 인간에게 호혜적 존중과 정의에 근거하기를 바라며, 어떤 형태의 차별과 편견으로부터도 자유로울 수 있기를

---

4)   최병두, 『비판적 생태학과 환경정의』, 한울아카데미, 2009, 22.
5)   앞의 책, 23-24 재인용.

요구한다.

③ 환경정의는 인간과 다른 생명체가 지속적으로 이 행성에서 살 수 있
도록 땅을 윤리적이고 균형 있게, 그리고 책임 있게 사용할 권리를 명
한다.

④ 환경정의는 하늘과 땅, 물, 식량을 맑게 할 근본적 권리를 위협하는 핵
실험과 폐기물, 유해폐기물 및 유독물질 처리로부터 보편적으로 보호
받을 것을 요구한다.

⑤ 환경정의는 모든 인간이 정치적·사회적·문화적·환경적 문제를 스
스로 결정할 수 있는 근본적 권리를 승인한다.

이러한 논의의 결과에 기초하여 오늘날 환경권이나 자연의 생명권을
보호하기 위한 각종 법률이 속속 제정되면서, 환경정의 문제가 윤리적
논의 차원에서 법적 차원으로 발전하게 된다. 현 단계의 논의 수준이 더
발전하기 위해서는 환경정의의 윤리적 정당성에 대한 연구만 아니라 그
것을 구체적으로 실현할 수 있는 제도적 장치들에 대한 연구도 필요해
보인다. 다음으로 우리는 환경정의의 내용이나 범위, 그리고 쟁점이 무
엇인지 살펴보도록 하겠다.

3) 환경정의의 내용과 윤리적 쟁점

(1) 빈곤계층과 소비계층 사이의 환경정의

환경정의란 우선적으로 '환경권'으로 이해된다. 환경권이란 모든 사람
이 건강한 환경 가운데 살 수 있는 권리로서 환경으로부터 얻을 수 있는

혜택을 동등하게 공유할 수 있는 권리이며, 환경파괴로 인한 책임과 의무를 공평하게 나누어 지는 일이라고 규정할 수 있다. 그런 관점에서 볼 때, 오늘날 공공정책의 중요과제는 어떻게 자연자원을 공평하게 배분하며, 환경파괴로 인한 책임을 공평하게 나눌 것인가에 놓여진다. 자연자원이 모든 계층에게 공평하게 배분되지 않거나, 환경파괴로 말미암는 불이익이 저소득 빈곤계층에만 집중된다면 이것은 명백하게 계층 간의 차별과 부정의라 하겠다.

일반적으로, 한 사회 안에서 소득수준이 높은 소비계층은 육류중심의 식생활이나 많은 에너지를 사용하는 생활방식으로 말미암아 자원을 남용하고 환경을 파괴하게 된다. 그런데 문제는 이들 소비계층으로 말미암아 생겨나는 환경파괴 피해의 대부분을 영양상태가 좋지 않으며, 열악한 주거환경에 사는 빈곤계층이 떠맡게 된다는 점이다. 자세히 들여다보면, 환경파괴로 말미암는 피해가 고령자, 연소자, 그리고 병약자와 같은 생물적 약자, 근로자나 자영업자, 그리고 농어민과 같은 사회적 약자에게 집중되고 있음을 알 수 있다. 이러한 공해의 불평등한 분배구조를 가리켜 '생태 권위주의'로 표현하기도 한다.[6]

생태 권위주의 혹은 계층 간 환경 불평등이 발생하는 이유는 사회계층 간에 사회 정치적 권리가 불평등하게 분배되어 있음으로 말미암아 환경 관련 중요 지식이나 정보의 절대량과 접근권이 불평등하게 배분되어 있기 때문이다. 한 예로써, 교육수준이 낮은 농민들은 농약을 사용하는 데 있어서 반드시 알아야만 하는 중요한 정보들을 알 수 없기 때문에 치명적인 위험에 노출된다.

미국 같은 나라에서 환경 불평등 문제는 인종문제와 연관되어 나타나

---

6)　토다 키요시, 김원식 역, 『환경정의를 위하여』, 창작과비평사, 1996, 113.

기도 하는데 이를 가리켜 '환경적 인종주의(environmental racism)'라 하기도 한다.[7] 일반적으로, 흑인이나 멕시코계 미국인 가운데 백인 미국인보다 블루칼라 노동자가 많기 때문에 어쩔 수 없이 직장에서 유해폐기물에 더 많이 노출되게 된다. 그리고 유색인종의 암발생 증가율이 백인보다 높은 것도 같은 이유다.[8] 도시의 주변부나 농촌의 흑인 거주지역에 유해폐기물 매립지, 소각장, 제지공장, 폐기물처분장, 그리고 그 밖의 공해산업 시설이 입지하는 경우가 많은 것도 한 원인이다. 다른 나라의 경우를 보더라도 대부분의 핵실험장은 원주민 거주지역이나 소수민족 거주지역에 집중되어 있다. 중국 정부가 핵폐기물을 티벳으로 가져간 것이나, 구소련이 핵실험 장소로 소수민족 거주지역을 택한 일들은 모두에게 잘 알려진 사례. 1984년 인도 보팔(Bopal)에서 발생한 미국기업 유니언 카바이트사의 폭발사고로 2,000명 이상의 사망자가 발생하고 수십만 명이 피해를 보았는데, 피해자는 대부분 도로를 사이에 두고 공장과 이웃한 슬럼 지역 주민이었다.[9]

유감스럽게도 신자유주의 시장경제에서는 환경 불평등이 해소되기보다는 더 악화될 가능성이 크다. 이는 신자유주의 시장경제에서는 경제적 불평등과 그에 따른 환경 불평등이 논리적으로 정당화되기 때문이다. 신자유주의 시장경제가 확대되면서 저개발국에서는 실업률이 높아지고 노동계층의 실질소득 수준이 낮아지면서 저소득계층의 빈곤이 심화되고 있다. 그것은 국가들이 노동의 유연성과 노동비용의 최소화를 정책적으로 수용하기 때문이다. 거기에다 가격자유화, 화폐가치의 하락, 공공채무의 증가에 따라 인플레이션이 생겨나면서 생계비가 급등하는 것도 저

---

7)   앞의 책, 130.
8)   앞의 책, 191.
9)   앞의 책, 170.

소득계층의 빈곤을 악화시킨다. 절대빈곤이 심화되는 현상은 비단 저개발국만의 문제가 아니다. 미국에서도 빈부격차가 커지고 있는데 1980년대 미국의 가장 부유한 계층 1%는 자신들의 소득을 62%나 높였지만, 빈곤계층에 속하는 60%의 가구는 실질소득이 감소하는 고통을 감수해야 했다.[10] 그 결과 미국에서도 18%의 인구가 빈곤선 이하에서 살고 있으며, 결손가구의 빈곤층 비율은 53%나 된다. 최근의 한 연구에 따르면, 미국에서 기아계층으로 분류되는 사람이 자그마치 3,000만 명에 달한다고 한다.[11] 우리나라의 상황은 이보다 더하면 더했지 결코 덜하지 않다. 실업과 감봉, 자산 디플레, 그리고 가계부도로 말미암은 중산층의 빈곤화가 진행되면서 빈곤계층이 지속적으로 확대되고 있다. 문제는 이 같은 경제적 불평등이 개선되지 않으면 결국 계층 간 환경 불평등도 해소되지 않게 될 것이란 사실이다. 고소득계층은 자원낭비와 환경파괴를 통해 끊임없이 환경문제를 일으킬 것이며, 저소득계층은 그 피해를 고스란히 떠안게 될 것이다.

(2) 선진국과 저개발국 사이의 환경정의

우리는 환경위기를 '지구공동의 위기'라고 말한다. 물론, 환경위기 현상이 지역이나 국가의 장벽을 넘어 전 지구적 차원에서 전개된다는 점에서 그렇게 볼 수 있다. 하지만 이러한 표현이 환경위기에 책임이 있는 나라들과 피해를 입는 나라들 사이에 존재하는 갈등을 덮는 구실로 이용되어선 곤란하다. 그렇지 않으면 환경위기에 대한 담론은 자칫 환경위기에

---

10) 임혁백, 「세계화현상과 신질서」, 안택원, 『세계화와 한국의 진로』, 한국정신문화연구원, 1996, 18.

11) 미셸 초스도프스키, 이대훈 역, 『빈곤의 세계화』, 도서출판 당대, 1998, 36.

대해 마땅히 책임을 져야 하는 국가나 사회계층의 책임을 면제해주는 정의롭지 못한 일이 될 수 있다.

오늘날 산업국과 저개발국 사이에 생겨나고 있는 환경 불평등 문제에는 몇 가지 원인이 있다.

첫째, 자연자원의 불균등한 배분과 사용 때문이다. 산업국들의 인구는 전 세계 인구의 4분의 1밖에 안 되지만, 세계 자원의 4분의 3을 소비하면서 그만큼 많은 환경파괴를 일으킨다. 그럼에도 불구하고 자원 소비로 말미암아 생겨나는 환경파괴의 피해는 대개 저개발국가에 돌아가는 경우가 많다. 이에 대한 전형적인 예로써 오늘날 가장 큰 지구적 환경문제 가운데 하나라고 할 수 있는 기후변화(혹은 지구온난화)를 들 수 있다. 저개발국은 기후변화로 말미암는 피해를 더 많이 받게 되는데, 그 이유는 저개발국의 산업구조가 자연자원과 밀접히 관련된 1차 산업 위주로 구성되어 있기 때문이다. 반면 산업국은 상대적으로 덜 피해를 보는데, 그 이유는 농업의 비중이 작을 뿐 아니라 과학기술의 발달로 인해 기후변화에 대비할 능력이 뛰어나기 때문이다. 최근 기후변화로 말미암아 생겨난 해수면의 상승으로 전국토가 침수 위기에 내몰린 투발루(Tuvalu) 같은 섬 국가는 생존위기에 내몰리고 있다. 2006년에 파푸아 뉴기니 정부는 해수면 상승의 위협 때문에 카터릿 섬 주민을 전부 대피시켜서 지금은 무인도가 되고 말았다. 그럼에도 불구하고 산업국은 환경문제에 관한 국제회의에서 자신들의 높은 소비수준에 의한 자원낭비나 환경파괴에 대해서는 침묵하면서 저개발국에서의 인구증가와 환경에 대한 인식 부족만을 문제 삼는다.

둘째, 산업국의 공해산업 재배치 및 저개발국으로의 수출이 국가 간 환경 불평등 문제를 야기한다. 산업국에서는 일찍부터 환경문제에 대한 시민들의 의식수준이 높아지면서 자국 내에서 산업폐기물의 처리나 공해산업의 운영이 어렵게 되었다. 그러자 산업국은 공해산업시설을 환경 규제가 상대적으로 느슨한 저개발국으로 이전하거나 수출함으로써 저개발국의 환경을 파괴하고 있다. 이를 가리켜 '폐기물 식민주의' 혹은 '환경 아파르트헤이트'라 부르기도 한다.[12]

셋째, 다국적기업 혹은 초국적기업에 의한 저개발국의 환경파괴도 환경 불평등 문제를 제기한다. 오늘날 다국적기업은 전 세계 생산시설의 25%, 상업무역의 70%, 그리고 국제금융거래의 거의 전부를 차지하고 있다. 한 예로써, 다국적기업은 세계의 수출작물용 경작지의 80%를 관리하면서 종묘(種苗)자원의 대부분을 소유하고 있다. 다국적기업은 전 세계 농약 판매의 90%를 점유하고 있는데, 문제는 1980년대 후반 미국에서 해외로 수출된 농약의 25%가 건강에 해롭다는 이유로 미국 내에서는 판매가 금지되거나 등록이 철회된 상품이었다는 사실이다.[13]

넷째, 저개발국의 외채문제는 지속적인 환경파괴의 원인 가운데 하나다. 경제의 지구화에 따라서 저개발국의 외채문제도 급격히 악화되고 있다. 저개발국들의 장기 미상환 외채규모는 1970년의 620억 달러에서, 1980년에는 4,810억 달러, 그리고 1988년에는 8,210억 달러로 늘었다. 단기외채를 포함한 개발도상국의 총 외채 규모는 1996년에 2조 달러를 상회했는데, 이는 1970년과 비교할 때 자그마치 32배나 증가한 수치다.[14] 여기서 쟁점은 저개발국이 그동안 외채를 부지런히 갚았음에도 불구하고 여전히 절대액수가 줄지 않고 있다는 사실이다. 그러다 보니 이렇다 할 인적 자본이나 기술자본 없이 오로지 자연자원에만 의존하고 있는 대부분의 저개발국은 자연자원을 착취할 수밖에 없다. 외채문제로 인

---

12) 토다 키요시, 『환경정의를 위하여』, 121.

13) 앞의 책, 136.

14) 미셸 초스도프스키, 『빈곤의 세계화』, 50.

한 환경파괴 문제의 대표적인 사례로 서남아시아와 라틴아메리카의 목재 수출과 방목지 조성을 위한 열대림 벌목 문제를 들 수 있다. 열대림의 파괴는 지구온난화의 원인이 되며, 생물종 다양성을 파괴할 뿐만 아니라 미래 인류의 식량자원과 의료자원까지 파괴되는 비극을 부를 수 있다. 그러나 이런 어두운 미래에 공감하면서도 채권국인 산업국들은 외채문제에 대해 전향적 태도를 보이지 않고 있다. 오히려 IMF 구조조정 프로그램을 통해서 채무국들에게 국제수지 개선을 위한 수출확대와 그 구체적 방안으로서 단일경작을 강요한다. 그런 이유로 말미암아 세네갈의 경우, 프랑스 식민지 시대 이후 전체 경지면적의 3분의 2가 땅콩밭으로 바뀌게 되었으며, 그 결과 토양의 사막화가 더 악화되었다.[15]

이런 문제들을 인식한 라틴 아메리카와 카리브해 주교 및 목회자 모임에서는 1990년 외채를 '인간과 자연에 대한 사형선고'라고까지 비난했다.[16] 일찍이 케인(H. Kane)이 지적한 대로, 저개발국에서는 외채와 환경문제가 아주 밀접히 관련되어 악순환 구조를 이루고 있다.

> 엄청난 외채의 압박에 짓눌린 개발도상국들은 삼림보호와 토양보전, 에너지 효율적인 기술, 교육 및 공중보건과 같은 그들의 미래를 위한 사업에 투자를 할 수가 없게 된다. 미래에 대한 투자는커녕 외채부담으로 인해 그들은 외환의 유일한 소득원이기도 한 자연자원을 헐값에 팔아치워야만 했다. 마치 신용카드 대금을 지불하기 위해 조상 대대의 가보를 저당잡힐 수밖에 없게 된 사람처럼 개발도상국들은 장기적인 결과에 아랑곳하지 않고 삼림을 발가벗기고, 어장을 황폐시키고, 수자원을 고갈시키고 있다.[17]

---

15) 토다 키요시, 『환경정의를 위하여』, 116.

16) 조용훈, 『지구화시대의 기독교』, 대한기독교서회, 1999, 45.

17) 월드워치연구소, 이승환 역, 『지구환경과 세계경제1』, 도서출판 따님, 1993, 106–107.

만약 산업국들이 현 환경문제를 지구적 환경문제로 인식하고, 진심으로 염려하고, 해결하기 원한다면, 저개발국의 환경파괴를 가속화시키는 외채문제와 빈곤문제 해결에 관심을 보여야 한다. 말로만 지구적 환경위기를 외친다든지, 지구적 환경위기를 내세우면서 저개발국의 경제성장을 가로막고 저개발국의 인구증가 문제만을 책임으로 부각시킨다면, 그들의 태도는 환경제국주의라는 비난을 면하기 어려울 것이다.

(3) 현세대와 미래세대 사이의 환경정의

지구상에 존재하는 자연자원은 현세대만이 아니라 미래세대의 생존조건으로서, 지구 위에 살아가게 될 모든 세대의 공동자산이다. 현세대가 자연자원을 어떤 상태로 미래세대에 넘겨주느냐에 따라 미래세대의 삶의 질이 달라질 것이다. 이러한 이유에서 오트프리트 회페(O. Hoeffe)는 자연을 가리켜 "모든 세대들이 그 자체는 훼손하지 않고 그 이자에 의존해서 살 수 있는 자본과 같다"고 표현했다.[18] 책임감 있는 부모라면 자식에게 유산은 남기지 못할망정 빚을 남겨주려 하지 않듯이, 책임 있는 세대라면 마땅히 미래세대를 위해 건강한 자연환경을 넘겨주도록 노력해야 한다. 만약 현세대가 환경자원을 미래세대의 동의나 상환하겠다는 어떤 약속도 없이 사용하고 떠난다면, 이는 미래세대에 대해 너무나 무책임한 행동이다. 의도적으로 빚은 자식에게 남기고 떠나는 부모와 같다. 따라서 우리는 제한된 자연자원의 세대 간 분배문제를 정의 차원에서 다루어야 한다.

환경자원과 관련된 한 우리는 공간적으로 먼 나라에 있는 사람에 대해

---

18) 오트프리트 회페, 박종대 역,『정의: 인류의 가장 소중한 유산』, 이제이북스, 2004, 140.

서만 도덕적 책임을 지는 것이 아니라, 시간적으로 멀리 있는 다음 세대에 대해서도 도덕적 책임감을 느껴야 한다. 일반적으로, 미래세대의 권리를 옹호하는 사람들은 다음과 같은 사실을 강조한다.

미래세대도 현세대와 마찬가지로 생존의 권리가 있다. 화석연료에서 나오는 에너지 자원은 미래세대의 생존에 결정적으로 중요하기 때문에 반드시 보존되어야 한다. 핵폐기물의 부정적 영향이 사라지려면 아주 오랜 시간이 필요하기 때문에 미래세대의 짐이 되지 않도록 신중히 처리해야 한다. 현세대가 미래세대를 위한 희생을 강요당해서는 안 되듯이, 미래세대 역시 현세대의 생활방식에 의해 생태학적 생존위협에 내몰려서는 안된다. 그리고 모든 세대는 하나의 도덕공동체를 이루고 있다는 점에서도 미래세대의 권리를 말할 수 있다. 현세대가 앞선 세대의 도움을 통해 존속할 수 있었듯이 세대 간 단절이란 상상할 수 없는 일이다. 이러한 사실들로부터 우리는 동일한 도덕공동체에 속한 미래세대의 잠재적 이익을 현세대가 해쳐서는 안 된다는 도덕적 의무를 도출해낼 수 있다.[19]

제임스 내쉬(J. A. Nash)는 세대 간의 환경정의를 구현하는 데 필요한 현세대의 생태학적 책임을 다음 일곱 가지로 제시하고 있다.[20]

① 미래세대의 기회를 위태롭게 할 어떤 것이 생기지 않도록 하라.
② 미래세대가 '정의롭고, 유지할 만하며, 참여할 만한 사회'를 가질 근본적인 권리에 필요한 생태학적 조건을 박탈하지 말라.
③ 우리가 넘겨받은 건강한 상태의 생태계를 후손에게 남겨주어 미래세대

19) 구승회, 『생태철학과 환경윤리』, 동국대학교출판부, 2001, 248.
20) 제임스 내쉬, 이문균 역, 『기독교생태윤리』, 한국장로교출판사, 1997, 330–332.

가 현세대와 상대적으로 같은 기회를 누리도록 하라.

④ 현 상태를 유지하는 데서 나아가 우리 선조가 물려준 쓰레기 더미까지 정화함으로써 생태계의 상태를 개선해야 한다.

⑤ 재생 불가능한 자원을 '공정한 배당량' 이상 사용하지 말라.

⑥ 생태학적으로 되돌릴 수 없는 행위를 피해야 한다.

⑦ 모든 세대가 항상 그렇게 할 수 있도록 우리는 지구가 감내할 수 있는 삶의 방식을 따라야 한다.

일찍이 환경과 개발에 관한 세계위원회(WCED)의 브룬트란트보고서 (Brundtland Report, 1987)는 '지속가능성(sustainability)'이란 개념을 통해 "미래 세대의 요구를 충족시킬 수 있는 능력을 손상하지 않고 현재의 필요를 충족시킬 수 있는" 삶을 강조했다.[21] 미래세대가 최소한 현세대만큼이라 도 살 수 있도록 보장하는 범위 안에서만 현세대의 환경과 자연자원 사 용이 도덕적으로 정당화될 수 있다는 의미다. 하지만 구체적으로 미래세 대가 어떤 욕망과 어떤 필요를 가지고 있는지 확정하기가 어려우며, 세 대 간에 부담을 어떻게 나누어야 할지의 문제 역시 계산하기가 쉽지 않 다. 그 외에도 미래세대의 범위를 몇 세대까지 포함해야 할 것인지도 지 속적인 논의가 필요한 사항들이다.

(4) 인간 종(種)과 동물 종(種) 사이의 환경정의

오늘날 환경정의는 인간과 인간 혹은 국가와 국가, 그리고 현세대와 미래세대 사이에서의 분배정의만 아니라, 인간 종과 동물 종 사이에서의

---

21) 세계환경발전위원회, 조형준·홍성태 역, 『우리 공동의 미래』, 새물결, 1994, 36.

정의도 문제 삼는다. 전통적으로 윤리학은 인간과 인간 사이의 도덕적 책임 문제만을 논의의 대상으로 삼았으며, 도덕상의 권리 역시 인간에게만 해당되는 것으로 이해했던 것이 사실이다. 동물에 대한 인간의 윤리적 책임을 논의하는 데 있어서조차 동물의 본래적 이익을 동등하게 고려해야 한다는 정의의 원리 대신에 동물에 대한 동정심의 원리에 기반하고 있었다.[22] 말하자면, 인간과 동물을 동등하게 보고 각자의 이익을 추구해야 한다고 생각하기보다는 도덕적 우위에 있는 인간이 동물을 불쌍히 여겨야 한다는 생각에서 윤리적 책임을 강조했을 뿐이다. 그리고 동물에 대한 인간의 윤리적 책임을 논하는 중요한 이유를 설명하면서, 동물을 대하는 인간의 태도가 결국에는 다른 인간을 대하는 태도에 영향을 미칠 수 있기 때문이라고 했다. 말하자면, 동물 자체를 위한 도덕적 책임이 아니라 인간을 위한 도덕적 책임을 염두에 두었던 것이다. 이런 생각을 대변하는 대표적인 사례가 임마누엘 칸트(I. Kant)가 『도덕철학 강의』에서 보여주고 있는 생각이다.

어떤 동물도 자의식을 갖고 있지 않다는 점에서 모든 동물은 단지 수단으로서만 존재하며 스스로를 위하여 존재하지 않는다⋯. 이로부터 우리가 동물에 대하여 어떤 직접적인 의무도 지니지 않는다는 점이 도출된다. 동물에 대한 우리의 의무는 인간성에 대한 간접적인 의무일 뿐이다.[23]

전통윤리가 정의 문제를 인간과 사회의 문제로만 보았던 데에는 여러 가지 이유가 있다. 먼저, 인간과 동물이 결코 평등한 가치와 그에 기초한 평등한 권리를 갖고 있다고 생각하지 않았기 때문이다. 이런 태도는 다

---

22) 앞의 책, 36.
23) 최병두, 『비판적 생태학과 환경정의』, 한울아카데미, 2009, 142 재인용.

음과 같은 생각에 기초해 있다.[24] 첫째, 도덕적 위상이란 자율성, 합리성, 자기의식성에 기초하는데, 동물들은 감성적 존재이긴 해도 자율성, 합리성, 자기의식성을 갖고 있지 않다. 둘째, 동물들은 자기 이익에 대한 의사를 표현하거나 주장하지 못한다. 셋째, 동물은 타자를 위해 자신을 희생할 수 없고, 오히려 자기의 이해관계를 위해 타자를 희생시킬 뿐이다. 넷째, 인간만이 사회·정치·경제 관계를 통해 도덕공동체를 형성할 수 있다.

이러한 주장 외에도 윤리 논쟁에 있어서 인간 이외의 생물들도 권리를 가진다는 사실을 인정하지 않으려는 데에는 다음과 같은 이유들이 있다.[25] 첫째, 미생물을 포함한 생명의 권리를 인정하게 되면 인권의 중요성과 권리라는 개념 자체가 약화될 수 있다. 둘째, 생물의 권리와 인간의 권리를 동일한 것으로 생각할 때 혼란이 발생한다. 셋째, 생물의 권리를 인정한다면 권리 개념을 규정하고, 균형을 유지하는 데 있어서 복잡한 문제가 생긴다. 넷째, 윤리 규범이나 법적 규제는 실제적이어야 하는데 생물의 권리는 그럴 수 없다.

이러한 비판들이 있음에도 불구하고 오늘날 환경윤리학자들 가운데에는 인간만 아니라 다른 생물종의 권리를 인정해야 한다고 주장하는 사람들이 점점 많아지고 있으며, 논리적 설득력도 커지고 있다. 이들 환경윤리학자들은 모든 종류의 생물종들이 도덕적으로 같은 수준에 있다는 점을 강조하면서 도덕적으로 차별해서는 안 된다고 주장한다. 예를 들자면, 아이작 싱어(I. B. Singer)같은 사람은 "생물을 대하는 태도에 관한 한 모든 사람들은 나치다"라고 말할 정도로 인간중심적 전통윤리를 혹독하게

---

24) 앞의 책, 143.
25) 제임스 내쉬, 『기독교생태윤리』, 274–275.

비판하기도 한다.[26]

생물의 권리를 적극적으로 옹호하는 대표적 윤리학자가 바로 피터 싱어(P. Singer)다. 그는 오늘날 동물에 대한 인류의 태도는 종차별주의에 해당한다고 말한다. 여기서 그가 말하는 종차별주의(speciesism)란 "자기가 소속되어 있는 종의 이익을 옹호하면서 다른 종의 이익을 배척하는 편견 또는 왜곡된 태도"를 가리킨다.[27] 그는 한 개체가 단순히 어떤 종에 속해 있다는 이유로 차별받는다는 것은 한 인간을 인종이나 성에 따라 차별하는 것과 마찬가지로 부도덕한 일이라고 본다. 『동물해방』에서 싱어는 공리주의적 윤리관에 기초해서 전통윤리가 인간중심주의적이며 종차별적 특징을 지닌 윤리라고 비판하면서, 모든 생물종의 이익에 대하여 동등하게 관심하고 대우할 것을 역설한다. 싱어가 동물들의 이익도 고려해야 한다고 주장하는 근거는 무엇보다도 동물도 쾌락과 고통을 느낄 줄 안다고 보았기 때문이다. 동물들 가운데에는 갓 태어난 어린아이보다 훨씬 합리적인 존재도 있을 수 있으며, 훨씬 원활하게 의사소통하는 존재도 있을 수 있으므로, 사고능력이나 대화능력이라는 기준 대신에 고통을 느낄 수 있는지 여부를 판단의 근거로 삼아야 한다고 주장한다. 우리는 포유류나 조류도 사람과 마찬가지로 고통을 당할 때 몸짓과 표정이 바뀌는 것을 보면서 그들도 고통을 느낀다는 것을 알 수 있다. 그리고 동물의 신경체계는 인간과 거의 유사하며, 동물들 역시 두려움을 느끼고 화를 내기도 하는 등 정서적 측면도 갖고 있다는 것이 밝혀지고 있다. 어떤 경우에는 동물의 감각이 인간의 감각보다 훨씬 더 예민하기도 하다고 한다. 그렇다면 동일한 자극에 대해서 인간보다 동물들이 더 심한 고통을 느낄 수도 있을 것이다. 싱어는 이처럼 동물들이 고통이나 즐거움을 향유할

---

26) 피터 싱어, 김성한 역, 『동물해방』, 인간사랑, 1999, 156 재인용.

27) 앞의 책, 41.

수 있는 능력을 지니고 있기 때문에 그들 자신의 이익(interests)을 갖는다고 본다.[28] 바로 그런 이유에서 그는 동물의 감수성이 정의의 문제가 될 수 있다고 본다. 그는 평등의 원칙을 적용함에 있어서 각각의 존재가 어떤 본성이나 속성을 가지고 있느냐 여부로 판가름하는 것보다도 고통을 동일하게 느낀다면 동일하게 대우해야 한다고 주장한다. 이렇게 하여 공리주의적 도덕원리에 따라 '어떻게 각각의 존재가 가지고 있는 이익을 동등하게 고려할 수 있을까?' 하는 물음이 윤리적 과제가 된다. 이것을 가리켜 '이익(interest) 평등의 고려 원칙'이라 할 수 있다.

생물의 권리 문제에 대해 비슷한 견해를 가진 제임스 내쉬(J. A. Nash)는 모든 생물종이 지니는 권리장전의 내용으로 다음 여덟 가지를 들고 있다.[29]

① 존재하기 위해 자연의 경쟁에 참여할 권리.
② 개체 생물이 자신의 생태학적 기능을 수행하기 위하여 기본적인 필요와 기회를 만족스럽게 가질 수 있는 권리.
③ 건강하고 온전한 서식처를 가질 권리.
④ 자신과 같은 종류를 재생산할 수 있는 권리.
⑤ 인간에 의해 멸종되지 않고 자유롭게 발전될 수 있는 잠재력을 충분히 발휘하는 권리.
⑥ 인간의 잔인하고 악독하고 경솔한 사용으로부터 해방될 권리.
⑦ 인간의 행위에 의해 붕괴된 자연이 본래 상태의 모습으로 회복되도록 인간의 개입을 통하여 보상받을 수 있는 권리.
⑧ 종의 생명력 유지에 필요한 자원을 공정하게 분배받을 수 있는 권리.

---

28) 앞의 책, 43.
29) 제임스 내쉬, 『기독교생태윤리』, 290-295.

동물의 권리라는 윤리적 이슈와 더불어 동물실험 문제가 쟁점이 되고 있다. 그 이유는 의학과 과학 연구에서 사람을 직접적 실험대상으로 삼을 수 없는 경우가 많아서 실험동물을 이용한 실험이 광범위하게 이루어지고 있기 때문이다. 정확한 통계는 아니지만, 우리나라에서도 매년 동물실험에 의해 희생되는 동물이 대략 400만 마리로 추정된다.[30] 그럼에도 불구하고 동물실험 관리가 법과 제도의 사각지대에 있어서 실험과정에서 동물에 대한 비윤리적 행위가 자행되고 있으며, 우리나라가 '동물실험의 천국'이라는 오명까지 뒤집어쓰고 있다.

물론, 동물의 권리에 대한 논의에서 우리가 간과해서는 안 될 중요한 쟁점이 있다. 바로 인간과 동물 사이의 도덕관계는 인간과 인간 사이의 도덕관계와는 다르다는 점이다. 인간과 동물 사이의 의무는 인간과 인간 사이의 의무와 달리 상호적인 것이 아니라 일방적이다. 우리가 '동물의 권리'라는 말을 신중히 사용해야 하는 이유는 동물이 지닌 '도덕적 권리'와 '법적 권리'를 구분할 필요가 있기 때문이다. 우리가 동물을 인격체로 인정하는 것과, 동물에 대한 책임을 이야기하는 것은 서로 다른 성질이다. 법의 주체가 된다는 것은 스스로 법이 요구하는 것을 고려할 수 있는 이성과 의무 실행능력을 소유하고 있다는 것을 전제한다. 그런데 동물은 이성적이지도 않으며, 인간에 대한 의무 실행능력도 없다. 이처럼 의무를 지킬 수 없는 동물은 법적 주체로서 '법적 권리'를 갖는다기보다는 인간으로부터 자신의 생존권을 보호받을 '도덕적 권리'를 갖는다고 보는 것이 더 설득력이 있어 보인다.[31]

모든 생명체의 권리를 주장하는 싱어(P. Singer)조차 모든 종류의 생명이 동등한 가치가 있다고 생각하지 않는다고 했다. 그는 광물이나 식물의

---

30) 김진석, 「동물이용 연구윤리」, 유네스코한국위원회 편, 『과학 연구윤리』, 당대, 2001, 130.

31) 김형민, 「동물의 미래와 기독교 신앙」, 『기독교사회윤리』 3, 2000, 156-158.

생명까지 동등한 가치를 지니고 있다고 보지는 않는데, 그 이유는 동물은 고통을 느끼는 반면에 식물은 그렇지 않기 때문이다.[32] 비슷한 이유에서 내쉬(J. Nash) 역시 현실적으로 모든 생물의 권리를 절대화할 수 없으므로, 다음과 같은 경우에는 생물의 권리를 제한할 수 있다고 보았다.[33]

① 인간의 기본적인 필요의 충족.
② 귀중한 인간의 가치 실현.
③ 자기방어활동.
④ 지나치게 번성하는 종의 숫자 조절.
⑤ 멸종위기에 몰려 있는 희귀하고 연약한 종을 보호하기 위한 특별한 조치.
⑥ 생태학적으로 필수적인 종의 보호.

4) 환경정의 실현을 위한 기독교윤리의 과제

오랫동안 서구신학에서 자연에 대한 관심은 인간에 대한 관심의 배후로 밀려났다. 기독교 창조신학에서 볼 수 있듯이, 자연세계란 기껏해야 인간구원 드라마의 배경 정도로 간주되었다. 중세의 대(大)학자인 토마스 아퀴나스같은 신학자는 동물에 대한 배려의 윤리조차 동물자체를 위해서가 아니라 인간 사회를 위해서라고 주장할 정도였다.

우리가 짐승을 잔인하게 대하기를 금하는 구절이 만약 성경에 있다면,

---

32) 피터 싱어, 『동물해방』, 392.
33) 제임스 내쉬, 『기독교생태윤리』, 296-297.

그것은 우리가 동물을 잔인하게 다룸으로써 사람에 대해서도 잔인해지거나 또는 사람이 다치게 되지나 않을까 해서이다.[34]

하지만 지구적 생태위기는 이러한 인간중심주의적 전통신학을 문제삼으면서, 전통신학에 대한 새로운 해석과 아울러 신학 자체를 새롭게 구성할 것을 요청한다. 그리고 재구성될 새로운 신학에는 틀림없이 자연(창조)이 중요한 자리를 차지하게 될 것이다.

한편, 윤리학에서도 그동안 윤리적 책임 문제가 인간과 인간 사이에만 해당되는 것으로 이해했으나 점차 책임의 범위를 확대하고 있다. 지구적 생태위기 시대에 인간은 다른 인간에 대해서만 아니라 다른 종에 대해서까지 윤리적 책임을 지니도록 요청받는다. 그럴 때에만 공동운명체인 인간과 자연이 함께 생존할 수 있을 것이기 때문이다. 환경정의의 핵심내용 가운데 하나라 할 수 있는 자연자원을 둘러싼 분배의 정의는 다른 계층이나 다른 국가만 아니라 미래세대와 다른 생물종에게까지 확대되어야 한다. 이는 자연생태계는 동물들에게도 중요한 생존의 조건이기 때문이다. 다만, 도덕적 책임이 아닌 법적 책임의 경우에 그 책임의 범위를 어떻게 규정하며 어떻게 제도화할 것인가 하는 물음은 과제로 남아 있다.

기독교가 환경정의에 관심해야 하는 이유는 하나님이 정의로우신 신이기 때문이다(시 99:4; 미 6:8). 정의로우신 하나님은 이스라엘 백성을 이집트의 억압과 종살이로부터 해방시키셨다. 하나님의 뜻을 대언한 예언자들은 정의가 사라진 종교적 삶은 위선이요, 거짓이라고 비난했다(사 58:1-2; 암 5:21-24; 호 6:6). 하나님은 정의를 실현하는 방법으로 사회적 약자들을 우선적으로 선택하신다(신 15:4-11; 렘 22:16; 암2:6-7).

---

34) 이안 브래들리, 이상훈 · 배규식 역, 『녹색의 신: 환경주의적 성서해석』, 도서출판 따님, 1996, 31 재인용.

예수 그리스도 역시 정의로운 삶을 종교인의 삶에 있어서 매우 중요한 요소로 강조하셨다(마 23:23). 그분은 당시 사회적으로 소외되고, 정치적으로 억압받고, 종교적으로 차별받는 사람들에게 특별한 관심을 보이셨다. 특히, 공생애를 시작하시면서 그분이 회당에서 의도적으로 선택해서 읽은 구약성서(사 61:1-2)에는 하나님의 뜻이 무엇이며 자신의 사역의 방향이 어디로 향할 것인지를 잘 알려주고 있다.

> 주님의 영이 내게 내리셨다. 주님께서 내게 기름을 부으셔서, 가난한 사람에게 기쁜 소식을 전하게 하셨다. 주님께서 나를 보내셔서, 포로된 사람에게 해방을 선포하고, 눈먼 사람들에게 눈 뜸을 선포하고, 억눌린 사람들을 풀어주고, 주님의 은혜의 해를 선포하게 하셨다(눅 4:18-19).

공의로우신 하나님과 정의로우신 예수님을 구주로 고백하는 그리스도인과 교회는 마땅히 가난하고 억눌린 존재들에 관심해야 한다. 그런데 우리 시대 가난하고 억눌린 존재란 단지 사회적 소외계층이나 경제적 약자 계층만이 아니다. 신자유주의 경제 아래 선진국과의 무한경쟁에 내몰린 저개발국, 현세대에 대하여 자신의 이익을 대변할 수 없는 미래세대, 그리고 최첨단 과학기술로 무장한 인간 앞에 무기력하게 생존위기로 내몰리는 자연생태계까지 포함된다. 산업국과 경쟁해야 하는 저개발국도, 현세대의 행위 결과를 고스란히 떠안게 될 미래세대도, 그리고 인간에 의해 일방적으로 파괴될 수밖에 없는 생물종도 모두 약자들이다. 하나님의 정의란 바로 이런 약자들을 편들고 그들의 권익을 대변해줄 때 실현될 수 있다.

실제로 성서에는 미래세대의 생존에 대해서도 관심하시는 하나님 모습이 나타난다. 대홍수 이후 하나님께서 노아와 맺은 생명과 구원의 언약에는 미래세대에 대한 하나님의 관심이 분명하게 나타난다. 하나님은 당대의 사람들만 아니라 노아의 후손인 미래세대와도 언약을 맺으시며 말씀하신다.

> 내가 내 언약을 너희와 너희 후손과 (…) 세우리니(창 9:9).

한편, 성서는 동물의 권리에 대해서도 암시한다. 동물의 생명도 인간의 생명과 같이 신성하기 때문에 동물을 잡을 때 피까지 먹어서는 안 된다고 요구했다(창 9:4). 안식일 계명에서는 동물에 대한 배려가 좀 더 구체화된다. 동물도 인간과 마찬가지로 쉴 권리가 있음을 강조한다(출 20:8-11). 율법의 내용 가운데에는 동물에 대한 돌봄의 행위가 강조되는 구절이 여럿 있다.[35] 그렇다고 해서 마치 성서가 생물중심주의자들의 견해처럼 동물을 인간과 동등한 가치를 지닌 존재로 보아야 한다고 주장하는 것이라고 해석해선 안된다. 여전히 동물은 인간의 지배나 돌봄의 대상이며, 때로 인간의 먹거리가 될 수도 있으며, 종교적 속죄제물로 사용될 수도 있다.

기독교윤리적 관점에서 볼 때, 환경정의에 대한 논의에서 앞으로 계속적으로 논의해야 할 내용 가운데 하나는 '도덕적 호소로서 환경정의에 대한 요청과, 그것을 법이나 제도를 통해 구체적으로 실현하는 일 사이의 괴리를 어떻게 극복할 것인가?' 하는 물음이다. 도덕적 권리가 현실 속에서 실효성을 가지려면 법에 의해서 구체적으로 규정되고 해석되며, 사법

---

35) "이웃의 나귀나 소가 길에 쓰러져 있는 것을 보거든 못 본 체하지 마십시오. 당신들은 반드시 그 이웃을 도와 그것을 일으켜주어야 합니다(신 22:4)."; "당신들은 길을 가다가 어떤 나무에서나 땅에서 어미 새가 새끼나 알을 품고 있는 것을 만나거든, 새끼를 품은 어미를 잡지 마십시오. 어미 새는 반드시 날려보내야 합니다(신 22:6-7)."; "소와 나귀에게 한 명에를 메워 밭을 갈지 마십시오(신 22:10)."

적 판결을 통해 방어되어야 한다. 그렇지 않을 경우 권리에 대한 이야기는 도덕적 호소나 선언적 구호에 머무르고 말 것이다.

한편, 최근에는 인간의 위협으로부터 생물의 생존을 보호하기 위한 '생물권'까지 논의되고 있다. 물론, 생물의 권리에 대한 논의는 아직 초기 단계여서 적지 않은 문제들이 미해결인 채로 남아 있다. 생물권의 내용이나 범위를 규정하는 문제부터 시작하여, 아직 도덕적 호소 차원에 머물고 있는 것을 어떻게 법적으로 구체화할 수 있는가 하는 문제까지 해결해야 할 사안이 많다. 그럼에도 불구하고 생물의 권리를 인정하는 일이 인간의 권리를 제한하기보다는 오히려 인간을 포함한 모든 생명의 가치와 존엄성을 강화하는 계기가 될 수 있다는 점에서 이 논의에 대한 보다 전향적인 태도가 요청된다. 실제로 미국에서는 황무지법이나 해양 포유류보호법, 그리고 희귀종보호법 등을 통해서 생물의 도덕적 권리를 제도적으로 보장하는 일에 상당한 진전을 보이고 있다. 환경문제의 심각성이 제기되면서 자연스럽게 생물권에 대한 논의도 발전하게 될 것으로 전망된다.

5) 맺는 말

오늘날 우리가 경험하는 지구적 환경위기는 정의에 대한 윤리적 논의를 새로운 차원으로 이끌어가고 있다. 지금까지의 윤리학은 인간과 인간 혹은 인간과 사회 사이에서의 정의에 관심했지만, 이제는 그 논의 범위가 다음세대나 생물종 전체로 확대되고 있다. 제한된 환경자원의 배분문제나, 환경파괴의 원인이나 결과를 둘러싸고 한 사회 내의 다양한 사회계층 간, 지역 간, 국가 간, 그리고 세대 간에 갈등과 분쟁이 커지고 있기 때문이다. 더 나아가 인간의 생존권리만 아니라 동등한 생명 가치를 지닌 다양한 생물종들의 권리까지 쟁점화되고 있기 때문이다.

위에서 우리는 새롭게 부각되고 있는 환경정의를 빈곤계층과 소비계층, 저개발국과 산업국, 현세대와 미래세대, 그리고 인간종과 생물종 사이의 분배정의의 관점에서 논했다. 물론, 미래세대나 생물종들의 권리와 책임에 대해서는 아직 해결해야 할 문제들이 많이 남아 있다. 도덕적 호소로서 환경정의에 대한 요청과, 그것을 법이나 제도를 통해 구체적으로 실현하는 일 사이에는 커다란 괴리가 있기 때문이다. 환경정의가 선언적 의미를 넘어 실효성을 지니려면 법이나 제도에 의해 보장되어야만 하는데 현실은 그렇지 못하다. 그럼에도 불구하고 미래세대나 생물종들의 권리와 책임을 둘러싼 환경정의에 대한 관심은 생물들만 아니라 인간과 사회의 삶의 질을 더 나은 방향으로 발전시킬 수 있을 것이기 때문에 이에 대해 보다 더 적극적인 태도가 필요하다. 앞으로 환경정의는 윤리적 차원에서만 아니라 법과 행정 차원에서도 더 많이 논의될 것으로 보인다. 이에 따라서 기독교윤리는 가치와 세계관의 차원만 아니라 제도적 문제도 함께 고려하는 방향으로 논의를 발전시켜나가야 할 것이다.

2.
인터넷윤리와 기독교*

1) 서론

산업화의 후발주자였던 우리나라는 1980년대 들어 정보화에 앞서기 위해 정보통신기술(IT)에 집중적으로 투자했다. 그 결과 우리나라는 자타가 인정하는 '인터넷 강국'이 되었다. 그러나 세계 최고 수준의 인터넷 이용률과 초고속 인터넷망 보급률에도 불구하고 질적인 측면에서 보면 여러 가지 문제가 많아 진정한 의미에서 인터넷 강국으로 불릴 수 있을지는 의문스럽다. 실제로 윤리적 지체(ethical lag) 현상으로 말미암아 컴퓨터 범죄, 인터넷 중독, 음란물, 게임중독, 스팸메일, 해킹 및 바이러스 유포, 안티 문화 혹은 엽기 문화, 부정행위, 통신사기, 유해정보, 지적재산권 침해, 사이버 스토킹, 자살사이트, 폭탄사이트 등 수많은 종류의 정보화 역기능들이 생겨나고 있다. 그동안 정부나 기업, 그리고 교육기관조차도 정보화 사회로 발전하기 위해 컴퓨터의 보급이나 확산과 같은 기술

---

* 이 글은 「인터넷윤리의 신학적 토대와 실천과제에 대한 기독교윤리적 연구」, 『신학사상』 136, 2007에 실은 글을 약간 수정했다.

적 문제에만 관심했을 뿐 인터넷 사용과 관련한 문화와 윤리관 형성에는 무관심했던 결과다.

어찌되었건 우리시대에 인터넷은 생활의 중요한 요소이며 일상문화가 되었다. 특히 인터넷이 청소년들에게 미치는 영향이 지극히 큰데, 이는 청소년들이 여가생활의 대부분을 인터넷과 함께 보내고 있기 때문이다. 이제 교회목회조차도 인터넷을 무시할 수 없게 되었다. 그런 배경에서 인터넷 문제는 우리가 관심해야 할 중요한 사회적 문제이며 동시에 신학적 과제라 할 수 있다.

인터넷윤리에 대한 연구는 주로 사회과학자나 컴퓨터공학자들이 수행하고 있다. 전자는 인터넷의 배경이 되는 정보사회 일반에 대한 이해에 초점을 두는 반면, 후자는 기술적 해결책을 통한 윤리적 대안마련에 초점을 둔다. 한편, 우리나라 신학자들에 의해서도 이 분야에 대한 연구가 이루어졌다. 일부는 사이버 문화가 지닌 신학적 함의에 관심을 기울였고,[38] 다른 학자들은 정보사회가 가져온 새로운 목회환경과 목회전략에 초점을 맞추었다.[37] 기독교윤리학자들도 정보사회 일반에 대해서는 연구

---

38) 김승철, 「비트와 해체: 가상 공간 시대의 신학을 위한 하나의 시론」, 『한국기독교신학논총』16, 1999, 213-246; 김영한 외, 『사이버 문화와 기독교 문화전략』, 쿰란출판사, 1997; 이종록, 『성서로 읽는 디지털 시대의 몸 이야기』, 책세상, 2004; 최인식, 『미래교회와 미래신학』, 대한기독교서회, 1996; 동저자, 『예수 그리고 사이버세계: 사이버문화신학이야기』, 대한기독교서회, 2002; 최태연, 「사이버 문화의 철학과 기독교 세계관」, 기독교학문학회, 『신앙과 학문』3권3호, 1998, 141-154; 허호익, 「사이버 문화와 기독교」, 한남대 기독교문화연구소, 『기독교문화연구』4, 1999, 97-121.

37) 김진년 편저, 『크리스찬, 인터넷, 멀티미디어』, 크리스찬다이제스트, 1996; 동저자, 『미래사회와 인터넷 선교』, 성지출판사, 1999; 동저자, 「가상현실의 도전과 교회의 준비」, 김영한 외, 『사이버문화와 기독교문화전략』, 쿰란출판사, 1999, 64-117; 백은미, 「인터넷 문화를 위한 비판적 페다고지로서의 기독교교육의 과제」, 『한국기독교신학논총』40, 2005, 223-246; 오정현, 「인터넷 목회」, 규장, 2001; 오해석, 「인터넷 시대의 미래 가상 교회」, 김영한 외, 『사이버문화와 기독교문화전략』, 161-196; 이성희, 『미래사회와 미래교회』, 대한기독교서회, 1996; 동저자, 『디지털 목회 리더십』, 규장, 2000; 동저자, 『디지털 목회와 팀』, 한국장로교출판사, 2000.

하고 있지만,[38] 인터넷윤리라는 구체적 주제에 대해서는 체계적이고 조직적인 방법론적 연구가 충분하게 이루어지지 못하고 있는 형편이다.

일반적으로 인터넷윤리란 인터넷과 관련된 윤리적 이슈들을 분석하고, 문제 해결을 위한 윤리규범과 행동지침을 마련하는 데 관심한다. 1976년 월터 매너(W. Maner)는 컴퓨터 및 컴퓨터 기술이 유발하는 문제들에 대처하기 위해 '컴퓨터윤리학(computer ethics)'이란 개념을 제안했으며, 컴퓨터윤리학은 1980년대 들어 데보라 존슨(D. Johnson), 제임스 무어(J. Moor), 존 스내퍼(J. Snapper), 랜스 호프만(L. Hoffman) 등에 의해 더욱 발전되었다.[39] 1990년대 중반에 로저슨(S. Rogerson)은 '정보윤리학(information ethics)'이란 용어를, 2000년대 스피넬로(R. Spinello)나 할버트와 인걸리(T. Halbert & Ingulli)는 '사이버 윤리학(cyber ethics)'이란 용어를, 그리고 랭포드(D. Langford)는 '인터넷윤리학(internet ethics)'이란 개념들을 각각 사용했다.

이 연구는 인터넷 활동의 전 과정, 즉 인터넷에서 정보의 생산 · 분배 · 유통, 이용 과정에서 생겨나는 각종 윤리적 이슈들을 분석하고, 문제를 해결하기 위한 윤리적 규범과 행동 지침을 기독교윤리학적 입장에서 마련하는 데 그 목적을 둔다. 구체적으로 인터넷의 배경이 되는 정보사회에 대한 일반적 이해, 인터넷이 만들어내는 문화현상에 대한 이해, 인터넷 사용과 관련해서 생겨나는 각종 윤리적 이슈 분석, 인터넷윤리의 방법론적 특징, 그리고 인터넷윤리 형성을 위한 기독교적 규범과 실천지

---

38) 김홍진, 「사이버스페이스에서의 기독교 사회윤리적 과제」, 한국기독교사회윤리학회, 『기독교사회윤리』3, 2000, 169-196; 문시영, 「정보통신윤리교육, 그 기독교사회윤리학적 성찰의 과제」, 『기독교사회윤리』10, 2005, 59-81; 박종균, 「사이버아나키즘의 전망과 기독교」, 『기독교문화연구』5, 2000, 74-95; 박충구, 「21세기 정보화사회와 기독교적 과제」, 감리교신학대학교, 『신학과 세계』, 1997; 조용훈, 「정보사회의 윤리적 도전과 기독교」, 『통합연구』30, 1995, 112-127.

39) 추병완, 『정보윤리교육론』, 울력, 2005, 135-146.

침 마련과 같은 내용들을 다루게 될 것이다.

2) 인터넷 문화와 신학적 입장

(1) 정보사회의 일반적 특징

인터넷에 대한 올바른 이해를 위해서는 정보사회 일반에 대한 이해가 선행되어야 한다. 왜냐하면 인터넷이 정보사회를 확산시키고 심화시키는 중요한 기술적 요소이며 동시에 문화현상이기 때문이다. 일반적으로, 정보사회란 정보통신기술을 통해 부(富)가 창출되고, 정보업무와 관련한 직업이 지배적이 되며, 시간과 공간의 제한이 사라지고, 하이퍼 리얼리티(hyper-reality) 세계가 등장하는 사회라 할 수 있다. 정보사회는 모든 분야가 인터넷을 통해 연결되는 네트워크 사회로서, 과거의 위계질서적 사회구조를 변혁시킨다.

인터넷은 현대사회의 사회경제적 조건을 반영한다. 인터넷을 통해 형성되는 사이버 권력은 온라인에서만 아니라 오프라인에서의 사회 정치적 관계에도 영향을 미친다.[40] 정보사회에서 정치가 어떤 모습으로 변화될 것인가에 대해서는 낙관적인 시각과 비관적인 시각이 공존한다. 낙관적인 입장을 지지하는 사람들은 인터넷이 기존의 매체와는 달리 민주적 잠재력을 지니고 있다는 점을 강조한다. 한 예로, 수잔 헤링(S. Herring)은 인터넷이 접근성, 사회적 탈맥락성, 이용관습의 부족, 그리고 명시적 검열의 부재라는 네 가지 측면에서 민주적 요건을 갖추고 있다고 한다.[41]

---

40) 팀 조단, 사이버문화연구소 역, 『사이버파워』, 현실문화연구, 2002.
41) 이재현, 『인터넷과 사이버사회』, 커뮤니케이션북스, 2000, 258–259.

이러한 민주주의적 특징은 인터넷에서 이루어지는 의사소통이 서열적이지 않다는 데서도 확인된다. 사이버 공간에서는 신분관계의 단서들이 차단되어 있고, 비록 신분관계를 벗어나는 소통방식이라도 이를 규제할 압력수단이 없기 때문이다.[42] 낙관론자들은 인터넷이 시민들의 직접 참여에 의한 원격 민주주의(tele-democracy)나 전자 민주주의(electronic democracy)를 가능하게 하고, 분산된 정치권력의 결과로 사회적 평등을 실현할 것이라고 본다.

하지만 인터넷이 민주주의 발전에 부정적인 영향을 끼칠 것이라고 보는 학자들도 많다. 그들은 낙관주의자들이 내세우는 두 가지 근거인 '보편적 접근성'과 '자유로운 커뮤니케이션'에 대해 의문을 제기한다. 비판가들은 보편적 접근성과 관련하여 인터넷에 대한 접근과 이용이 여전히 계급현상일 뿐이라고 본다. 비판가들은 자유로운 커뮤니케이션과 관련해서도 사이버 공간 안에도 오프라인에서와 똑같은 위계구조들이 재생산되고 있다고 주장한다.[43] 그들은 정보사회에서는 정치의 대중조작과 연예화가 강화되고, 정보의 과부하에 따라서 정치적 무력감이 증가하여 방관자 의식이 확산되며, 정보의 독점과 집중에 따라서 전제정치의 위험성도 증가할 것이라고 염려한다.[44]

한편, 인터넷은 경제의 지구화는 물론 디지털 경제를 가능하게 한다. 인터넷은 재화나 용역의 전부나 일부가 전자문서 교환 같은 전자적 방식에 의해 처리되는 전자상거래를 활성화시킨다. 전자상거래에는 세 가지 기본 형태가 있는데, 하나는 고객과 기업체 간의 상거래이고, 다른 하나

---

42) 한규석, 「사이버 문화: 그 심리적 특성과 실상」, 정보통신윤리위원회 편, 『정보사회윤리학』, 이한출판사, 2005, 348.

43) 이재현, 『인터넷과 사이버사회』, 260-261.

44) 추병완, 『정보윤리교육론』, 49-52.

는 기업체와 기업체 간의 상거래이며, 마지막 하나는 조직 내부 간의 상거래다. 전자상거래 중에서 가장 빠르게 성장하고 있는 부문은 첫 번째인 고객과 기업체 사이의 상거래다.[45] 전자상거래는 유통채널을 단순화하며, 전 세계를 시장화하고, 24시간 거래를 가능하게 하며, 효율적인 고객관리나 물리적인 판매거점의 필요성을 줄여 경제성을 높여준다. 소비자 입장에서 보더라도 단 한 번의 클릭으로 어떤 물건이든 살 수 있다는 점에서 편의성이 높고, 가격을 비교할 수 있다는 점도 매력적이다. 하지만 사기사건이 얼마든지 일어날 수 있고, 분쟁이 발생했을 시 해결이 쉽지 않으며, 구매자의 소비행태가 노출됨으로써 개인의 프라이버시가 침해될 위험성도 존재한다. 전자상거래가 활성화되어 디지털 경제가 발전하려면, 무엇보다도 거래 당사자 사이에 상호신뢰가 있어야 하며, 발생한 분쟁을 처리하고 해결할 수 있는 제도적 장치 또한 마련되어야 한다.

또한 인터넷은 사이버 공동체를 창조한다. 사이버 공간에서는 비슷한 생각이나 취향을 가진 사람들의 공동체 형성이 용이하고, 시간이나 장소의 구애받음이 없이 소통이 이루어질 수 있으며, 비슷한 관심과 전문분야를 가진 사람들 간에 서로 관심을 주고받을 수 있다. 그래서 새로운 형태의 공동체 문화가 만들어짐으로써 기존의 인간관계나 사회관계의 폭을 넓힐 수 있다. 하지만 우리가 공동체를 '높은 정도의 인격적 친밀성, 정서적 깊이, 도덕적 헌신, 사회적 응집, 그리고 시간적 연속성을 특징으로 하는 사회관계'라고 정의할 때,[46] 사이버 공동체는 몇 가지 한계를 지니는 것도 사실이다.

사이버 공동체는 컴퓨터를 끄면(log-off) 해체되는 일시적인 성격이 강하고, 인간관계를 파편화시키거나 단편화시키며, 개인주의를 더욱 심화

---

45) 리차드 스피넬로, 이태건 외 역, 『사이버 윤리』, 인간사랑, 2001, 85.
46) 박종균, 「사이버아나키즘의 전망과 기독교」, 77.

시킴으로써 공동체 문화를 위협할 수 있다. 왜냐하면 면대면(面對面) 접촉이 결여된 사이버 공간에서는 인간관계의 기초가 되는 친밀성과 상호개방성이 피상적으로 이루어질 수밖에 없기 때문이다.[47] 그리고 사이버 공간에서만 이루어지는 교류는 인격체가 아니라, 속성과 이미지들의 교류에 머물 수 있기 때문이다.[48] 그래서 학자들 가운데에는 사이버 공동체가 '의사공동체(pseudo-community)'라고 비판하기도 하는데, 이는 사이버 공동체가 진정한 의미에서 '우리의식'이 없이 사회적 결속의 외양만을 띤다고 보기 때문이다. 펀백과 톰슨(Fernback & Thompson) 같은 학자는 사이버 공동체가 분절화된 공공영역의 모습을 강화시킨다는 의미에서 '원자화된 공동체'라고 비판한다.[49] 그리고 존스(S. Jones)는 사이버 공동체가 공동체의 필수 요건이라고 할 수 있는 신뢰감, 상호이해, 그리고 지속적인 헌신을 결여하고 있다는 점을 문제 삼는다.[50]

(2) 인터넷 문화의 양면성

오늘날 인터넷은 하나의 기술적 현상을 넘어 일상생활, 즉 문화현상이 되었다. 인터넷 문화란 이 같은 새로운 문화현상을 일컫는데, 찰스 기어(C. Gere)는 이것이 디지털 기술에 기초해서 형성되는 문화라는 의미에서 '디지털 문화(Digital Culture)'라는 개념을 사용한다.[51] 인터넷 문화의 긍정적인 요소들을 살펴보면 다음과 같다.

---

47) 추병완, 『정보윤리교육론』, 60
48) 한규석, 「사이버 문화: 그 심리적 특성과 실상」, 347.
49) 이재현, 『인터넷과 사이버사회』, 184.
50) 김홍진, 「사이버스페이스에서의 기독교사회윤리적 과제」, 180.
51) Charles Gere, *Digital Culture*, London: Reaktion Books, 2002.

첫째, 익명성과 비대면성이다. 인터넷에서 익명성과 비대면성은 사람들로 하여금 보복이나 불이익을 두려워하지 않고 자유롭게 자신의 생각이나 입장을 표현할 수 있게 만든다. 조나단 카츠(J. Katz)의 표현대로, "사이버 공간이야말로 가장 자유로운 공간이다."[52] 사회적 차원에서 익명성은 억압적인 정부에 대한 투쟁이나 권력형 비리에 대한 감시와 견제에 큰 도움이 된다. 개인적 차원에서 익명성은 대안적 자아를 창출하고, 그 가능성을 시험하며 자신의 새로운 면모를 발견하게 하는 효과도 있다.[53]

둘째, 개방성과 공개성이다. 인터넷의 목적은 다양한 정보자원의 자유로운 분산과 공유에 있다.[54] 컴퓨터가 있으면 사람들은 누구나 자유롭게 정보에 접근할 수 있고, 정보는 누구에게나 공개되어 있으며, 현실세계에서와는 달리 성별, 나이, 지위에 무관하게 비교적 동등한 조건에서 의사소통이 가능하다. 이러한 개방적이고 탈중심적인 구조는 보다 민주적인 방식의 의사소통의 가능성을 열어준다.

셋째, 교류의 평등성과 상호작용성이다. 인터넷은 접근할 수 있는 사람이라면 누구나 자기의 생각을 표현할 수 있다는 점에서 평등하다. 현실세계에서는 정보의 독점적 점유량에 의해 사회적 지위가 달라지지만, 인터넷에서는 정보의 공유와 개방이 가능하다. 인터넷은 네트워크이므로 수평적이며 민주적이다. 특히 양방향성은 과거의 집중형 정보통신망체계에서 발신자가 우월한 지위와 권력을 가졌던 위계적 권력관계를 해체하고 수평적 권력관계를 형성한다.

---

52) 리차드 스피넬로, 『사이버 윤리』, 74 재인용.

53) 한규석, 「사이버사회에서의 의사소통과 교류행위」, 황상민 · 한규석, 『사이버공간의 심리』, 박영사, 1999, 40.

54) 정보통신윤리위원회 편, 『인터넷윤리』, 이한출판사, 2005, 364.

반면, 인터넷 문화의 부정적인 측면을 살펴보면 다음과 같다.

첫째, 인터넷 문화의 익명성은 부정적으로 작용할 수도 있다. 인터넷에서는 자신의 모습, 실명, 나이, 신분, 성별, 학력 등과 같은 정체성과 관련한 중요 사항을 상대방이 모르게 하거나 변조할 수 있다. 익명성의 직접적 효과는 '탈억제효과(disinhibition effect)'로서 사람들은 현실세계에서와는 달리 음란물 사이트나 폭력 사이트를 찾고 절제되지 않은 폭력적 언어나 성적인 표현들을 거침없이 하게 된다.[55]

둘째, 인터넷 문화의 선정성이다. 인터넷 검색어 순위에서 맨 윗자리를 차지하는 것은 '섹스(성)'와 관련되어 있다. 인터넷이 성과 밀접히 관련되는 것은 인터넷이 제공하는 성적 표현에 대한 3A, 즉 Access(접근의 용이성), Affordability(저렴한 비용), 그리고 Anonymity(익명성) 때문이다.[56] 인터넷이 활성화되면서 포르노 산업 또한 새로운 황금시장으로 변해가고 있다. 2003년 미국의 통계를 보면, 인터넷상에 420만 개의 포르노 사이트가 있고, 약 4,000만 명이 수시로 방문하고 있으며, 그 수익은 62억 달러를 넘어 주요 방송 3사의 총수익을 초과한다고 한다.[57] 인터넷 음란물은 특히 청소년들에게 왜곡된 성의식을 심어줄 우려가 높고, 성적 충동을 유발해서 일탈적인 성적 행동을 촉발할 수도 있다.[58]

셋째, 중독성이다. 인터넷 중독증이란, 인터넷의 통신이나 게임, 음란물 등에 너무 탐닉해서 정상적인 인격관계가 단절되고, 인격 장애를 가져오는 병적 증세를 가리킨다. 이러한 병리적 현상이 생기는 이유 가운

---

55) 정보통신윤리위원회 편, 『인터넷윤리』, 46.

56) 윤영민, 『사이버공간의 사회』, 한양대학교출판부, 2003, 203.

57) 한규석, 「사이버 문화: 그 심리적 특성과 실상」, 370.

58) 박광배, 「사이버공간의 외설·음란물에 대한 법적 통제」, 황상민·한규석 편저, 『사이버공간의 심리』, 박영사, 1999, 336.

데 하나는 현실 생활에 존재하는 문제가 인터넷을 통해 반영되거나 확대된 것이며, 다른 하나는 인터넷이 지닌 속성에서 유발된다.[59] 인터넷 중독에 빠지게 되면 일상사에 흥미를 잃고, 실생활에서 무력감을 느끼고, 인터넷을 사용하지 않으면 금단현상까지 보인다. 급기야는 실생활의 인간관계에 무관심해지고 대인기피증을 보이기도 한다.[60] 인터넷 중독자들은 학업, 대인관계, 재정, 직업, 건강상의 피해 중에서 최소한 한 개 이상의 증상을 지니고 있다.[61]

넷째, 인터넷에서는 가상과 현실이 혼동되기도 한다. 인터넷은 현실에서의 고정된 자아 관념을 해체하고, 새로운 자아 개념을 형성할 수 있다는 점에서 매력적이다. 사이버 공간은 현실에서 좌절한 사람이나 현실의 자신의 모습에 만족하지 못하는 사람일수록 매력적인 탈출구가 될 수 있다.[62] 사이버 공간에서 각 개인은 자신의 모습을 만들고, 부수고, 다시 새로운 모습으로 끊임없이 수정하고, 변환시킨다. 하지만 문제는 다차원적인 정체성 실험을 통해 자기가 확장되는 것을 경험하지 못할 경우에는 현실 정체성에 대한 불만 때문에 절망, 우울, 현실 거부와 같은 어려움을 겪을 수 있다.[63]

59) 박찬구, 「정보사회의 윤리적 문제와 과제」, 정보통신윤리위원회 편, 『정보사회윤리학』, 72.

60) 이봉건, 「사이버공간에서의 중독」, 황상민 · 한규석 편저, 『사이버 공간의 심리』, 313.

61) 정보통신윤리위원회 편, 『인터넷윤리』, 255.

62) 윤영민, 『사이버공간의 사회』, 118.

63) 박찬구, 「정보사회의 윤리적 문제와 과제」, 정보통신윤리위원회 편, 『정보사회윤리학』, 74.

(3) 인터넷 문화에 대한 신학적 입장

① 인터넷에 대한 책임윤리적 과제

인터넷 문화의 세계관적 토대는 끝없는 물질적 풍요를 추구하는 번영주의와 과학기술을 통한 인간의 무한한 가능성을 절대화하는 과학기술만능주의다.[64] 인터넷 문화는 기술발전이라는 면에서 볼 때, 근대에 태동한 계몽주의의 신념과 밀접히 관련되어 있는 문화현상이다.[65] 말하자면, 인터넷은 자신의 비판적이고 창의적인 사고에 의해 자연에 내재해 있는 원리를 발견하고, 그것을 모방하고 재현해낸 인간 기술의 가장 정밀한 산물이다. 인터넷의 발달은 계몽주의적 인간의 무한한 자기신뢰와 미래에 대한 낙관주의의 새로운 상징을 제공하고 있다. 한편, 인터넷 문화는 계몽주의적 문화의 산물이지만 동시에 이러한 문화를 만들어낸 계몽주의적 주체를 소외와 혼란에 빠뜨리는 자기모순과 이율배반성도 지니고 있다. 말하자면, 인터넷 문화 역시 인간이 계몽정신에 의한 자연과 세계 지배를 추구하는 과정에서 인간 주체를 자신과 이웃으로부터 소외시키고, 컴퓨터에 의해 매개되는 현실에 인간을 종속시키고 있다.

인터넷 문화는 인간과 사회의 새로운 가능성을 열고 있다는 점에서 기독교의 적극적 평가와 참여를 요청하지만, 동시에 여러 가지 예기치 못한 사회문제들을 일으키고 있다는 점에서 비판적 태도를 요청한다. 인터넷 문화 역시 하나님의 창조 사역의 계속이라는 점에서 그리스도인의 문화위임에 속하지만, 동시에 타락한 인간의 욕망을 반영한다는 점에서 궁극적 심판의 대상이다. 이러한 입장에서 기독교는 인터넷 문화에 대한 균형잡힌 시각, 즉 인터넷에 대한 '신화적 태도'가 아니라 '책임윤리적 태

---

64) 윤완철, 「디지털세계의 마음들」, 한국기독교교육정보학회, 『기독교교육정보』8, 2004, 37–40.
65) 최태연, 「사이버문화의 철학과 기독교 세계관」, 147–148.

도'를 요청한다. 전자가 인터넷을 악마화하거나 우상화함으로써 신앙의 대상으로 삼는 것을 가리킨다면, 후자는 인터넷을 인간과 사회의 현상으로 파악함으로써 보다 인간적이고 사회 부합적인 것으로 만들려는 태도를 가리킨다. 신화적 태도는 인터넷이 유토피아나 디스토피아의 결정적 원인이 된다는 일종의 '기술결정론'과 맥이 닿아 있다. 하지만 책임윤리적 태도는 정보통신기술의 실체를 인정하면서도 그것을 보다 인간적 얼굴을 지닌 기술로 만드는 데 관심한다는 점에서 기술결정론과는 차이가 있다.

컴퓨터가 처음 개발되었을 때 근본주의적인 신앙인들은 컴퓨터를 악마시했다. 컴퓨터를 요한계시록에 나오는 숫자 '666'이라 부르기도 했고, 사이버 문화를 '사이비 종교'로 표현하기도 했다. 이들은 사이버 문화가 신자와 비신자 모두를 사탄주의나 뉴에이지 등 사이비 종교에 노출시키고, 현실을 왜곡하거나 가상과 뒤바꿈으로써 하나님과 인간의 영적 관계를 마비시킬 것이라고 주장했다.[66] 더 나아가 인터넷이 만드는 가상 교회가 본래적 교회와는 거리가 먼 것으로서 기존의 교회공동체에 부정적 영향을 미칠 것으로 전망했다.

하지만 책임윤리적 입장은 정보통신기술과 인터넷에 대한 극단적 입장 ─ 악마화(컴퓨터 디스토피아)나 우상화(컴퓨토피아) ─ 대신에 인터넷 문화의 변혁에 참여한다. 이러한 태도는 일찍이 리차드 니이버(R. Niebuhr)가 세속문화에 대한 변혁적 입장을 추구했던 칼뱅주의적 전통과 맥을 같이한다.[67] 이러한 입장은 상업주의와 소비주의, 폭력성과 음란성으로 가득찬 오늘날의 왜곡된 인터넷 문화에 비판적으로 참여하여 변혁과 새로운 창

---

66) 최태연, 「정보화사회, 사이버문화, 기독교신앙」, 강영안 외, 『대중문화 더 이상 침묵할 수 없다』, 예영커뮤니케이션, 1998, 296.

67) 리차드 니버, 김재준 역, 『그리스도와 문화』, 대한기독교서회, 1958.

조를 모색하는 적극적 입장이자, 인터넷을 복음을 위한 새로운 선교 수단이나 또 다른 선교 공간으로 바꾸고자 하는 전향적 입장이다.

② 인터넷과 교회

미래 교회는 인터넷을 통해 새롭게 만들어지는 인터넷 문화라는 옷을 어쩔 수 없이 입게 된다.[68] 인터넷 문화는 단순한 기술적 수단을 넘어서 문명사적 변동을 의미하는데, 곧 활자문화에서 이미지 문화로, 귀의 종교에서 눈의 종교로, 폐쇄적인 예배에서 개방적인 예배로의 변화를 의미한다.[69] 이러한 혁명적인 인터넷 문화는 교회로 하여금 전통적인 목회방식들을 반성하고, 새로운 변화를 시도하기를 요청한다.

인터넷이 교회의 목회나 선교에 어떻게 관련되는지에 대해서는 의견이 분분하다. 목회와 선교의 현장에 인터넷이나 멀티미디어의 적극적 활용을 주장하는 사람들이 있는가 하면,[70] 그에 대해 회의적인 사람들도 있다. 김영한은 사이버교회가 영적이거나 실재적이거나 가시적이거나 인격적인 공동체가 아니라는 이유에서 참 교회가 아니라고 한다.[71] 김진년은 성례전을 예로 들면서, 떡과 잔이 없는 비실재적인 가상예배는 신학적으로 볼 때 가현설을 주장하는 영지주의적 위험성을 내포하고 있다고 말한다.[72] 이철은 인터넷과 멀티미디어가 바보상자와 같이 상상력을 마

---

68) 최인식,『예수, 그리고 사이버 세계』, 대한기독교서회, 2001, 24.

69) 이철,「멀티미디어 예배의 수용과 한계에 관한 문화선교학적 연구」, 한국기독교교육정보학회,『기독교교육정보』8, 2004, 114-121.

70) 이재규,「인터넷 선교에 눈을 떠라」,『목회와신학』, 1996, 57-65; 동저자,「사이버 성례, 목회의 선한 도구일 수 있어」,『목회와신학』, 1998, 62-65; 양참삼,「인터넷 교회, 인터넷 교인시대의 목회」,『목회와신학』, 1996, 66-76.

71) 김영한,「가상공간에 대한 신학적 진단」,『목회와 신학』, 1998, 45-46.

72) 김진년,「사이버 성례전, 왜 막아야 하는가」,『목회와신학』, 1998, 65-68.

비시키며, 지나치게 감성적인 예배로 인도하고, 끊임없는 콘텐츠 빈곤에 시달린다는 점에서 비판적이다.[73]

목회 범위를 인터넷 세계에까지 확장하는 데 있어서 무엇보다 필요한 것은 목회자의 정보화 마인드일 것이다. 목회자가 인터넷이나 컴퓨터의 전문가가 될 필요는 없지만, 적어도 그런 이점을 활용하는 데 뒤져서는 안 된다. 그리고 교회 의사결정의 책임자로서 정보화 세계를 누구보다 빨리, 그리고 정확히 읽을 수 있어야 한다. 인터넷은 교회교육의 사이버화에 공헌할 수 있다. 컴퓨터가 있는 곳이면 언제, 어디서나, 누구든 필요한 학습자료를 접할 수 있기 때문이다. 게다가 인터넷은 학습자료의 멀티미디어화를 가능하게 만들어서 언어 위주의 수업방식을 획기적으로 개선할 수 있게 만든다. 강이철은 인터넷을 교회교육에 적용할 때, 교육 장소, 교육시간, 교사기능, 학습내용, 학습방법 등의 확장에 효과가 있다는 점을 강조한다.[74]

3) 인터넷윤리의 성격과 기본 원칙

일반적으로 인터넷윤리란, 응용윤리의 한 분야로서 넓은 의미에서는 인터넷에서 정보의 생성, 가공, 유통, 소비, 폐기에 이르기까지의 전 과정에서 발생하는 윤리 문제를 다루는 것을 가리킨다. 인터넷윤리가 기존의 윤리규범을 인터넷이라는 새로운 문화환경에 적용하는 것인지, 아니면 새로운 윤리규범을 제시하는 것인지에 대해서는 아직도 논쟁 중이다. 후자가 산업사회와 정보사회 사이의 불연속성에 기초하여 전통적 윤리

---

73) 이철, 「멀티미디어 예배의 수용과 한계에 관한 문화선교학적 연구」, 122–130.
74) 강이철, 「사이버 교육을 통한 기독교 교육 활성화 방안」, 180–181.

규범을 재구성해야 한다는 입장인 반면에, 전자는 인터넷윤리가 응용윤리이기에 기존의 전통적 윤리규범을 적용시킬 수 있다는 입장이다. 즉, 새로운 기술이 발전함에 따라 가치기준의 적용 방식과 수단만을 변화시키는 것이지 윤리규범 자체를 변화시키는 것은 아니라는 입장이다.

그렇다면 인터넷윤리의 기본 원칙은 무엇인가? 리차드 세버슨(R. Severson)은 인터넷윤리의 기본 원칙 네 가지를 지적재산권 존중, 프라이버시 존중, 공정한 표시, 그리고 해악금지라고 제시한다.[75] 리차드 스피넬로(R. Spinello) 역시 인터넷윤리의 기본 원칙으로 자율성, 해악금지, 선행, 정의를 제시한다.[76] 한편, 추병완은 존중, 책임, 정의, 해악금지를 인터넷윤리의 기본 원칙으로 제시한다.[77]

4) 인터넷윤리 방법론에 대한 기독교윤리적 이해

(1) 덕윤리적 접근

인터넷윤리에 대한 덕윤리적 입장은 보편적 규칙이나 원리보다는 인터넷 사용자의 덕성 함양과 갖추어야 할 바람직한 덕 목록을 제시하는 데 초점이 있다. 말하자면, 인터넷 사용자의 '네티켓'과 덕성 함양을 통한 '네티즌십(netizenship)'을 형성하는 데 그 목표를 둔다. 네티켓이란 네트워크 에티켓(network etiquette)을 의미하는 것으로서, 사이버 공간에서의 예절을 가리킨다. 네티켓이 필요한 가장 큰 이유는 인터넷이 지닌 익명성

---

75) 리처드 세버슨, 추병완 · 류지한 역, 『정보윤리학의 기본원리』, 철학과현실사, 2000.

76) 리차드 스피넬로, 『사이버 윤리』, 64–69.

77) 추병완, 『정보윤리교육론』, 105–109.

때문이다.

김영진은 인터넷과 관련한 덕윤리 목록으로 정직, 성실, 자유, 평등을 제시하고 있다.[78] 정직은 소프트웨어의 복제를 예방하는 덕목이고, 성실은 음란물이나 폭력물을 예방하는 덕목이며, 자유와 평등은 시민적 자유와 정보 불평등에 대처하는 덕목이다.

한편, 버지니아 셰어(V. Shea)는 네티켓 덕목으로 다음 열 가지 목록을 제시한다.[79]

① 인간임을 기억하라.

② 실제 생활에서 적용된 것처럼 똑같은 기준과 행동을 고수하라.

③ 현재 자신이 어떤 곳에 접속해 있는지 알고 그곳 문화에 어울리게 행동하라.

④ 다른 사람의 시간을 존중하라.

⑤ 온라인상의 당신 자신을 근사하게 만들어라.

⑥ 전문적인 지식을 공유하라.

⑦ 논쟁은 절제된 감정 아래 행하라.

⑧ 다른 사람의 사생활을 존중하라.

⑨ 당신의 권력을 남용하지 말라.

⑩ 다른 사람의 실수를 용서하라.

우리나라 정보통신윤리위원회에서 제시한 네티즌의 행동강령은 다음과 같다.[80]

---

78) 정보통신윤리위원회 편, 『인터넷윤리』, 49.

79) 앞의 책, 374.

80) 정보통신윤리위원회: http://www.icec.or.kr

① 우리는 타인의 인권과 사생활을 존중하고 보호한다.

② 우리는 건전한 정보를 제공하고 올바르게 사용한다.

③ 우리는 불건전한 정보를 배격하며 유포하지 않는다.

④ 우리는 타인의 정보를 보호하며, 자신의 정보도 철저히 관리한다.

⑤ 우리는 비·속어나 욕설 사용을 자제하고, 바른 언어를 사용한다.

⑥ 우리는 실명으로 활동하며, 자신의 ID로 행한 행동에 책임을 진다.

⑦ 우리는 바이러스 유포나 해킹 등 불법적인 행동을 하지 않는다.

⑧ 우리는 타인의 지적재산권을 보호하고 존중한다.

⑨ 우리는 사이버 공간에 대한 자율적 감시와 비판활동에 적극 참여한다.

⑩ 우리는 네티즌 윤리강령 실천을 통해 건전한 네티즌 문화를 조성한다.

인터넷으로 인해 생겨나는 모든 윤리적 문제들을 법이나 제도적 규제를 통해 해결하기란 사실상 불가능한 일이다. 타율적 규제보다는 자율적 규제가 훨씬 더 효과적이라는 점에서 인터넷윤리의 개인윤리적 접근이 필요하다. 기독교윤리의 개인윤리적 접근은 개인의 죄성과 악마성을 심각히 다루며 그리스도 안에서 새로운 존재로 변화할 것을 강조한다. 인간의 악을 사회구조나 제도악에 떠넘겨서는 안 된다. 복음을 통해 새롭게 된 그리스도인은 책임적 윤리행위자로서 세상 사람들과는 달리 '보다 나은 선' 혹은 '보다 덜한 악'을 선택함으로써 그리스도의 제자도(discipleship)를 실현한다. 그리스도의 제자도는 그들이 지닌 도덕적 탁월성 속에서 실현된다. 그리스도인은 마땅히 인터넷의 사용에 있어서도 도덕적 탁월성을 지니고 있어야 한다.

(2) 사회윤리적 접근

인터넷윤리에 대한 사회윤리적 접근이란 인터넷 문제를 개인의 네티켓 문제라는 시각을 넘어 사회의 문제, 제도적 문제로 파악하며, 그 해결을 위해 사회 정책 및 제도 마련에 힘쓰는 것을 가리킨다. 인터넷윤리에 대한 이러한 접근이 필요한 이유는 인터넷을 가능하게 하는 정보통신 기술이나 인터넷 문화가 정치사회적 현실과 관련되어 있기 때문이다. 그 예로써, 팀 조단(Tim Jordan)은 사이버 스페이스 역시 권력구조를 지니고 있어서 해커나 컴퓨터 전문가 혹은 정책당국과 같이 정보를 조작할 수 있는 사람이나 계층에게 권력을 부여하고, 그 결과 권력의 지배자와 피지배자가 생길 수 있다고 본다.[81]

인터넷윤리를 사회윤리적 관점에서 논할 때 다루어야 할 중요한 주제들은 다음과 같다.

첫 번째 주제는 지적재산권 문제다. 인터넷윤리가 다루는 지적재산권 문제는 소프트웨어의 소유권과 관련한 이슈로서 소프트웨어의 불법 복제가 문제된다. 물론 개인적인 사용을 위해 소프트웨어를 복제한 경우 누구에게도 해를 끼치지 않았다는 이유에서 윤리 문제와 무관한 것으로 간주될 수도 있다. 하지만 공적인 목적으로 복사할 경우 이는 법률적 위반이 된다. 불법적 복제는 소프트웨어 소유자로부터 권리를 훔친다는 점에서 법률적 문제도 된다. 하지만 일부 자유주의적 이론가들은 사이버 공간에서 정보의 자유로운 흐름을 막게 될 지적재산권에 반대하고 있다. 정당한 이용권마저 축소될 때, 연구와 지식의 전파를 힘들게 만들 것이라는 이유다.[82]

---

81) 팀 조단, 『사이버 파워』, 280.
82) 리차드 스피넬로, 『사이버윤리』, 160.

두 번째 주제는 프라이버시다. 컴퓨터는 이전과는 비교가 안 될 정도로 방대한 양의 자료나 정보를 수집할 수 있을 뿐만 아니라, 그것들을 조합하여 새로운 정보를 생산할 수도 있으며, 순식간에 모든 사람에게 배포될 수도 있다. 문제는 왜곡된 정보가 바로잡을 기회도 없이 배포될 때 해당자의 인격은 치명적으로 훼손당한다는 점이다. 한편 개인의 쇼핑정보, 의료정보, 재산정보, 금융정보, 인사정보, 그리고 학업정보와 같이 중요한 정보들이 데이터베이스에 저장되고, 그에 대한 접근이 가능해짐으로써 개인정보가 노출되어 재산이나 명예에 심각한 손해를 끼칠 수도 있다. 인터넷 경제(e-commerce)에서 개인정보가 쉽게 매매, 교환 또는 재결합될 수 있는 일종의 상품이 되어가고 있어 위험성도 커지고 있다. 그런 배경에서 마크 로텐버그(M. Rotenberg)는 "다음 세기의 정보 경제에 있어서 핵심문제는 프라이버시 문제가 될 것"[83]이라고 전망한다. 정보사회에서 프라이버시권이 중요한 이유는 프라이버시가 개인의 재산, 신체적 안전, 그리고 자유와 같은 근본적인 권리들을 뒷받침하기 때문이다. 프라이버시가 보장되지 않을 경우 자유의 손실을 초래할 위험성이 생기고, 결국에는 인간성을 위협하게 된다.[84] 미셸 푸코(Michel Foucault)가 지적했던 '판옵티콘(panopticon) 효과'에서처럼 프라이버시의 침해는 피해망상증과 같은 정신질환을 일으키기도 하고 권력에 대한 순종적 태도를 유발할 수도 있다.[85] 프라이버시를 지키기 위해서는 우선 이용자 자신이 철저한 보안의식을 가져야 하며 컴퓨터 전문가들 또한 윤리의식을 함양해야 하고 정부는 사이버상의 프라이버시 문제에 관한 규제장치를 마련해야 한다. OECD는 '프라이버시 보호 및 개인정보의 국제적 유통에 대한 가이드라

---

83) 앞의 책, 214 재인용.

84) 앞의 책, 217.

85) 윤영민, 『사이버공간의 사회』, 29.

인'에서 개인정보 보호를 위한 일곱 가지 원칙을 제시했는데, 이는 다음과 같다.[86]

> 수집 제한의 원칙, 목적 명시의 원칙, 정확성 확보의 원칙, 이용 제한의 원칙, 안전성 확보의 원칙, 개인 참여의 원칙, 책임의 원칙.

세 번째 주제는 음란물이다. 음란물이 표현의 자유에 속한다는 점에서 일체의 법적 제재를 반대하는 입장이 있는가 하면, 음란물이 공중도덕에 해로우며 여성을 비하하고 착취한다는 점에서 비판하는 목소리도 높다. 특히 음란물이 청소년이나 어린이들에게 부정적인 영향을 끼친다는 점에 대해서는 대체로 모두 공감하고 있다. 비판자들은 인터넷 음란물이 여성을 상품화하는 경향이 크다는 점을 문제 삼는다. 온라인에는 여성을 성적 쾌락이나 오락의 대상으로 탈인격화하는 콘텐츠들이 많다. 그리고 인터넷의 익명성이 다양한 성폭력과 성희롱을 가능하게 만들어 기존의 성적 억압을 더 심화시킬 수도 있다.[87]

인터넷에서 음란물을 규제하는 방안은 크게 두 가지가 있다. 하나는 법과 제도를 통해 정보를 검열하고 유통을 통제하는 방안이고, 다른 하나는 음란물을 기술적으로 통제하는 방안이다. 기술적 통제 방안으로는 특정 사이트에만 접속할 수 있게 하는 방법, 특정 사이트만을 차단하는 방법, 그리고 일정 기준의 등급(인터넷 등급제)을 정해서 차단하는 방법 등이 있다.

네 번째 주제는 컴퓨터 범죄다. 일반적으로 컴퓨터 범죄란, 컴퓨터를 이용한 불법행위를 가리킨다. 여기에는 컴퓨터 조작을 통한 부당이익,

---

86) 정보통신윤리위원회 편, 『인터넷윤리』, 293.
87) 김현미, 「정보사회와 젠더문제」, 정보통신윤리위원회 편, 『정보사회윤리학』, 489.

컴퓨터 파괴, 컴퓨터 스파이, 그리고 컴퓨터의 부정사용 등이 속한다.[88] 경찰청 사이버테러대응센터의 통계를 보면, 2001년도에 약 3만 3,000 여 건이던 사이버 범죄가 2003년도에는 6만 8,000여 건으로 증가했으며, 사이버 범죄의 대상이 확대되고, 범죄의 방법도 더욱 지능화되고 있다.[89] 컴퓨터 범죄를 다루는 데 있어서 고의적인가 비고의적인가 하는 물음은 매우 중요하다. 말하자면, 컴퓨터 범죄가 단순히 재미를 위한 것인지 아니면 범죄 목적을 가지고 행해진 것인지에 따라 그 차이는 엄청나다. 문제 해결을 어렵게 하는 데는 우리 사회가 해커를 이중적으로 인식하고 있다는 데서 발생한다. 한편으로 해커는 악당이나 건달로 인식되지만, 다른 한편으로 해커는 자신의 기술과 재능을 어느 정도 인정받을 자격이 있는 현대판 로빈훗이나 모험가로 인식된다.[90]

다섯 번째 주제는 정보격차다. 일반적으로 정보불평등이나 정보격차란, 정보기기나 정보통신망에 대한 접근기회와 활용능력의 격차로 인해 생겨나는 사회 정치 경제적 불평등 문제를 말한다. 국가 차원에서 볼 때, 정보통신산업과 소프트웨어산업에 기초한 정보화의 정도에 따라 정보 부국과 정보 빈국 사이의 격차가 커질 것이다. 한 나라 안에서도 개인 간에 정보 접근, 정보 이용, 그리고 정보 활용능력에 따라 정보 부자와 정보 빈민 간의 정보격차가 발생할 수 있다. 정보격차는 성, 연령, 사회경제적 지위, 그리고 지역이라는 범주에 따라 나타나기도 한다.[91] 바버룩(R. Barbrook)과 카메론(A. Cameron)은 인지과학자, 엔지니어, 컴퓨터 과학자, 게임개발자, 기술인텔리겐차, 각종 컴퓨터 접속 전문가들을 새로운 지배계

88) 김문일, 『컴퓨터 범죄론』, 법문사, 1989, 81–82.

89) 정보통신윤리위원회 편, 『인터넷윤리』, 330.

90) 리차드 스피넬로, 『사이버윤리』, 274.

91) 한도현, 「정보사회의 개념과 성격」, 정보통신윤리위원회 편, 『정보사회윤리학』, 43.

급인 '가상계급(virtual class)'이라고 표현한다.[92]

　기독교윤리는 개인의 회심만 아니라 사회악이나 구조악의 문제를 심각히 다룬다는 점에서 사회윤리적이다. 예수는 약자에 대한 선택(option for the weak)을 통해 정의를 실현하는 데 관심하였다. 인터넷의 약자인 여성이나 저소득층, 노인과 같은 소외계층에 대한 교회의 관심과 배려가 요청된다. 말하자면, 교회는 정보화 정책을 추진하는 과정에서 생겨나는 정보화의 역기능을 해소하고, 복지서비스의 보편성과 효율성을 높일 수 있는 '정보복지'에도 관심해야 한다.[93] 즉, 정보화의 보편적 서비스로부터 소외된 집단에 관심을 두어야 한다. 한편, 개인의 프라이버시 문제는 인권 차원에서 다루어야 한다. 하나님의 형상으로서 절대적 가치와 존엄성을 지닌 인간성에 관심하는 교회는 인터넷에서 발생할 수 있는 프라이버시 침해 문제에 관심하지 않을 수 없다.

　인터넷윤리가 각종 제도와 법률을 필요로 하는 이유는 비록 법이 최선은 아니지만 '윤리의 최소한'으로서 인간의 기본권을 지켜주는 최후의 보루로서 기능하기 때문이다. 물론 법률적 강제의 효력은 지속적이지도 근본적이지도 못하다는 한계도 잊어서는 안 된다. 그런 배경에서 인터넷윤리는 다양한 접근방법을 요청한다.

(3) 전문직윤리적 접근

　일반적으로 전문직윤리란, 오랜 기간의 교육과 훈련을 거쳐 자격증을 획득하고 자신들의 이익과 규제를 위해 동업조합을 조직하며, 자율성 속에서 사회의 공공이익을 위해 봉사하는 전문직종 종사자들의 직업윤리

---

92)　허호익, 「사이버문화와 기독교」, 117.

93)　조동기, 「정보사회와 정보복지」, 정보통신윤리위원회 편, 『정보사회윤리학』, 397.

를 가리킨다. 인터넷과 같이 파급효과가 크고, 관계자가 복잡하게 얽혀 있는 경우 인터넷 서비스 사업자(ISP)나 컴퓨터 전문가의 윤리적 책임을 강화하는 것은 필수적이다. 개인정보를 수집하고 유포하는 공공기관이나 단체, 기업(은행, 보험회사, 마케팅 조직)은 프라이버시를 침해하지 않도록 자신들이 관리하는 개인의 정보와 관련한 엄격한 규칙과 윤리의식이 필요하다. 자신들이 업무를 통해 알게 된 개인정보를 함부로 누설하거나 공개하거나 왜곡하지 말아야 한다. 개인정보를 매매할 수 있는 상품이 아니라 공익의 일부로 간주하는 체계를 만들어야 한다.[94]

그러나 사업자의 책임문제에 있어서 법적인 강제보다는 사업자 스스로의 자율적 규제가 훨씬 더 효율적이며 광범위한 효과를 거둘 수 있다. 그런 배경에서 사업자 사이의 핫라인을 구축하여 신고·처리시스템을 운영하기도 하고, 자체 모니터링 및 신고센터를 운영하기도 하며, 약관이나 행동강령을 만들기도 한다. 우리나라에서도 1995년 정보통신윤리강령을 제정했고, 2000년에는 '사업자윤리실천강령'을 선포했다. 우리나라 정보통신위원회에서 제시한 사업자의 윤리강령에는 다음과 같은 내용들이 포함되어 있다.[95]

우리는 정보통신 사업자로서 보람과 긍지를 가지고 올바른 정보를 제공하여 국가사회 발전에 이바지한다. 우리는 사회적 도덕성에 입각하여 건전한 정보가 유통될 수 있는 환경을 구축한다. 우리는 양질의 정보를 제공함으로써 삶의 질을 높이는 데 최선을 다한다. 우리는 불건전 정보가 유통되지 않도록 스스로 자제하며 사회공익이 우선될 수 있는 풍토를 조성한다. 우리는 인권과 사생활을 존중하고 지적재산권을 보호함으로써 정보

---

94) 추병완, 『정보윤리 교육론』, 174.

95) 정보통신윤리위원회: http://www.icec.or.kr

사회의 질서를 확립한다. 우리는 비판적 시각을 중시하고 상호협력을 통하여 자율적인 정보통신문화 정착에 앞장선다. 우리는 건전한 정보통신문화의 세계화를 추구하며 국익차원의 해외 진출에 주력한다. 우리는 정보통신윤리강령에 따라 관계법령과 규정을 준수하여 정보통신인으로서의 책임과 의무를 다한다.

이러한 행동강령이 효과적으로 집행되고 목적을 달성하기 위해 고려해야 할 사항들은 다음과 같다.[96]

정보교환이나 공동제재 등 사업자들 사이의 상호협력, 법집행기관간의 상호협력, 일탈행위에 대한 책임소재, 회원사에 대한 이용자 불만에 관한 조사, 조사와 처벌 과정에 있어 이용자 개인정보의 보호, 일탈행위 방지를 위한 기술적 도구의 개발, 제재조치에 대한 재심의 요구절차. (…)

기독교적 관점에서 볼 때 모든 직업은 하나님의 소명(calling)이다. 직업을 소명으로 아는 그리스도인 인터넷 전문가들이나 인터넷 사업자들은 자신의 전문지식과 전문기술을 통해 하나님을 영화롭게 하며 하나님의 나라를 실현하는 데 궁극적으로 관심해야 한다. 그런 이유에서 그리스도인 인터넷 전문가나 사업자는 전문가적 식견과 능력을 지녀야 할 뿐만 아니라 다른 사람과는 구별되는 도덕적 탁월성을 지니도록 힘써야 한다. 나아가 그들의 도덕적 탁월성은 인터넷을 통해 사람들의 인권과 사생활을 보장하고, 사회의 공공이익을 확대하는 방식으로 표현되어야 한다.

---

96) 윤영민, 『사이버공간의 사회』, 161.

(4) 세계윤리적 접근

인터넷이 만들어가는 사이버 공간은 범세계적 성격을 띤다. 인터넷은 민족이나 국가, 문명의 경계를 넘어 경제의 세계화는 물론 문화의 세계화를 이끌고 있다. 인터넷으로 인해 과거의 지리적 경계가 사라짐은 물론 시공간마저 압축됨으로써 이제 세계는 급속히 하나의 마을로 변하고 있다. 사람들은 24시간 내내 전 세계 사람들과 소통할 수 있게 되었다. 공간적인 거리가 소멸되면서 동일한 관심사를 지닌 사람들을 전 세계적으로 연결하는 것도 가능하게 되었다. 인터넷은 국경 없는 범지구적 기술체계이기 때문에 어떤 한 나라가 사이버 공간에 대한 특정한 법률과 규정을 강제하는 것이 불가능하다. 한 나라에서 음란물이나 도박을 법으로 금지하더라도 실효성이 낮을 수밖에 없는데, 그 이유는 그 나라 영토 바깥에서 익명의 사람들이 인터넷을 통해 음란물과 도박 프로그램을 배포하거나 운영할 수도 있기 때문이다. 결과적으로 이러한 문제를 규제하려는 개별 국가의 노력들은 실패로 돌아갈 수밖에 없다.

크리스티나 고니악(K. Goniak)의 주장처럼, 인터넷으로 인해 생기는 윤리문제를 다루게 될 인터넷윤리는 필연적으로 세계적 성격을 띤다.[97] 세계윤리로서의 인터넷윤리는 윤리적 규범과 규칙들이 지구상의 모든 사람들에 의해 존중을 받고 보편적 규범으로 적용되어야 할 것을 강조한다. 그런데 전 세계에 보편적으로 적용되어야 할 인터넷윤리의 규범들이 서로 다른 문화와 법률체계를 지닌 지역과 국가들에 적용될 때 새로운 문제와 갈등이 생겨날 수 있다는 점도 잊어서는 안 된다.

기독교윤리는 본래적으로 범세계적이라는 특징을 지니고 있다. 그것

---

97) 정보통신윤리위원회 편, 『인터넷윤리』, 41.

은 기독교가 신앙하는 하나님이 온 인류를 창조하고 구원하시는 아버지이시기 때문이다. 아버지이신 한 분 하나님 안에서 모든 인류는 한 가족을 이룬다. 세계윤리로서의 기독교윤리는 인터넷 사용에 있어서 세계시민의 보편적 에티켓을 지키는 데 모범이 되며, 개인의 프라이버시를 보호하는 데 앞장서고, 계층 간 혹은 국가 간 정보 불평등을 해소하는 데에도 관심해야 한다.

(5) 윤리교육적 접근

인터넷의 확산과 발전에 따라 예기치 못한 수많은 윤리적 이슈들이 생겨나면서 인터넷 사용자나 생산자들의 윤리의식에 대한 교육적 관심이 높아지고 있다. 하지만 문시영이 지적하고 있듯이, 우리나라 정보통신윤리위원회가 주도하는 정보통신윤리교육은 윤리적 성찰과정이 단순화되어 있고, 학문적 정체성이 성숙되지 못했으며, 오로지 사용자의 네티켓에만 집중한다는 점에서 한계가 있다.[98]

인터넷윤리교육이란, 인터넷 사용자들의 윤리의식을 함양하여 건강한 인터넷 문화를 창조하는 데 목적을 둔 교육이다. 추병완은 인터넷윤리교육의 기본 원칙으로 기본교육, 균형교육, 공동체교육, 다문화교육, 정체성교육, 그리고 멀티미디어교육을 들고 있다.[99] 인터넷윤리교육의 방법론도 바뀌어야 하는데, 선형적 학습에서 하이퍼미디어 학습으로, 주입식에서 참여와 발견으로, 교사 중심에서 학습자 중심으로, 주입식에서 학습방법을 배우는 교육으로, 학교교육에서 평생교육으로, 획일화된 교육

---

98) 문시영, 「정보통신윤리교육, 그 기독교사회윤리학적 성찰의 과제」, 『기독교사회윤리』 10, 61–70.

99) 추병완, 『정보윤리교육론』, 218–220.

에서 맞춤식 교육으로, 무미건조한 학습에서 재미있는 학습으로, 그리고 지식전달자로서의 교사에서 학습촉진자로서의 교사로 전환해야 한다.[100]

　기독교적 관점에서 볼 때 인터넷은 새로운 기독교교육의 과제다. 인터넷에 대한 기독교교육의 핵심과제는 우선 '미디어 문맹탈출(media literacy)'에 있다고 할 수 있다. 말하자면, 기독교 신앙과 세계관에 기초하여 다양한 정보를 비판적이고 주체적으로 '읽어낼 수 있는 능력'과 자기 이야기를 '쓸 수 있는 능력'을 기르는 교육이다.[101] 우리나라의 60여 만 개(2004년 기준)의 인터넷 도메인 가운데 75%인 45만 개가 영리활동을 목적으로 하는 상업성 도메인이라는 사실, 그리고 사이버 공간에 올라오는 정보가 그 진위성보다는 참신성, 도발성, 재미와 같은 요소에 기초한다는 사실을 고려할 때, 사이버 공간에 참여하는 사람들의 비판적 판단능력이 절실하게 요청된다.[102] 그뿐만 아니라 기독교 교양인으로서 네티켓을 함양하고 발전시키는 데에도 관심해야 한다.

5) 맺는 말

　인터넷은 우리 사회의 중요한 생활환경이 되었다. 인터넷이 보편화되면서 근본주의적 반문화의 태도 대신에 인터넷의 새로운 가능성에 관심하는 교회가 늘어나고 있다. 교회마다 홈페이지가 만들어지고, 멀티미디어를 활용한 주일학교 교육방법이 시도되고 있다. 하지만 인터넷은 단지 기술적 수단을 넘어 새로운 세계관과 의사소통방식을 내포하는 문화현

---

100) 강이철, 「사이버교육을 통한 기독교교육 활성화 방안」, 『통합연구』 41, 175.

101) 백은미, 「인터넷 문화를 위한 비판적 페다고지로서의 기독교교육의 과제」, 230.

102) 한규석, 「사이버 문화: 그 심리적 특성과 실상」, 375-377.

상이어서 보다 심층적인 신학적 이해를 요청한다. 특별히 인터넷은 수많은 윤리적 문제들을 제기하고 있어 이에 대한 비판적 성찰과 책임의식이 요청된다.

이런 상황에서 기독교윤리는 인터넷이 지닌 사회문화적 의미를 신학적으로 해명하고, 인터넷 사용자나 생산자의 윤리의식의 결여로 생겨나는 수많은 윤리문제들을 해결하는 데 도움을 주어야 한다. 그러기 위해서는 인터넷을 악마화하는 태도나 반대로 우상화하는 태도를 버리고 보다 나은 인터넷 문화를 발전시키기 위한 비판적 참여의 태도가 필요하다. 이를 위해 기독교윤리는 인터넷 사용자와 생산자의 개인윤리적 덕목을 고양시키며, 개인의 프라이버시나 정치경제적 형평성을 실현하기 위해 인터넷을 둘러싼 사회구조적 차원과 제도적 차원에 관심해야 하고, 인터넷 전문가들의 전문직윤리의식을 강화하고, 보편적 세계윤리의식을 고양시키며, 구체적 교육과정을 통해 윤리의식을 함양하는 데 관심해야 한다.

3.
아동의 소비문화와 교회의 과제[*]

1) 서론

소비사회가 확산되고 가정마다 자녀수가 줄면서 어린이들이 강력한 소비계층으로 부상하고 있다. 마케팅 관점에서 아동의 심리나 소비실태에 대한 기업의 연구도 많아지고 있다. 어린이들이 상당한 구매력을 지니고 있을 뿐만 아니라 미래에도 평생고객이 될 수 있는 중요한 소비자들이기 때문이다. 게다가 어린이들은 부모들의 구매행위에도 점차 영향력을 확대하고 있다. 자동차를 사거나 전자제품을 구매하는 데 있어서 아이들의 의견을 듣는 부모들이 늘고 있기 때문이다. 말하자면, 오늘날 아이들은 '가정과 시장을 연결하는 통로' 역할을 하고 있는 셈이다.[103]

이런 이유에서 아이들에 대한 기업의 마케팅 공략은 점점 정교화되고 강화되고 있다. 그럼에도 불구하고 상업문화로부터 아이들의 몸과 정신, 그리고 영혼을 보호하기 위한 교회의 신학적 연구는 거의 없는 실정이

---

* 이 글은 「아동의 소비주의에 대한 기독교윤리학적 연구」라는 제목으로 『기독교사회윤리』16, 2008에 실린 글을 약간 수정했다.
103) 줄리엣 B. 쇼어, 정준희 역, 『쇼핑하기 위해 태어났다』, 해냄출판사, 2005, 13.

다. 소비사회에 대한 체계적인 신학적 분석과 비판이 이루어지지 않고, 다만 교회에서 개인윤리적인 관점에서 사치와 낭비를 비판하는 설교가 있는 정도다.

교회와 신학이 아이들의 소비문화에 관심해야 하는 이유는 그것이 아이들의 신체와 정신, 그리고 영적인 차원에서 심각한 문제들을 유발하고 있기 때문이다.

첫째, 어린이의 잘못된 소비행태는 신체건강에 좋지 않은 영향을 미친다. 햄버거나 피자처럼 칼로리는 높은데 영양가는 거의 없는 식품을 섭취하는 '정크푸드 증후군'이 대표적이다. 정크푸드에는 지방 외에도 염분이나 식품첨가물이 많이 들어 있어서 어린이 비만과 각종 성인병의 주요 원인이 되고 있다. 한 연구에 의하면, 정제당과 온갖 식품첨가물이 포함된 스낵류 과자는 아토피 피부염이나 충치의 원인이 된다고 한다.[104]

둘째, 어린이의 잘못된 소비행태는 정신건강에도 나쁜 영향을 미친다. 예를 들면, 장난감 중독은 아이들의 사회관계를 단절시킨다. 아이들은 장난감만 있으면 부모도 필요 없고, 친구도 필요 없다. 장난감을 얻은 아이들은 자연을 잃어버리고, 놀이도 잃어버리고, 그리고 아이다움도 잃어버린다.[105] 어린이의 주의력 결핍이나 과잉행동장애, 심지어 폭력행위조차도 과자를 비롯한 가공식품의 영향과 관련이 있는 것으로 밝혀지고 있다.[106] 게다가 소비중독의 증상이 있는 아이들은 불안과 우울증으로 고통을 당한다.

셋째, 어린이의 잘못된 소비행태는 영혼과 신앙생활에도 좋지 않은 영

---

104) 안병수, 『과자, 내 아이를 해치는 달콤한 유혹』, 국일미디어, 2005.

105) 임재택, 「장난감을 버리고 아이들을 자연으로 돌려보내자」, 이병용, 『장난감을 버려라. 아이들의 인생이 달라진다』, 살림출판사, 2005, 5.

106) 오사와 히로시, 홍성민 역, 『식원성 증후군』, 국일미디어, 2005.

향을 미친다. 소비주의는 무엇이든 원하는 물건을 살 수 있는 '돈이야말로 최고'라는 배금주의 사상을 의식화시키며, '물질생활의 풍요가 곧 행복'이라는 물질주의 가치관을 주입한다. 그 결과 소비주의 사회에서 아이들이 떠올릴 수 있는 하나님의 나라란 어쩌면 온갖 장난감과 먹거리가 넘쳐나는 쇼핑센터나 장난감 백화점일지도 모른다. 실제로 외국의 한 조사연구에 따르면, 아이들이 쇼핑하는 데 보내는 시간은 책을 읽거나 교회에 가서 예배드리는 시간의 두 배, 노는 시간의 다섯 배, 그리고 운동하는 시간의 절반이나 차지한다고 한다.[107] 또 다른 자료를 보면, 아이들은 가장 좋아하는 일로 '쇼핑'을 꼽았으며, 심심할 때 제일 먼저 찾고 싶은 곳은 대형 쇼핑센터였고, 매주 쇼핑하는 아이가 52%로서 예배드리러 교회에 가는 아이의 두 배였다고 한다.[108]

이러한 비판적 문제 인식에서 출발하는 이 연구는 아동의 소비행태와 그것에 영향을 미치는 사회문화적인 요인들, 그리고 아동의 소비문화가 지닌 윤리적 쟁점들과 해결책을 기독교윤리적 입장에서 탐구하는 데 목적이 있다. 이 연구를 통해 아이들이 소비사회에서 신체적·정신적·영적으로 얼마나 큰 위험에 노출되어 있는지 알 수 있게 된다. 그리고 아이들의 전인적 건강을 위해 교회가 관심을 가지고 대책을 마련하는 데 도움을 줄 수 있을 것이다.

---

107) 줄리엣 B. 쇼어, 『쇼핑하기 위해 태어났다』, 47.
108) 존더 그라프 외, 박웅희 역, 『어플루엔자』, 한숲출판사, 2004, 14, 40.

2) 에인젤 비즈니스와 키즈 마케팅

(1) 에인젤 비즈니스

　어린이를 고객으로 삼는 에인젤 비즈니스(Angel Business)가 21세기의 매력적인 사업으로 떠오르고 있다. 에인젤 비즈니스란, 영유아에서 초등학생에 이르는 어린이를 대상으로 하는 산업으로 '키즈(kids) 산업'으로 불리기도 한다. '코흘리개 돈'이라는 표현에서 알 수 있듯이, 과거에 어린이들은 값싼 물건을 몇 개 구매하는 대수롭지 않은 고객에 불과했다. 그들은 독립된 소비자라기보다는 가족 소비 수혜자 가운데 하나에 불과했다. 게다가 사회적으로도 아이들의 소비기회는 제한되어 있었다. 하지만 우리시대에 아이들은 웬만한 성인 못지않게 소비하며, 불황에서조차 흔들리지 않는 확실한 고객이 되었다. 맞벌이부부가 늘고 가계 수준이 올라가는 반면 출산율이 줄고 자녀수가 적어지면서 자연스럽게 아이들 관련 지출이 지속적으로 증가할 것으로 전망된다. 그럴수록 아이들의 소비는 더 확대될 것이다.

　이를 증명이라도 하듯, 어린이 소비시장이 양적으로 급성장하고 있다. 과거에는 어린이 소비상품이 주로 장난감이나 인형, 그리고 학용품에 제한되었다면, 오늘날에는 음악, 식품, 영화, 게임, 의류, 신발, 스포츠, 방송, 건강 및 화장품, 그리고 여행상품까지 그 폭이 계속해서 넓어지고 있다. 미국에서 수행된 연구이기는 하지만 한 연구 자료를 보면, 0.5초당 1개씩 세계 어디선가 바비인형이 판매되고 있다. 미국 인구의 8%가 매일 맥도날드를 이용하고 있는데, 전체 매출액 가운데 5분의 1가량이 어린이용 햄버거 세트인 '해피밀'이라고 한다.[109] 어린이가 직접적으로 지출을 좌우하는 금액이 연간 244억 달러에 이르며, 추가적으로 구매에 영향을 주는 금액도 300억 달러에 이른다고 한다.[110]

어린이 소비시장의 양적 확대와 더불어 어린이가 독립된 소비주체가 되고 있다. 어린이 스스로가 상품을 결정하는 경우도 많고, 자동차처럼 어린이와 상관없는 부모의 구매행위에도 상당한 영향력을 끼친다. 우리 나라에서 수행된 한 연구에 의하면, 조사대상 가운데 과반수 이상의 부모들이 아이들 스스로 물건을 결정하게 하며, 외식이나 가족여행지를 결정할 때에 아이들의 의사를 반영하는 비율이 60% 이상인 것으로 알려졌다.[111] 미국에서는 아이들이 영향력을 미치는 범위가 패스트푸드 레스토랑이나 인형 구입은 물론 샴푸나 호텔패키지 여행상품 결정까지 아주 폭이 넓다고 한다. 일반적으로 아이들은 7－8세가 되면 장난감 브랜드를 결정할 때 70% 이상의 영향력을 미친다. 게다가 아이들이 마음대로 쓸 수 있는 돈의 규모도 매년 20% 정도씩 늘고 있다고 한다.[112]

이처럼 오늘날 아이들이 독립된 소비주체로 떠오른 데에는 여러 가지 사회문화적 이유가 있다. 우선, 모든 것을 부모가 결정하는 권위주의적 부모상이 후퇴했기 때문이다. 그리고 직장생활로 바쁜 부모들의 시간 부족과 보상심리가 작용한다. 아이들과 함께하는 시간이 적은 부모일수록 자녀에게 더 많은 돈을 지출한다고 한다. 그 외에도 아이들 자신들의 상품정보 획득 능력이 증가한 것도 원인이다. 어떤 경우에는 어린이들이 최신 제품과 브랜드에 대해 부모보다 더 잘 알고 있다. 줄리엣 쇼어(J.

109) 줄리엣 B. 쇼어, 『쇼핑하기 위해 태어났다』, 33.

110) 마리아 베일리, 임승호 역, 『엄마를 잡아라』, 거름, 2003, 309.

111) 배재성, 「불황을 모르는 에인젤 비즈니스」, 〈LG 주간경제〉, 2001년 2월 21일자, 23.

112) 진 텔 베키오, 김세중 역, 『키즈 마케팅』, 프리미엄북스, 2003, 19–22.

Schor)가 관찰한 대로, 아이들은 새로운 기술들을 제일 먼저 수용하고 가장 활발히 사용할 줄 아는 존재들이다.[113]

(2) 키즈 마케팅

미국의 경우 아이들이 '고객의 자녀'가 아니라 '고객 자체'로 인식되기 시작한 것은 베이비 붐 세대가 등장한 시점부터로 알려져 있다. 제임스 맥닐(J. McNeal)은 미국 아동 소비자의 역사를 다음과 같이 정리한다.[114]

> 1950년대 들어 소비욕구만 아니라 구매력까지 지니게 된 아이들의 숫자가 급격히 늘어나기 시작했다. 1960년대에 아이들은 자기가 원하는 상품을 구입하는 데 연간 20억 달러 이상을 지출하고, 수십 억 달러에 이르는 부모의 구매력에도 영향력을 미치기 시작했다. 1970년대에 이르면 아이들은 명실공히 독립적인 소비자로 인정된다. 패스트푸드점 맥도날드나 장난감 전문매장인 토이즈러스가 생긴 것이 바로 이때다. 1980년대에는 아동들이 성인과 같은 소비자로 대접을 받게 된다. 아동용 상품이 패스트푸드나 장난감에 국한되지 않고 신발, 옷, 책 등으로 광범위하게 퍼지게 된다. 1990년대에 이르면 기업이 아동의 나이대별로 보다 세분화된 마케팅 전략을 구사하게 된다.

기업이 이처럼 아동 소비시장 마케팅에 관심을 두는 것은 아이들의 구매력과 영향력이 커졌을 뿐만 아니라, 한 번 고객이 된 어린이는 평생고객이 될 수 있다고 믿기 때문이다. 마케팅 전략으로 기업들은 성인 고급

---

113) 줄리엣 B. 쇼어, 『쇼핑하기 위해 태어났다』, 13.
114) 제임스 맥닐, 이동철 외역, 『키즈 마케팅』, 세종서적, 1998, 16-20.

브랜드를 어린이 상품으로까지 확대하고 있다. 어린이용 치즈나 어린이용 파스타 등 어린이를 위한 전용 상품을 개발하기도 하고, 심지어 어린이 전용 쇼핑공간을 만들기도 한다. 어린이들이 즐겨 찾는 패밀리 레스토랑에는 어린이들이 좋아하는 캐릭터를 이용한 인테리어와 공간이 만들어지고 있다. 2004년 한 해 동안 미국에서 어린이를 대상으로 만든 광고 및 마케팅 비용이 대략 150억 달러에 이르렀다고 한다. 맥도날드의 경우 연간 5억 달러를 광고비용으로 지출했는데, 그중 40%가 어린이를 대상으로 한 광고비였다고 한다.[115]

어린이를 대상으로 하는 광고비의 증액만 아니라 광고기법도 바뀌고 있다. 과거에는 부모들, 특히 어머니를 대상으로 하여 제품의 특징에 대한 소개를 주요 내용으로 삼았다면, 최근에는 아예 어린이를 직접 목표로 하고 있다. 이는 어린이들이 구매력을 가지고 있고, 부모에게 미치는 영향력이 상당히 크기 때문이다. 그러다 보니 광고의 방식도 내용보다는 상품의 이미지를 중심으로 하고 있으며, 동물을 사랑하는 어린이의 심리를 이용하여 동물이나 동물 캐릭터를 등장시키기도 한다. 스포츠나 연예인 인기 스타들을 이용하기도 하는데, 이는 아이들에게는 모방심리가 있고 스타들에 대한 신뢰감이 있기 때문이다.

3) 아동의 소비행태

(1) 아동 소비자의 심리적 특징

일반적으로 아동기란 유아기 다음 단계로서 초등학교 재학 시기에 해

---

115) 줄리엣 B. 쇼어, 『쇼핑하기 위해 태어났다』, 30.

당한다. 이 시기는 상품에 대한 인식이 생기고 선호도가 분명해진다. 게다가 호기심이 많아서 진열대에 가득한 물건들을 그냥 지나치지 못하며, 새로운 상품을 쉽게 구매하기도 한다. 생활의 중심 장소가 가정에서 점차 학교로 이동하고 부모의 영향에서 조금씩 벗어나면서 또래집단의 영향력이 점점 커진다. 자아정체성이 분명하지 못하며 자존감도 약하기 때문에 또래집단에 소속감을 느끼고 싶어 하며, 친구들로부터 좋은 평가를 받고 싶어 한다. 또래집단에 소속하고 싶다는 욕구를 그 집단이 소비하는 동일한 브랜드를 통해 성취하고자 한다. 그리고 또래집단으로부터 유행에 뒤지지 않고 '쿨하다', '멋지다'는 평가를 받고 싶어 한다. 그러다 보니 자연스럽게 유행을 쉽게 따르게 된다.

한편, 어린이들 가운데에는 부모와의 관계나 친구와의 관계에서 충족되지 못한 욕구에 대한 대리만족으로 소비에 집착하기도 한다. 자녀에 대해 과잉보호하거나 지나치게 허용적인 부모의 잘못된 교육태도도 아이들이 소비욕구를 절제하는 데 장애요인이 되고 있다. 한편, 학업과 사교육으로 인한 과중한 학업스트레스나 친구관계의 단절로 인한 외로움을 인형이나 장난감 같은 소비상품을 통해 해소하려고 하는 아이들도 있다.

또한 아이들은 상상력이 풍부하고 판타지에 흥미가 많으며, 자신의 현실을 변화시키고 싶어한다. 이런 욕구를 해리포터 캐릭터 상품이나 세일러문, 포켓몬 같은 변신 장난감을 통해 실현할 수 있다고 생각하기도 한다. 그러다 보니 디즈니 상품의 종류와 매출은 상상을 초월할 정도로 커진다.

(2) 아동 소비행태의 특징

어린이들이 소비를 배우는 첫 단계는 쇼핑하는 부모를 따라다니는 단계다. 처음에는 쇼핑카트에 앉아 관찰자가 되지만, 점차 사고 싶은 물건을 요구하게 되고, 그 다음에는 부모의 허락 아래 물건을 스스로 선택하게 된다. 그러다가 점차 제한적이기는 하지만 독립적인 소비자로서 독자적인 행동을 하게 된다.

일반적으로 아동의 소비행태는 다음과 같은 특징을 지니고 있다.

첫째, 즉흥적이고 충동적이다. 어린이들은 소비생활에 대한 경험이나 지식이 부족하기 때문에 외부환경적 요소에 자극받아 충동구매에 노출될 위험성이 크다. 대중매체를 많이 접하게 되면서 텔레비전 광고의 영향을 받아 신제품에 관심이 많으며, 광고에서 보았던 것과 동일한 상품을 찾는 경향이 있다. 아직 돈의 가치를 모르기 때문에 비싼 브랜드 옷이나 신발이라도 상관하지 않는다.

둘째, 유행에 민감하다. 아직 자아정체성이 충분히 형성되지 못해서 주변 사람의 외모나 행동을 모방하는 경우가 많기 때문에 친구들 사이에 유행하는 상품을 구매하는 경우가 많다. 자존감이 약한 어린이들일수록 친구들의 소비행태를 무비판적으로 따르고 모방하는 경향이 있다. 캐릭터 상품이 일반상품보다 비싸다는 것을 알면서도 사모으는 주된 이유가 친구들과 함께 놀기 위해서거나 친구들에게 자랑하기 위한 경우가 많다. 유행에 민감하다 보니 어린이들의 소비행태는 자연스럽게 획일적이다. 계층이나 지역에 상관없이 서구지향적인 특징을 지니게 된다.

셋째, 맹목적인 소비행태도 보인다. 인기 텔레비전 프로그램을 통해 보급된 캐릭터(포켓몬, 텔레토비 등) 상품을 모으기 위해 캐릭터가 들어 있는 빵이나 과자를 사서는 캐릭터만 빼내고 내버리는 경우가 있다. 김선희가 2000년 3월에 초등학교 2-3학년생을 대상으로 실시한 한 조사보고서를 보면, 우리나라 어린이 가운데 84.7%가 특정 스티커를 수집하고 있는데, 과자나 빵을 구입한 아이 가운데 41%가 단지 캐릭터를 모으기 위해

구매했다고 한다. 그 가운데 16.2%의 어린이는 캐릭터만 빼내고 과자나 빵을 내버렸다고 한다.[116]

넷째, 감성적이다. 요즘 어린이들은 멀티미디어 매체 환경 속에서 자라고 성장한 세대이다 보니 지루하고 단조로운 것을 견디지 못하는 편이다. 새롭고 색다른 것을 선호하며, 화려하고 요란한 소리가 나고 불빛이 번쩍이며, 빠른 속도로 움직이는 강렬한 장난감들을 선호한다.

4) 아동 소비문화의 윤리적 쟁점들

일반적으로 소비문화란 소비행위를 통해 자기를 형성하고 타인과 관계를 맺어가는 과정이라고 할 수 있다. 아이들의 경우 가지고 있는 물건이나 브랜드는 아이들의 존재감에 영향을 주고, 친구 사이에 호감이나 인기 정도를 결정하며, 특정 집단에 소속될 것인지 배제될 것인지에 영향을 미친다. 그러다 보니 소비사회에서 쇼핑이 차지하는 의미와 중요성이 점점 더 커지고 있다.

그런데 문제는 어린이의 소비문화가 소비자인 어린이들 스스로에 의해 창조되기보다는 기업의 마케팅 과정에 의해 만들어지는 경우가 많다는 점이다. 아이들은 대중매체를 통해 만들어진 기업의 소비문화를 수동적으로 수용할 뿐이다. 기업의 집중적인 마케팅과 대중매체의 상업광고에 무방비 상태로 노출되어 있다 보니 아동 소비문화는 여러 가지 윤리 문제들을 지니게 된다.

첫째, 폭력성 문제다. 과거에 아이들은 동네 공터나 골목길에서 이웃

---

116) 김선희, 「캐릭터 스티커 투입식품 소비실태조사」, 한국소비자보호원, 2000년 7월.

집 아이들과 어울려 놀았지만, 지금은 주로 혼자서 텔레비전을 보거나 인터넷을 하면서 시간을 보낸다. 문제는 장난감 게임기나 인터넷 게임의 내용이 폭력적이고 선정적 경우가 많다는 사실이다. 자연히 아이들은 폭력적이고 반사회적인 성품을 지니게 될 위험성이 커진다.

둘째, 가부장적 문화에서 생겨난 남녀의 성역할 고정화가 일어난다. 광고 내용들을 보면 성차별적이거나 성역할의 고정이 많다. 대개 남자 아이는 권력과 성공을 갈망하는 존재로, 주로 바깥에서 활동하며, 영화의 주인공으로 그려지는 경우가 많다. 반면에 여자 아이는 부드러움과 여성스러움을 추구하는 존재로, 주로 실내에서 활동하며, 조연으로 묘사된다.

셋째, 부모와의 갈등을 유발하게 만든다. 광고를 접하게 된 아이들은 부모에게 광고에 나온 물건을 사달라고 조르게 되고, 거절하는 부모와 갈등 관계에 빠진다. 광고 내용들 가운데에는 어린이 중심적 시각에서 어른을 성가시고 권위주의적 존재로 이미지화하는 것들도 있다. 부모와 갈등하게 될 때 '너(어린이)를 이해하고 편드는 것은 우리 회사의 상품'이라고 선전하며, 때로는 어른들에게 맞서도록 노골적으로 유도하기도 한다. 한 예로, 어른들이 싫어하는 스낵을 선전하며 암암리에 이런 메시지를 전한다는 것이다.

> 이 스낵은 엄마가 먹기를 바라지 않는 무엇이다. 그러므로 이 스낵을 네가 먹는다는 것은 그만큼 네가 영향력을 행사한다는 뜻이다.[117]

넷째, 계층 간의 위화감이다. 소비사회에서 아동들의 소비에 대한 갈

---

117) 줄리엣 B. 쇼어, 『쇼핑하기 위해 태어났다』, 190 재인용.

망은 커지기 마련인데, 원하는 상품을 구매할 능력이 없는 저소득층 가정의 어린이는 상대적 박탈감이나 소외감을 느끼게 된다. 대개 소득수준이 낮은 가정의 아이들일수록 텔레비전 시청 시간이 많고, 그만큼 광고에 노출되어 소비욕구가 커질 수밖에 없다. 문제는 구매력을 가질 수 없는 저소득층 어린이의 충족되지 않은 욕구나 모방소비가 폭력이나 절도와 같은 범죄의 원인이 될 수도 있다는 사실이다.

다섯째, 쇼핑중독 문제다. 쇼핑중독에 빠지면 아이들이 집에 장난감이나 인형이 차고 넘치면서도 백화점이나 쇼핑센타에 가면 사지 않고 못배기게 된다. 2002년에 개봉되었던 영화 〈집으로〉는 서울에 살면서 후라이드 치킨을 먹고, 롤러브레이드를 타며, 전자오락기와 함께 놀면서 자란 주인공 어린이가 외딴 시골집 외할머니 댁에 왔다가 벌어진 일들을 내용으로 한다. 전자오락기의 건전지가 닳자 어쩔 줄 몰라 하는 주인공 어린이에게서 소비중독의 금단현상을 볼 수 있다.

어린이 쇼핑중독의 심리적 원인이 되는 불안감이나 상실감은 가정에서 부모와의 왜곡된 관계에서 생겨난다. 신경정신과 전문의는 다음 사항 중 6개 이상에 해당하면 아이가 쇼핑중독(shopaholic)으로 상담이나 치료를 필요로 한다고 권면한다.[118]

① 물건 사는 일에만 관심을 갖고 다른 활동에는 무관심하다.
② 비슷한 종류의 물건을 반복적으로 사려고 한다.
③ 물건을 사지 못하게 할 경우 떼를 쓰고 화를 낸다.
④ 부모의 설명을 받아들이지 않고 자꾸 사달라는 요구만 한다.
⑤ 집에서 쇼핑을 안 하기로 결심했다가도 막상 물건을 보면 참지 못한다.

---

118) "쇼퍼홀릭 키드", 〈중앙일보〉, 2006년 3월 12일자.

⑥ 원하는 물건을 사지 못했을 때 쉽게 잊지 못하고 짜증내거나 불안해한다.

⑦ 물건을 사기 위해 부모에게 그럴듯한 거짓말을 한다.

⑧ 점차 많은 물건을 사야 만족한다.

⑨ 구입한 물건을 활용하지도 않으면서 자꾸 사들인다.

⑩ 쇼핑 상황이 아닌데도 자꾸 쇼핑에 대해 말한다.

여섯째, 소비의 유사종교화다. 아이들은 특정 상품을 소유함으로써 자신이 강하고 사랑받고 인정받고 주목받는 존재가 될 것으로 믿는다. 아이들이 소비를 통해 꿈과 행복, 그리고 구원을 발견한다는 의미에서 물질주의적 소비문화는 유사종교로서 기능하고 있다. 하지만 소비 속에서 구원을 발견한다는 것은 허위의식인데, 이는 요즘 아이들이 넘쳐나는 장난감 더미 속에서도 여전히 불평불만이 가득하다는 현실에서 쉽게 확인할 수 있다. 오히려 물건이 너무 많아서 그 가치를 모르고 소유에 대한 감사조차 사라져버린다. 많이 가질수록 가진 것에 싫증을 느끼고, 점점 더 많은 것을 원하게 된다. 소비사회에서 아이들은 영적으로 점점 더 빈곤해진다.

5) 아동의 건강한 소비문화 형성을 위한 기독교의 과제

(1) 소비주의 이데올로기에 대한 신학적 비판

성경에는 풍성한 추수로 인해 창고를 새로 짓고 곡식과 물건을 쌓아둘 데가 없을 정도로 창고를 채우면서 자신의 영혼에게 이렇게 말하는 부자의 이야기가 있다.

> 영혼아, 여러 해 동안 쓸 많은 물건을 쌓아두었으니, 너는 마음놓고, 먹
> 고 마시고 즐겨라(눅 12:19).

예수님은 이 부자를 가리켜 '어리석다'고 말씀하신다. 왜냐하면 영혼
은 하나님의 것이며, 구원은 물질의 풍요로움에 있는 것이 아니기 때문
이다.

그럼에도 불구하고 대부분의 아이들은 자신들이 구매하고 소유한 물
건들 속에서 행복을 발견하고자 한다. 장난감과 인형이 아이들에게 존재
의 의미와 행복을 가져다준다는 점에서 소비행위는 하나의 종교행위가
될 수 있다. 그런데 소비를 통한 행복은 만족 대신 더 강렬한 소비욕구를
불러일으킨다는 점에서 허위의식이며 하나의 유사종교라 하겠다.

한편, 현대 소비주의는 바알주의와 마찬가지로 물질적 풍요 속에 행복
과 구원이 있다고 말한다. 넘치는 학용품과 장난감에 행복이 있다고 속
삭인다. 성서는 이 같은 물질주의를 바알주의 우상숭배라고 비판한다.
바알주의는 농경사회인 가나안의 종교로서 현실세계에서 물질적 풍요와
번영을 약속하는 물신숭배주의다. 그리스도인 부모와 교회는 이런 바알
주의적 물질주의 세계관에 맞서 정신적 · 영적 가치를 교육하고 삶 속에
서 모범을 보이도록 힘써야 한다.

(2) 검소와 절제 덕목의 재발견

초기 자본주의 사회가 근검과 절약을 미덕으로 간주한 반면 현대 소
비사회는 쾌락과 소비를 덕목으로 생각한다. 자본주의 대량생산 시스템

에서는 소비하지 않으면 경제가 파국을 맞기 때문이다. 갈브레이스(J. K. Galbraith)의 표현대로, "개인은 저축과 그것에서 결과하는 자본을 사회에 공급함으로써 체제에 이바지하는 것이 아니고 체제의 생산물들을 소비함으로써 체제에 이바지한다."[119] 하지만 오늘날과 같은 대량생산 - 대량소비의 경제에서는 부존자원의 한계와 대량폐기로 말미암는 생태위기 문제를 피할 수 없다. 지구의 생태학적 한계를 고려할 때, 근검절약의 검소한 생활방식이야말로 유일한 해결책으로 인식되고 있다.

물론, 절약과 절제는 물질적 풍요를 누리는 소비계층에게 우선적으로 요구되는 덕목이라 할 수 있다. 부자들은 소비의 기회가 많으며, 그만큼 더 쉽게 물질적 유혹에 빠질 수 있기 때문이다. 하지만 가난한 사람들 역시 물질에 대한 탐욕으로부터 자유롭지 않다. 그리고 절약과 절제의 윤리가 궁극적으로는 물질로부터의 자유를 목표로 한다는 점에서 소비계층만 아니라 모든 계층에게 요구되는 덕목이다.

기독교 역사를 보면, 검소와 절제는 오래된 신앙윤리적 덕목이었으며, 한국교회의 자랑스러운 전통 가운데 하나이기도 했다. 청교도적 신앙배경을 지녔던 미국 선교사들의 영향으로 한국교회의 신앙문화는 처음부터 금욕적이었다. 장로교에서는 '절제공과'를 만들어서 주일학교에서 교육하도록 했고, 가정에서 그리스도인 부모들이 이 일에 모범을 보이도록 요구했다.[120] 소비문화가 광범위해진 지금이야말로 교회가 나서서 사라져가는 검소와 절제의 덕목을 재발견하고 강조해야 할 것이다.

그러나 검소하게 산다는 것은 아무 것도 소비하지 않는 것을 의미하지 않는다. 소비하되 건강하고, 가치 있게, 분수를 지키는 소비행위를 가리

---

119) L. 아코스타, "자본주의, 매스미디어, 지배 이데올로기의 전파", 김지운 편, 『매스미디어 정치경제학』, 나남, 1990, 229 재인용.

120) 조용훈, 『기독교 환경윤리의 실천과제』, 대한기독교서회, 1997, 46~55.

킨다. 절약과 절제의 신앙윤리적 덕목을 중세 수도원적 금욕주의와 같은 것으로 오해해서는 안 된다. 중세적 금욕주의는 물질을 죄악시하고 소유를 악마화하는 이원론적 사고를 배경으로 삼았고, 오직 물질적 궁핍에서만 행복을 찾으려는 피안적이고 염세주의적인 세계관에 기초했으며, 금욕적 행위를 구원의 조건이나 업적으로 삼았다는 점에서 신학적으로 비판을 받았다. 하지만 소비사회에서 그리스도인의 대안적 생활방식으로서의 절약과 검소는 물질을 악마화하거나, 현실도피적인 세계관과 상관이 없다. 오히려 제한된 지구자원을 고려하는 지속가능한 소비행동이며, 물질로부터 영적 자유를 추구하는 신앙훈련이다. 교회의 주일학교에서는 물론 그리스도인 각 가정에서 검소하고 단순한 삶을 장려하고 실천할 수 있도록 힘써야 한다. 그럴 때 아이들의 신앙교육도 자연스럽게 이루어질 것이다.

(3) 교회와 가정에서 소비 교육

어떤 사람이든 일정한 재화의 소비 없이는 생존할 수 없을 뿐만 아니라, 적당한 소비는 국민경제 활성화에도 도움이 된다. 따라서 기독교윤리의 관심은 무조건적인 소비의 금지나 죄악시가 아니라, 보다 합리적이고 건전한 소비문화, 즉 지속가능한 소비문화를 형성하는 데 있다. 아이들의 소비교육은 우선적으로 학교와 사회의 과제이지만, 동시에 그리스도인 가정과 교회도 관심을 기울여야 할 과제다.

어린이를 위한 소비교육의 내용은 우선, 비합리적인 소비행위에 대한 반성과 비판으로부터 시작되어야 한다. 고쳐야 할 잘못된 소비행태에는 과소비, 과시소비, 모방소비, 무계획적 즉흥소비 등이 포함된다. 다음으로, 용돈교육이 필요하다. 이는 아이들이 독립적인 소비자로서 활동하게 되는 시점은 대개 용돈을 받기 시작하면서부터이기 때문이다. 용돈관리는 가장 기초적인 경제교육으로서, 지출활동이나 저축행동과 관계되어 있다. 용돈교육은 용돈의 액수, 지급시기, 용돈의 사용, 저축 등의 내용을 포함해야 한다.

아이들에게 건강한 소비습관을 길러주기 위해, 부모들은 책임감을 갖고 다음과 같은 부분을 고려해야 한다.

첫째, 아이들에게 충분한 애정과 시간을 주어야 한다. 아이들이 진정 원하는 것은 장난감이나 군것질 거리가 아니라 부모와 형제자매 혹은 친구들과의 관계에서 느끼는 사랑과 애정, 그리고 함께하는 공간과 시간이기 때문이다.[121] 이병용은 아이들의 장난감중독 치료책으로 아이들의 손에서 장난감을 빼앗는 대신에 부모가 아이의 손을 잡아주라고 제안한다.[122] 그는 아이가 장난감을 가지고 혼자 놀게 놔두는 대신에 자연 속에서 친구들과 함께 놀도록 배려할 것을 주장한다. 부모와의 관계에서 사랑과 애정이 충족되면 그만큼 물건에 대한 욕구나 집착이 줄어들게 된다. 부모에게 기대한 사랑과 애정에 대한 욕구가 채워지면 아이들은 강한 만족감을 누리고, 그만큼 소비의 유혹에 저항할 수 있는 힘을 기르게 된다. 하지만 부모로부터의 보호, 사랑, 관심의 욕구가 충족되지 못하면 비정상적 소비행위 욕구가 생겨나게 된다.[123]

둘째, 부모가 건강하고 합리적인 소비행동의 모범을 보여야 한다. 왜냐하면, 아이들은 부모와의 동일시나 모방을 통해 자기를 형성해가기 때문이다. 부모가 맹목적이고 충동적인 비합리적 소비행태를 보이면 아이들도 그렇게 닮아가기 마련이다. 특히, 어머니들이 아이들의 소비행태에

121) 최현자, 「추천사」, 안드레아 브라운, 배인섭 역, 『소비에 중독된 아이들』, 미래의 창, 2002, 5.
122) 이병용, 『장난감을 버려라. 아이들의 인생이 달라진다』, 살림출판사, 2005.
123) 안드레아 브라운, 『소비에 중독된 아이들』, 27.

미치는 영향력은 결정적인 것으로 알려져 있다.[124] 일반적으로, 어머니의 학력 및 연령이 높을수록 아이들의 소비에서 절약하는 태도가 높게 나타났으며, 어머니의 자녀교육 태도가 독립심을 높여주고 합리적일 때, 아동의 자율적인 소비생활도 가능해진다고 한다. 그리고 취업하지 않은 어머니의 자녀가 취업한 어머니의 자녀보다 건전한 소비행동을 보인다고 한다. 맞벌이 부부의 경우 보상심리로 아이들을 물질적으로 지나치게 풍요롭게 해주는 경향이 있기 때문으로 해석할 수 있다. 간혹 부모들 가운데에는 아이가 기 죽지 않게 한다고 일부러 고급 브랜드를 사주는 경우도 있다. 이와 같이 부모의 잘못된 소비행태가 결국 아이를 비합리적인 소비자로 만들 수도 있다. 그러므로 그리스도인 부모들은 자녀들을 교육하기 전에 자신들이 건강하고 합리적인 소비생활을 하는지 뒤돌아보고 반성해야 한다.

(4) 사회제도적 차원에서의 노력들

소비사회를 확산시키는 메커니즘은 광고다. 광고는 상품에 대한 정보 제공은 물론 한 사회의 문화를 반영하며, 동시에 새로운 생활양식이나 가치관을 만들어내는 힘이 있다. 광고는 아이들이 무엇을 갈망하고, 무엇을 소유해야 하는지 제시해준다. 말하자면 광고는 "소비란 이렇게 하는 것이다"하고 아이들을 의식화시킨다.[125]

광고의 주요 수단은 매스미디어, 그 가운데서도 텔레비전이다. 오늘날 텔레비전 시청은 어른들만이 아니라 아이들에게도 중요한 여가활동

---

124) 류미현 · 이승신, 「어머니의 과시소비가 청소년 소비자의 과시소비에 미치는 영향」, 『한국가정
   관리학회지』19, 1999, 33–44.
125) 안드레아 브라운, 『소비에 중독된 아이들』, 12.

이다. 텔레비전은 광고를 통해 아이들의 소비욕구를 확산시키고, 소비를 유행시킨다. 미국의 경우, 8-13세의 어린이들은 하루 평균 3시간 반 이상 텔레비전을 시청한다. 연간 약 4만 개의 광고를 시청하게 되는 셈이다. 그 영향으로 아이들이 부모에게 사달라고 조르는 상품의 개수는 매년 약 3,000개에 이른다고 한다.[126] 우리나라 어린이를 대상으로 한 조사에서도, '텔레비전 광고 때문에 사고 싶은 충동을 느끼게 되었는가?'라고 물었을 때 '그렇다'고 답한 어린이가 67.7%나 되었고, 대도시보다는 중소도시나 읍면으로 갈수록 그 숫자는 더 커졌다.[127] 식음료의 경우, 아이들이 구매정보를 어디서 얻는지 조사한 자료를 보면, 광고(78.8%: 이하 복수응답)와 친구(75.2%)라고 답한 아이 숫자가 절대 다수인 반면 부모와 교사라고 답한 아이의 숫자는 각각 30%와 2%에 불과했다.[128]

이런 일련의 사실들은 왜 그리스도인 부모들이 아이들의 텔레비전 시청문제에 관심을 두어야 하는지 잘 보여주고 있다. 이 문제를 해결하는 데는 사회제도적 차원에서의 접근이 요청된다. 텔레비전 광고 시간대를 조정하고, 연령에 따른 광고내용을 규제하는 일, 아이들의 사행심을 부추기는 경품광고나 건강에 직접적 해가 될 수 있는 식품광고에 대한 법률적·행정적 규제를 위한 기독교 차원에서의 대책이 필요하다. 정크푸드에 대해 스웨덴에서는 텔레비전 광고를 금지하고 있으며, 유럽연합(EU)과 미국·캐나다·오스트레일리아 등에서도 정크푸드 광고를 규제하고 있다. 그 외에도 여러 학교에서 정크푸드나 탄산음료 자동판매기를 설치하지 못하도록 법으로 규정하고 있다. 다행스럽게 우리나라에서도 2009

---

126) 줄리엣 B. 쇼어, 『쇼핑하기 위해 태어났다』, 28.

127) 김백영·정성봉, 「초등학교 아동의 용돈 소비행태에 관한 연구」, 『실과교육연구』 2권 1호, 1996, 65.

128) 〈중앙일보〉, 2002년 9월 8일자.

년부터 이들 식품을 비만 유발 식품으로 규정하고, '어린이식생활안전관리특별법'을 통해 학교와 주변지역에서 판매하지 못하도록 법으로 규정하고 있다.

6) 맺는 말

대량생산과 대량소비를 특징으로 하는 소비사회에서는 개인의 삶의 질이나 국가경제를 위해서라도 적당한 소비는 필요하다. 하지만 건전하지 못한 소비행태는 소비자 개인만 아니라 국가경제와 사회생활에도 부정적인 영향을 미친다. 특히 소비문제에 대한 비판능력이 결여된 아이들의 경우에는 그들의 몸과 마음만이 아니라 영혼까지 위협한다. 그러므로 그리스도인 가정과 교회는 소비주의가 지닌 신앙윤리적 문제들을 인식하고, 어린이들이 건강한 소비습관을 형성할 수 있도록 도와야 한다. 건강한 소비행동을 통해 자신들의 몸과 마음, 그리고 영혼의 건강을 지킬 수 있도록 도와야 한다. 여기에는 소비주의 이데올로기에 대한 신학적 비판, 개인의 신앙윤리적 덕목인 검소와 절제의 재발견, 그리스도인 가정과 교회에서 어린이의 지속가능한 소비행태 형성을 위한 소비자 교육, 그리고 사회제도적 차원에서 소비자운동이 포함될 것이다.

4.
청소년 학교폭력과 기독교의 과제[*]

1) 서론

학교폭력이 교육계의 문제를 넘어 심각한 사회적 이슈가 되고 있다. 현 정부가 들어서면서 학교폭력을 성폭력, 가정폭력, 그리고 불량식품과 더불어 반드시 척결해야 할 '악'으로 규정할 정도다. 학교폭력 문제를 해결하기 위해 그동안 정부와 교육당국이 각종 대책을 내놓았지만, 효과는 기대 이하였던 것으로 보인다. 2014년 4월 전국 시·도교육청이 국회의원 안민석에게 제출한 자료에 따르면, 2010년 1만 9,949명이던 학교폭력 가해 학생 숫자가 2011년에는 2만 6,925명, 2012년에는 3만 8,466명으로 최근 3년 만에 92.8%나 급증한 것으로 나타났다.[129] 다른 조사에서도 '학교폭력이 심각하다'고 생각하는 사람이 2008년에 28.6%에서 2011년에는 41.7%로 증가했다.[130] 안전행정부가 2013년에 수행한 '4대악 국민안전체감도 조사'에서는 학교폭력을 성폭력 다음으로 심각한 문

---

* 이 글은 같은 제목으로 『기독교사회윤리』 30, 2014에 실렸던 글이다.

129) "대통령까지 학교폭력 근절 나섰지만", 〈국민일보〉, 2014년 4월 14일자.

130) 교육과학기술부, "학교폭력 실태 조사", 2012.

제라고 답했으며, 학교폭력 문제에 대해 '안전하지 않다'고 답한 응답자가 일반 성인의 경우 68.6%, 중고등학생 56.7%, 그리고 전문가그룹은 70.0%나 되었다.[131]

학교폭력이라는 악을 척결하겠다고 외치는 정부를 비웃기나 하듯 학교폭력 숫자는 줄어들지 않고 있을 뿐만 아니라, 그 형태도 점점 더 잔인해지고 있다. 학교폭력의 형태가 사소한 폭력행위에 머물지 않고 생명에 위협을 줄 만큼 심각하고 잔인한 형태로 발전하고 있다. 심지어 집단폭행이나 성폭행 후에 범행을 감추기 위해 생매장을 하는 범죄사례까지 등장할 만큼 끔찍한 형태로 발전하고 있다. 주목할 사실은 학교폭력 가해자들의 연령대가 점차 낮아지고, 남녀학생 사이에 차이도 없어지고 있다는 점이다.[132]

학교폭력 문제의 심각성에 대한 정부와 사회의 관심이 증가함에도 불구하고 이 문제에 대한 교회의 목회적 활동이나 신학적 연구는 활발해 보이지 않는다. 목회적 차원에서 학교폭력 문제를 다룬 교계 간행물이 있었지만 그 내용은 문제제기 차원에 머물렀다.[133] 학교폭력 문제에 대한 전문 신학적 연구도 많지 않았다.[134] 다행스럽게 최근 기독교상담학계에서 학교폭력을 예방하고 피해자를 치료하기 위한 상담프로그램을 개발하는 연구들이 수행되고 있고,[135] 기독교교육학계에서도 학교에서의 평

---

131) 안전행정부, "4대악 국민안전 체감도 조사 결과 보도자료", 2013년 8월 2일자.

132) 류영숙,「학교폭력의 실태와 대처방안에 관한 연구」,『한국교원교육연구』29, 2012, 616.

133) 박옥식,「학교폭력의 실태진단과 교회의 역할」,『활천』527, 1997, 69-73; 장훈,「청소년을 위한 패스워드, 19: 학교폭력, 왕따」,『교육교회』300, 2002, 168-172.

134) 정종훈,「학교폭력 문제와 기독교윤리적인 과제의 모색」,『신학논단』27, 1999, 291-315; 심상우,「기독교윤리의 실천으로서 철학상담: 배움의 공동체로 학교폭력을 해결하기」,『기독교사회윤리』24, 2012, 185-221; 이은형,「기독교 현실주의 관점에서 본 학원폭력 연구」, 협성대 신학대학원 미간행 석사학위 논문, 2013.

135) 안석·권선애,「학교폭력 가해 및 피해 학생을 위한 음악치료 프로그램 연구: 정신역동적 관점

화교육을 위한 연구들이 수행되고 있다.[136] 하지만 학교폭력 문제의 복합성을 생각할 때, 이 주제에 대한 보다 체계적이고 조직적이며 심층적인 연구가 절실하게 요청되는 상황이다.

이러한 문제의식에서 출발하는 이 연구는 청소년 학교폭력 문제를 살펴보고, 기독교윤리학적 관점에서 대책을 마련하는 데 그 목적을 둔다. 이를 위해 먼저, 학교폭력의 개념과 특징이 무엇인지 살피고, 학교폭력을 유발하는 요인들을 분석하고 현재까지 정부나 교육당국이 학교폭력 문제를 해결하기 위해 내놓은 대책을 비판적으로 검토하고 평가하기로 한다. 나아가 그런 비판적 관점에 기초하여 청소년 학교폭력 문제를 해결하기 위한 그리스도인과 교회의 역할과 과제가 무엇인지 탐색하도록 하겠다.

2) 학교폭력에 대한 일반적 이해

(1) 학교폭력의 개념과 특징

학교폭력의 개념에 대하여 '학교폭력예방 및 대책에 관한 법률(2012년 개정)' 제2조 1항은 "학교 내외에서 학생을 대상으로 발생한 상해, 폭행, 감금, 협박, 약취, 유인, 명예훼손·모욕, 공갈, 강요·강제적인 심부름

을 중심으로」, 『한국기독교상담학회지』 23/3, 2012, 9–57; 강경미, 「청소년 학교폭력의 예방과 기독교 상담」, 『복음과상담』 16, 2011, 64–92; 황규명, 「학교폭력에 나타나는 마음의 문제: 성경적 상담의 관점」, 『복음과상담』 16, 2011, 37–63.

136) 유재덕, 「학교폭력에 대한 평가와 기독교적 대안」, 『기독교교육논총』 34, 2013, 225–257; 조은지, 「비폭력 대화를 적용한 학교폭력 예방 단원 재구성: 기독교 세계관에 기초하여」, 한동대 교육대학원 미간행 석사학위 논문, 2013.

및 성폭력, 따돌림, 사이버 따돌림, 정보통신망을 이용한 음란·폭력 정보 등에 의하여 신체·정신 또는 재산상의 피해를 수반하는 행위"[137]라고 규정하고 있다.

먼저, 장소와 관련하여 학교폭력은 학교 안에서 일어나는 폭력행위를 가리킨다. 학교 안에서도 학교폭력은 대개 교실이나 운동장 그리고 기숙사에서 주로 발생하고 있다. 그리고 학교 주변이나 등하교 길에서 일어나는 폭력행위도 학교폭력에 포함된다. 다음으로, 대상과 관련하여 학교폭력을 과거에는 주로 학생 간에 일어난 폭력행위에 한정했지만, 지금은 학생을 대상으로 일어난 모든 폭력행위, 즉 퇴학생이나 자퇴생에 의한 폭력행위까지도 포함한다.

한편, 학교폭력 유형은 신체적 폭력행위만 아니라 언어폭력이나 사이버폭력을 비롯하여 정서적이고 정신적인 폭력행위까지 범위가 넓다. 이를 좀더 자세히 살펴보면 다음과 같다.

먼저, '신체폭력'이란 신체적 고통을 줄 의도로 때리거나, 밀치고, 발을 걸어 넘어뜨리고, 머리를 톡톡 치고, 침을 뱉는 행위들을 가리킨다. 피해 학생을 일정 공간에서 쉽게 나오지 못하도록 하는 감금행위나 상대를 속이거나 유혹해서 특정 장소로 데리고 가는 유인행위도 신체폭력에 해당한다.

그리고 '언어폭력'이란 욕이나 모욕적인 말로서 위협하거나 괴롭히는 행위를 가리킨다. 신체적 약점을 놀린다거나 일부러 싫어하는 별명을 불러 상대방을 비하하고 모욕감을 주는 행위도 언어폭력에 포함된다.

한편, '금품갈취'란, 돌려줄 생각이 없으면서 돈을 요구하는 일로서, 실제로 돈을 빌리고 갚지 않는 일이다. 그 외에도 돈이나 물건, 학용품을

---

137) www.stopbullying.or.kr

강제로 빼앗거나, 물품을 일부러 망가뜨리고, 돈을 걷어오라고 요구하는 것도 금품갈취에 해당한다.

그리고 '강요'는 강제적 심부름을 가리킨다. 예를 들면, 매점에 가서 빵을 사다 바치게 하는 '빵 셔틀'이나 자신의 스마트폰 데이터용량을 핫스팟으로 연결해 이용할 수 있게 바치는 '와이파이 셔틀' 같은 행위가 포함된다. 그 외에도 과제나 게임을 대행하도록 강요하는 행위도 폭력행위로 볼 수 있다.

'집단따돌림(왕따)'이란 의도적으로 특정한 학생을 지목하여 무시하거나, 말을 걸지 않고, 골탕먹이고, 비웃고, 함께 밥을 먹지 않고, 좌석 배치 시 옆자리에 않는 것을 피하여 피해 학생이 외로움, 우울, 분노, 모욕감 같은 감정에 빠지도록 만드는 행위다.

'성폭력'이란 폭행이나 협박을 통해 성행위나 유사 성행위를 강제하는 행위를 가리킨다. 피해 학생으로 하여금 성적 모멸감을 느끼도록 강제적으로 신체적 접촉을 하는 행위나 성적인 말과 행동으로 성적 굴욕감이나 수치심을 느끼게 만드는 행위도 성폭력에 포함된다.

최근에는 '사이버폭력'이 증가하는 추세다. 여기에는 특정한 학생에 대한 모욕적인 언사나 욕설 등을 채팅방이나 카페 등에 올리는 행위는 물론 허위 사실을 인터넷에 공개하고, 모바일이나 인터넷상에서 공포심을 불러 일으킬 만한 욕이나 위협을 가하고, 채팅방에서 강제 퇴장시키는 행위가 포함된다.

학교폭력 피해 유형에 대한 최근의 한 연구조사를 보게 되면, 학생들이 경험하는 학교폭력은 신체폭력이 가장 많고, 뒤이어 언어폭력, 금품갈취, 그리고 집단 따돌림 순으로 많았다고 한다.[138]

---

138) 정하은 · 전종설, 「청소년 학교폭력 피해의 위험요인」, 『청소년복지연구』14/1, 2012, 196.

학교폭력 문제가 비단 오늘만의 문제는 아니다. 학교폭력이 과거에도 존재했지만, 최근의 학교폭력은 과거와 여러 면에서 다른 것을 알 수 있다.[139]

첫째, 폭력행위의 발생 연령대가 점차 낮아지고 있다는 점이다. 과거에는 폭력행위가 주로 중고등학교 때에 발생했다면, 지금은 점차 중학교를 거쳐 초등학교에서도 발생하고 있다. 한 통계를 보면, 피해 학생 중 53.6%가 초등학교 때 최초로 학교폭력을 경험했고, 가해 학생 중 58.0% 역시 초등학교 때 폭력을 행사했다고 한다.

둘째, 중학생들 사이의 폭력 발생 비율이 가장 높다는 점이다. '국민신문고'에 신고된 학교폭력 민원을 보게 되면, 2010 - 2011년 사이에 중학생의 학교폭력 증가율이 초등학교의 7배, 고등학교의 2배나 되는 것으로 나타났다.

셋째, 학교폭력에서 가해와 피해의 악순환 현상이 발생하고 있다는 점이다. 학교폭력의 피해 학생이 피해자로만 머물지 않고 가해자로 바뀌는 경우가 적지 않다.

넷째, 물리적 폭력에 비해 언어적·정서적 폭력이 증가하고 있다는 점이다. 신체폭력이 줄어드는 대신에 강제적 심부름이나 사이버폭력은 지속적으로 증가하고 있다. 마지막으로, 학교폭력의 집단화 현상이다. 다수의 가해 학생에 의한 집단적 폭력행위가 늘고, 일진 같은 조직적 폭력 집단까지 생겨나고 있다.

이 외에도 최근의 학교폭력과 관련하여 주목해야 할 특징이 여럿 있는데, 그중 하나는 여학생 사이의 폭력행위가 증가한다는 사실이다. 여학생들 사이의 폭력행위에서는 신체적 폭력보다 언어적 폭력이 더 많다.

---

139) 이하 내용은 다음 논문을 참고하여 요약함. 조종태, 「학교폭력에 대한 효율적 대처 방안: 법무부 추진방안을 중심으로」, 『저스티스』 134-3, 2013년 2월 특집호II, 145-147.

그리고 학교폭력이 발생하는 학교를 유형별로 보면, 인문계학교나 특수목적학교 보다는 실업계학교에서 더 많은 학교폭력이 발생하고 있다는 점이다. 일반계학교 내에서는 성적 상위권 학생보다는 중위권 혹은 하위권 학생들에게서 폭력경험이 많은 것으로 알려지고 있다.

(2) 학교폭력의 발생 원인

학교폭력은 여러 가지 요인에 의해 생겨나는 복합적 문제다. 청소년 개인의 심리적 요인 외에도 가정환경, 학교환경, 그리고 사회환경 등 다양한 요인들이 학교폭력에 영향을 미치는 것으로 알려져 있다.

첫째, 개인 심리적 요인이다. 발달시기상 청소년기는 신체적으로나 심리적으로 급격한 변화를 겪게 되는 시기로서 학생들은 심리적 갈등과 혼란 속에 있게 된다. 진로와 미래가 불안하고, 치열한 입시경쟁으로 말미암아 엄청난 스트레스를 받게 된다. 분노조절 능력이 약한 학생들은 사소한 일에도 화를 내거나 쉽게 감정적으로 행동하게 된다. 충동적인 기질이 있거나 공격성향이 높은 청소년은 그렇지 않은 청소년보다 쉽게 폭력을 행사하게 된다. 학교폭력 가해자들 가운데는 생리적으로 전두엽 실행기능에 문제가 있어서 공격적 언행을 통제할 능력을 결여하고 있는 학생도 있다고 한다.[140] 그리고 자아존중감이 낮은 학생일수록 학교폭력의 희생자나 가해자가 될 가능성이 높은 것으로 알려지고 있다.[141] 자아존중감은 교우관계에도 영향을 끼치는데, 한 연구조사에 따르면 학교폭력 피

---

140) 문용린 외, 『학교폭력 예방과 상담』, 학지사, 2006, 53.

141) '자아존중감'이란 긍정적인 자아개념으로서 자신을 능력 있고 가치 있게 판단하는 태도다. 자아존중감이 낮을 경우 비행, 자살, 우울 등 심리사회적인 문제의 원인이 된다. 동시에 또래집단의 압력에 취약하게 만들어 흡연, 음주, 약물남용, 집단 따돌림 가세 등의 문제를 일으킨다. 이석형, 「청소년 비행요인에 대한 청소년의 성별과 학력 차이 연구」, 『신학과목회』 32, 2009, 305 참고.

해자 대부분은 친구가 적고, 교우관계의 질이 낮은 반면에 친구가 많을 수록 학교폭력의 피해자가 될 가능성은 줄어든다고 한다.[142)]

둘째, 가정적 요인이다. 일반적으로 부모의 이혼이나 별거로 인한 가정의 해체나 부적절한 부모의 역할(역기능적인 부모)이 학교폭력을 증가시키는 것으로 알려져 있다. 특히, 가정에서 부모 간 혹은 부모에 의한 지속적인 폭언이나 폭행을 경험한 학생일수록 학교에서 폭력학생이 될 가능성이 커진다고 한다.[143)] 맞벌이 부부가 증가하면서 자녀들을 방치한 가정이 느는 것도 주목해볼 일이다.

셋째, 학교환경 요인이다. 오늘날 학교는 '입시교육의 장'으로 변했고, 교실은 '입시 전쟁터'와 다름없다. 그런 교실에서 교우관계는 경쟁관계가 된다. 청소년의 학업성취 수준에 비해 학우들과 관계를 맺고 더불어 생활하는 능력이 현저하게 낮아졌기 때문에 학교 안에서 학우들 간에 발생하는 작은 시비나 사소한 갈등조차 쉽게 폭력으로 바뀌고 있다. 심지어 교사 자신이 폭력적 언어나 행동으로 폭력문화를 조장하는 경우도 있다. 학업수준이 낮거나 가정환경이 불우한 학생을 무시하거나 차별하는 교사의 잘못된 언행은 학생들에게 마음의 상처와 모욕감을 주는 언어폭력에 해당한다. 그리고 통제되지 못한 교사의 감정적 체벌은 훈육이 아니라 폭력이다. 극단적인 사례이기는 하지만 2014년에 일어난 사건 가운데는 교사가 야간자율학습 시간에 졸리다는 학생의 눈에 살충제를 뿌린 일이 있고, 과일을 깎는 칼로 체벌하다 학생에게 상처를 입힌 행위도 있다. 교사의 체벌 때문에 학생이 병원에 입원을 하거나 심지어 의식불명

---

142) 정하은 · 전종설, 「청소년 학교폭력 피해의 위험요인」, 『청소년복지연구』 14/1, 2012, 199.

143) 정정애, 「학교폭력과 가정폭력의 상관관계에 관한 연구」, 『사회복지지원학회지』 7, 2012, 301-318; 이승출, 「청소년의 가정폭력 노출경험과 학교폭력에 관한 연구」, 『청소년문화포럼』 29, 2012, 116-135.

이 되어 목숨을 잃는 사건도 발생했다.

마지막으로, 사회환경 요소다. 학교 주변에 성행하고 있는 오락실, 유흥업소, 노래방, 게임방과 같은 퇴폐유해환경은 청소년들의 호기심과 소비욕구를 자극하고, 학생들을 잘못된 방향으로 이끌 위험이 있다.[144) 청소년들이 즐겨하는 폭력적 인터넷 게임, 텔레비전이나 영화에서 영웅적으로 그려지는 폭력행동들은 학생들의 폭력행동에 영향을 미친다.[145) 그리고 우리 사회의 일상된 폭력문화나 생명경시 풍조 같은 사회문화적 요인들도 청소년 학교폭력의 간접적 원인을 제공한다고 볼 수 있다.

(3) 정부의 대책과 그에 대한 평가

학교폭력 문제를 해결하기 위해 정부는 2012년에 '학교폭력근절 종합대책'을 발표하면서 다음과 같은 7대 실천정책을 제시했다.

① 학교장과 교사의 역할 및 책임을 강화한다. 학교장은 필요하다고 판단할 경우 가해 학생의 출석을 금지시킬 권한을 가지며, 교사들은 교사 자격증 취득 시에 '학교폭력 예방 및 대책' 과목을 반드시 이수해야 한다.
② 신고 – 조사체계의 개선 및 가해 · 피해 학생에 대한 조치를 강화한다. '117 학교폭력신고센터'를 설치하고, 각급학교에서 매년 학교폭력실태 전수조사를 실시토록 한다.

---

144) 조종태, 「학교폭력에 대한 효율적 대처 방안: 법무부 추진방안을 중심으로」, 145.
145) 김재엽 외, 「인터넷 게임의 폭력성이 청소년의 학교폭력 가해행동에 미치는 영향과 폭력생각의 매개효과」, 『청소년학연구』 17/1, 2010, 249–278; 김현실, 「폭력매체가 청소년 폭력에 미치는 영향」, 『청소년행동연구』 3, 1998, 53–70.

③ 또래활동 등 예방교육을 확대하고, 사이버상담센터를 설치하여 운영한다.

④ 학부모 교육을 확대하고 학부모의 책무를 강화한다.

⑤ 교육 전반에 걸친 인성교육의 실천으로서 나눔이나 존중, 예절 같은 내용을 중심으로 교과과정을 운영하며, 중학교에서는 체육활동을 강화한다.

⑥ 가정과 사회의 역할을 강화하여 밥상머리교육을 회복한다.

⑦ 게임이나 인터넷 중독 등 유해요인을 제거한다.

한편, '학교폭력 예방 및 대책에 관한 법률(2014)'은 학교 안에 학교폭력 문제를 전담할 기구와 예방프로그램의 실시, 그리고 전문상담교사 배치(14조), 학교폭력에 대한 학생과 교직원에 대한 정기적 교육(15조), 그리고 학교폭력 현장을 보거나 인지하게 된 경우 학교나 관계기관에 신고(20조)를 의무화하고 있다.

이상에서 간략히 살펴본 것처럼, 학교폭력 문제에 대한 정부나 교육당국의 정책방향은 예방적이라기보다는 사후적이며, 가해 학생에 대한 엄격한 처벌과 격리, 그리고 학교당국이나 교사에 대한 더 강력한 책임추궁을 특징으로 하고 있다. 이러한 규제와 처벌 위주의 방식이 단기간에 가시적 성과를 내는 데 있어서는 쉽고 편한 방법으로 보인다. 학교에 경찰이 상주하고, 학교폭력 가해 학생을 엄중하게 처벌하고, 학교폭력 사건이 발생한 학교나 지도교사에게 불이익을 주면 가시적 효과가 금방 나타날 것이다. 하지만 이 같은 규제와 징벌 위주의 정책으로 과연 학교폭력 문제가 '근본적'으로 해결될 수 있을지는 대단히 의문스럽다. 왜냐하면, 학교폭력 문제는 이미 앞에서 살펴본 것처럼 복합적인 요인에 의해서 발생하고 있기 때문이다. 학교폭력의 문제는 더 이상 교실 안 학생들만의 문제가 아니다. 학교폭력 문제는 학교당국은 물론 가정과 사회, 그리고 정부가 나서서 다 함께 노력해야 해결될 수 있는 성질의 문제다. 그리고 정부가 내놓은 정책들 대부분을 보면, 정부의 예산지원 없이는 공염불에 그칠 가능성이 높다. 전문상담교사의 배치를 예로 들자면, 전국 1만 1,360개 초중고에서 활동하고 있는 전문상담교사 숫자가 1581명(2013년 3월 기준)에 불과하다. 전체 학교 가운데 고작 13%의 학교만 전문상담교사를 두고 있는 셈이다.[146]

물론, 학교폭력 문제가 복합적 요인에 의해 발생하는 사회문제인 것이 사실이지만, 학교폭력 문제를 해결할 핵심 주체는 당연히 학교당국과 교사들이다. 학교당국과 교사들이 학교폭력 문제의 심각성을 인식하고, 보다 적극적이고 책임감 있게 대응하지 않는다면 제 아무리 학교 밖에서 가정과 사회가 노력한다 해도 성과를 거두기는 어려울 것이다. 유감스럽게도 과거의 학교폭력 처리 과정들을 살펴보면 학교당국은 소극적으로 대응하기 일쑤였다. 학교폭력의 심각성을 인정하려 하지 않고, 사고가 났을 때에는 숨기거나 축소하기에 급급했다. 학교의 이미지나 해당 교사의 불이익 문제만 신경 썼기 때문이었다.

학교폭력 문제에 대한 교사들의 무감각과 무책임한 태도도 문제다. '4대악 국민체감도 조사(2013)' 분석 자료를 보게 되면, '학교폭력으로부터 안전하지 않다고 생각하는 가장 큰 요인이 무엇인가?'라는 물음에 '가정과 학교의 관심 및 지도 부족'이라고 답한 사람은 일반 국민(52.3%), 중고등학생(68.0%), 전문가 그룹(48.6%) 순이었으며, '가해자 처벌과 재범방지 노력'이라고 답한 사람은 일반 국민(49.3%), 중고등학생(74.9%), 전문가 그룹(37.1%) 순이었다.[147] 이러한 결과는 학교폭력에 대해 학교당국과 교사

---

146) "대통령까지 학교폭력 근절 나섰지만", 〈국민일보〉, 2014년 4월 14일자.
147) 안전행정부, "4대악 국민안전 체감도 조사 결과 보도자료", 2013년 8월 2일.

들의 인식수준이 낮고, 대응태도가 소극적이라는 사실을 말해준다. 학교 내 분위기가 이렇다 보니 학교폭력이 발생해도 피해 학생들은 학교당국이나 교사에게 도움을 요청하려고 하지 않는다. 이를 거꾸로 생각해보면, 학교폭력 문제는 학교당국과 교사가 관심하고, 적극적으로 개입하게 되면 상당한 정도로 해결을 기대할 수 있는 문제임을 알 수 있다.

3) 학교폭력 해결을 위한 교회와 기독교학교의 역할

(1) 학교폭력 없는 평화로운 학교의 꿈

인간에 대한 폭력은 그것이 어떤 형태건 하나님의 형상으로 창조된 인간의 존엄성을 파괴하는 심각한 악이다. 폭력은 피해자만 아니라 가해자의 존엄성과 인간성도 파괴하는 야만적 행위다. 피해자는 폭력의 희생물이 됨으로써 인간됨을 거부당하고, 가해자는 폭력을 행사함으로써 스스로의 인간됨을 부정한다. 특히, 학교폭력은 피해자에게 평생 지울 수 없는 육체적이고 정신적인 상처와 고통을 주며, 두려움 때문에 자살까지 생각하게 만든다는 점에서 심각히 다루어야 할 악이다.

성서는 하나님을 모든 형태의 폭력을 죄악시하며 엄하게 벌하시는 분으로 표현한다. 최초의 폭력행위자인 가인에게는 밭을 갈아도 수확이 없으며, 땅 위에서 쉬지 못한 채 평생을 떠돌아다녀야 하는 형벌을 내렸다 (창 4:11). 십계명에서 '살인하지 말라'는 계명은 단지 사람의 목숨을 빼앗는 극악한 형태의 살해행위만 아니라 온갖 유형의 신체침해와 인격침해를 포괄적으로 금지한다. 예수께서도 이 계명을 해석하시면서 겉으로 드러난 폭력행위만 아니라 마음으로 미워하고, 욕하고, 성을 내는 것까지 살해행위에 포함하셨다(마 5:21-22).

폭력이 일상화된 세계에서 폭력의 악순환 고리를 끊고, 나아가 폭력 없는 평화로운 세상을 창조하는 일은 예수님 사역의 핵심 내용이었으며 동시에 그의 제자된 그리스도인과 교회에 주시는 사명이기도 하다. 모든 그리스도인과 교회는 자신들의 삶의 현장에서 폭력을 극복하고 평화를 창조하도록 부름받은 소명자들이다.

> 평화를 이루는 사람은 복이 있다. 하나님이 그들을 자기의 자녀라고 부르실 것이다(마 5:9).

> 하나님께서는 그리스도를 내세우셔서 우리를 자기와 화해하게 하시고 또 우리에게 화해의 직분을 맡겨주셨습니다(고후 5:18).

그런데 학교와 교실에서 그리스도인과 교회가 추구하고 실현해야 할 평화란 어떤 것인가? 사전적인 의미에서 볼 때, 구약성서가 말하는 평화(샬롬)란 신체의 안전(시 38:3), 육체의 건강(창 43:27), 조화로운 인간관계 (렘 38:22), 그리고 전쟁이 없는 상태(수 9:15) 등을 가리킨다.[148] 성서에서 평화에 대한 비전은 종말론적 대망에 속했는데, 예언자들에게 있어 평화란 전쟁이 사라지고, 하나님의 정의가 온전히 실현되며, 인간과 사회, 그리고 자연 사이에 조화로운 관계가 성취된 상태를 가리킨다(사 11:6-9).

구약학자 베스터만(C. Westermann)의 견해에 따르면, 평화란 단순히 전쟁이 없는(엔샬롬) 소극적 개념이 아니라, 존재의 온전함, 풍부함, 완전함, 그리고 행복을 나타내는 적극적 개념이다.[149] 신약학자 쇼트로프(L. Schottroff)

---

148) 민영진, 『평화 통일 희년』, 대한기독교서회, 1995, 14-15.

149) 페리 요어 · 위러드 스와트리, 신상길 · 소기천 역, 『평화의 의미』, 한국장로교출판사, 2003,

의 견해에 따르면, 예수님에게 있어 평화란 원수사랑, 즉 비폭력과 십자가의 희생과 사랑을 통해 이루어가는 하나님 나라 운동이다.[150] 예수님은 로마제국의 강압적 지배와 권력자들의 폭압적 통치, 그리고 '눈에는 눈, 이에는 이'라는 보복원리가 일상화된 폭력의 시대에 사셨다. 하지만 그분은 폭력에 폭력으로 대응하는 열심당(젤롯당)이나 폭력현장에 눈 감은 채 사막에서 순수 종교생활만 추구하던 에세네파와 달리 비폭력적 방법을 통해 폭력의 문화를 적극적으로 극복하고자 하셨다.

2012년 정부가 발표한 학교폭력근절 종합대책의 구호는 '학교폭력 없는 행복한 학교'다. 폭력 없는 행복한 상태란 성서가 추구하는 '샬롬'의 상태에 가깝다고 볼 수 있다. 샬롬 개념의 성서적 의미에 비추어 볼 때, '샬롬의 학교'란 단순히 학교폭력이 줄어들거나 학교폭력이 사라진 상태를 넘어서 구성원 사이에 온전한 관계가 회복된 행복한 상태를 가리킨다. 학교가 입시 '지옥'이나 입시 '전장터'에서 벗어나 본래적 상태를 회복하는 것이다. 말하자면, 학생들은 학교에서 자기 자신을 사랑하고 존중하게 되며, 교우들과 원만한 관계 속에서 함께 성장하고, 교사와 학생들은 서로 신뢰하고 존경하여 전인격적인 가르침과 배움이 가능해지는 상태를 가리킨다. 그리스도인과 교회는 궁극적으로 이런 샬롬의 학교를 만드는 일에 기여하도록 부름받은 소명자들임을 기억해야 한다.

(2) 예언자적 역할에서 본 기독교의 과제

성서의 예언자들은 하나님과의 언약신앙과 사회정의라는 가치에 기초하여 불의한 사회구조나 사회제도를 비판하면서, 고아나 과부, 이방 나

32-33, 47-49.
150) 앞의 책, 208-213.

그네로 대표되는 사회적 약자의 권익을 대변했다. 그들은 폭압적 통치로 만들어지는 거짓된 평화와 질서를 폭로하며, 참 평화와 온전한 치유를 외쳤다(렘 6:14). 이런 예언자적 관점에서 볼 때, 오늘날 기독교가 샬롬의 학교문화를 만들기 위해 해야 할 일은 무엇일까?

첫째, 학교폭력이 얼마나 심각한 사회문제인지, 그리고 폭력행위가 얼마나 악한 짓인지를 깨닫도록 선포하고 교육해야 한다. 폭력의 문화에 길들여지면 사람들은 폭력이 얼마나 잔인하고 끔찍한 악인지를 잘 깨닫지 못하게 된다. 실제로 학교폭력 가해 학생들 가운데는 끔찍한 폭력을 저지르고도 그에 대한 죄의식이나 책임감을 느끼지 못하는 경우가 많다. 재미로 했다거나 장난 삼아 해봤다고 변명한다. 하지만 가해자들의 이런 생각과는 달리 피해자들은 고통과 두려움 때문에 자살까지 생각한다. 한 연구보고서에 따르면, 조사 대상자 가운데 31.4%의 학생들이 학교폭력 때문에 자살을 생각해보았다고 답했다.[151]

한편, 학교당국이나 교사들 가운데에도 학교폭력의 심각성을 알지 못해서 학교폭력 문제에 소극적으로 대응하는 경우가 많다. 학생들 간의 폭력은 예전부터 있었던 일이며, 애들은 으레 맞으면서 자란다고까지 생각한다. 심지어 교사들 가운데에는 학교폭력의 유발자가 되는 경우까지 있다. 폭력적 언사와 감정적 체벌로 학생들에게 신체적 · 정서적 상처와 고통을 주는 폭력 교사들이 존재한다. 잘못된 체벌은 훈육이란 이름으로 시행된다 하더라도 학생의 인권을 심각히 침해하는 폭력행위가 될 수 있다.

둘째, 기독 학생들로 하여금 학교폭력의 현장에서 '방관자'에 머물지 않고 '해결자'로 바뀔 수 있도록 만들어야 한다. 청소년폭력예방재단의 한 연구조사(2012)에 따르면, '학교폭력을 목격한 적이 있는가?'라

---

151) 류영숙, 「학교폭력의 실태와 대처방안에 관한 연구」, 『한국교원교육연구』 29, 2012, 621.

는 질문에 31.8%가 '그렇다'고 응답했다. 그 가운데 56.3%는 학교폭력을 목격하고도 '모른 척했다'고 답했는데, 그 이유로 '같이 피해를 입을까 봐'(29.9%), '어떻게 할지 몰라서'(25.3%)라고 답했다.[152] 학교폭력이 근절되지 못하는 중요한 이유 가운데 하나는 이처럼 학교폭력이 발생해도 학생들 스스로가 자기방어 차원에서 무관심하거나 방관하기 때문이다. 학생들이 이렇게 행동하는 데에는 왕따가 되지 않으려는 심리, 내 문제만 아니면 된다는 생각, 보복을 두려워하는 마음이 복합적으로 작용한다. 학생들의 이런 방관자적 태도는 학교폭력 문제를 지속시킬 뿐만 아니라, 해당 학생들로 하여금 사회적 자기효능감에 부정적 영향을 미치고, 대인관계에서 의사소통 수준을 낮게 만든다.[153]

기독 학생들로 하여금 더 이상 학교폭력의 방관자로 머물게 하지 않으려면 그들로 하여금 평화로운 교실을 만드는 일에 동기를 부여하고, 갈등을 해결할 능력을 훈련시켜야 한다. "네 아우가 어떻게 되었느냐?"는 하나님의 물음에 가인은 "내가 아우를 지키는 자입니까?(창 4:9)"라고 평계 댔다. 하지만 그리스도인은 모두 '아우를 지키는' 생명의 파수꾼으로 부름받았음을 기억해야 한다. 기독 학생들이 생명의 파수꾼이라는 역할을 제대로 수행하려면 그들로 하여금 폭력이 얼마나 나쁜 짓인가를 인식하게 하고, 폭력 피해자가 받는 고통에 공감할 수 있게 하며, 폭력의 현장에서 그만두라고 외칠 수 있는 용기를 갖도록 교육하고 훈련시키는 프로그램을 마련해야 한다.

셋째, 학교폭력을 조장하는 우리 사회의 폭력적 사회문화를 고발하고 개혁하는 일에도 힘써야 한다. 학교폭력은 파괴된 가정이나 입시교육으

152) 앞의 책, 619–620.

153) 이지연 · 조아미, 「학교폭력에 대한 청소년의 방관적 태도가 자기효능감과 대인관계에 미치는 영향」, 『청소년복지연구』 14, 2012, 337–357.

로 왜곡된 학교환경 외에도 폭력이 일상화 된 사회문화 환경에 의해 조장되고 강화된다. 신자유주의 경제체제 아래에서 적자생존을 위한 무한경쟁의 문화는 점점 더 무자비하고 폭력적으로 변해간다. 극단적인 경쟁 상황에서 생겨나는 스트레스와 긴장으로 말미암아 작고 사소한 일에도 쉽게 폭력을 사용하게 된다. 주차로 인한 시비나 아파트 층간소음 같은 소소한 갈등조차 끔찍한 살인으로 이어지고, 심지어 이유를 찾을 수 없는 '묻지 마 살인' 같은 폭력행위까지 생겨나고 있다. 어쩌면 학교폭력 가해 학생들은 이 같은 우리 사회 폭력문화의 희생자일 수 있다.

이런 폭력적이고 반생명적인 사회문화 환경 속에서 그리스도인과 교회가 평화의 일꾼이 되기 위한 첫걸음은 일상생활에서 일어나는 작고 사소한 갈등을 평화적 방법으로 해결하는 일이 될 것이다. 말하자면, 가정과 일터, 그리고 교회 안에서 크고 작은 갈등과 분쟁을 비폭력적인 방법으로 해결하는 일이다. 그리스도인 부모들은 가정에서 자녀들에게 신체적이든 언어적이든, 결코 어떤 폭력 행위도 하지 말아야 한다. 특히, 교회 안에서 갈등과 분쟁을 평화롭게 해결하는 일은 교회가 사회를 향해 폭력근절을 외치기에 앞서 모범을 보여야 할 중요한 과제다.

(3) 제사장적 역할에서 본 기독교의 과제

성서의 제사장들은 거룩함이라는 종교적 가치를 중시하면서 제사의식이나 종교교육, 그리고 영적 돌봄과 같은 사역을 통해 백성들의 종교성과 공동체성을 함양시켰다. 이러한 측면에서 오늘날 문제가 되고 있는 학교폭력 이슈에 대해 기독교는 어떤 역할을 해야 할까?

첫째, 학교폭력 피해자에 대한 돌봄과 치유 사역이다. 학교폭력 피해 학생은 등교를 거부할 뿐만 아니라 자살을 생각할 정도로 극단적인 고통과 두려움에 빠지게 된다. 그럼에도 불구하고 피해 학생의 절반 정도는 아무에게도 도움을 요청하지 않는다고 한다.[154] 그런데 피해 학생이 학교나 가정으로부터 아무런 정서적인 지지를 받지 못할 경우 반복적으로 학교폭력의 희생자가 될 수 있으며, 자칫하면 그들이 학교폭력의 가해자로 바뀔 위험성도 있다.[155]

기독교가 학교폭력 희생자들에게 돌봄과 치유 서비스를 제공해야 할 또 다른 이유는 피해 학생이 사회적 약자 계층에 속하는 경우가 많기 때문이다. 학교폭력 피해 학생들은 대개 지적 장애나 신체적 장애를 가지고 있고, 남다른 외모를 지니며, 학업성적은 부진하고, 다문화가정이거나 경제적으로 어려운 가정 형편의 자녀들인 경우가 많다. 이들은 자아존중감이나 사회적 유능감이 낮아서 피해를 당하고도 적극 대응하지 못한다는 공통적 특징을 지니고 있다.

학교폭력 피해 학생의 온전한 치유란, 가해 학생에 대한 마음으로부터의 용서와 진실된 화해가 있을 때라야 가능하다. 그런데 지금 정부정책은 가해 학생을 사법처리하고 다른 학교로 강제 전학시키는 처벌 위주 정책이다. '응보적 정의'에 기초한 이 같은 처벌 위주의 정책이 갖는 한계는 명확하다. 가해 학생으로 하여금 자신이 저지른 행위에 대한 잘못과 책임을 자각하지 못하게 만들고, 피해 학생의 상처와 고통을 근본적으로 치유하지도 못한다.

응보적 정의에 기초한 처벌 위주의 정책은 결코 학교폭력 문제의 근본적 해결책이 될 수 없다는 문제 인식에서 메노나이트 신학의 배경을 지닌 하워드 제어(H. Zehr)는 '회복적 정의(restorative justice)' 개념을 제안한다.[156]

---

154) 청소년폭력예방재단, "2013년 학교폭력 실태조사".

155) 김명자, 「중학생의 학교폭력에 영향을 미치는 요인」, 『정신간호학회』 10/2, 2001, 241–253.

156) 하워드 제어, 손진 옮김, 『회복적 정의란 무엇인가?: 범죄와 정의에 대한 새로운 접근』, 한국아나

'회복적 정의'란 범죄행위에 관계된 사람들, 그리고 그것과 연관해서 손해와 욕구, 의무와 책임 등을 공유하는 사람들을 가능한 많이 참여시켜, 책임의 수용과 화해를 통해 범죄행위로 인해 생겨난 상처와 고통을 근본적으로 치유하는데 관심하는 개념이다.

'회복적 정의' 개념을 학교폭력 문제 해결에 적용할 때 대체로 다음과 같은 과정을 거치는 것으로 알려져 있다.[157]

① 학교폭력 가해자와 피해자 모두가 피해사실을 바로 인지하고 모두가 공감하게 하기.
② 가해자와 피해자가 서로의 필요를 듣고 응답하기.
③ 공동으로 문제해결을 노력하면서 각 개인의 책임감 키우기.
④ 가해자를 공동체 안으로 다시 수용해주기.
⑤ 서로 돌보고 배려하는 공동체 만들기.
⑥ 피해를 해결하기 위한 시스템을 정비하기.

둘째, 학생들로 하여금 기독교적 가치관에 기초한 건강한 자아상을 갖도록 돕는 일이다. 오늘날 우리 사회에서 학생들의 자아상은 대학입시 위주의 학교교육과 외모중심의 사회문화에 의해 심각할 정도로 왜곡되어 있다. 그리스도인과 교회는 학생들로 하여금 하나님과의 관계 속에서 자기 자신을 긍정적으로 이해하고 수용할 수 있도록 도와야 한다. 에릭슨(E. H. Erikson)의 주장에 따르면, 청소년기의 가장 중요한 심리적 과제는

뱁티스트출판사, 2011. 회복적 정의를 학교현장에 적용하는 데 도움을 주는 책으로는 아래 책을 추천한다. 로레인 수투츠만 암스투츠 · 쥬디 H. 뮬렛, 이재영 · 정용진 옮김,『학교현장을 위한 회복적 학생생활지도』, 한국아나뱁티스트출판사, 2011.
157) 박숙영,「학교폭력에 대한 새로운 시선, 회복적 생활교육」, 기독교학교교육연구소,『2012년 기독교학교교육세미나 자료집』, 2012, 42–43.

정체성 형성에 있다.[158] 청소년기에 형성된 자아정체성이 이후 전 생애에 걸쳐 영향을 미친다는 사실과 학교폭력과 자아존중감 사이에 상관성이 높다는 사실을 고려할 때, 학생들로 하여금 긍정적인 자아상을 갖도록 돕는 일은 매우 중요한 사역임이 분명하다.

기독교 복음은 인간이 하나님의 형상으로 지음받았으며, 하나님의 무한한 사랑과 관심 아래 있는 소중한 존재임을 선포한다. 모든 인간은 사회적 위치나 경제적 형편과 상관없이 하나님의 사랑받는 존재다. 예수께서 세례요한에게 요단강에서 세례를 받고 올라오실 때 하나님께로부터 들었던 "이는 내가 사랑하는 아들이다. 내가 그를 좋아한다(마 3:17)"는 음성은 오늘날 모든 청소년들에게도 들려져야 한다. 그 같은 하나님의 긍정적 사랑과 무조건적 수용의 경험을 통해서 학생들은 비로소 자신을 긍정할 수 있게 되고, 적극적 교우관계를 맺을 수 있게 되며, 나아가 이웃과 사회에 대해서도 책임감 있는 존재로 성장해나갈 수 있을 것이다.

(4) 교회의 목회적 과제

학교폭력이 사회적 핫 이슈가 되고 정치적 현안이 되고 있음에도 불구하고 이에 대한 교회의 목회적 관심은 아주 적은 편이다. 박상진에 의해 수행된 연구조사에 따르면, 교회 안에서도 폭력행위가 발생하고, 심지어 교회 다니는 학생이 학교폭력 가해자인 경우가 상당수임에도 불구하고, 교회에서 학교폭력 문제에 대한 '설교를 들어본 학생'은 50% 미만이었으며, '성경공부를 해본 경험이 있는 학생'은 28%에 불과했다.[159] 이

---

158) 에릭 에릭슨, 윤진·김경인 옮김, 『아동기와 사회』, 중앙적성출판사, 1990, 285-320.

159) 박상진, 「학교폭력 문제해결을 위한 한국교회의 과제와 사명: 교회학교 학생들의 학교폭력 실태조사를 중심으로」, 기독교학교교육연구소, 『2012년 기독교학교교육세미나 자료집』, 2012, 23.

런 비판적 문제인식에 기초하여 그는 문제해결을 위한 대안으로서 학생들의 성품훈련과 부모교육, 그리고 신앙성숙을 위한 교육 프로그램을 제안하고 있다. 그 외에도 입시위주의 학교교육을 대체할 수 있는 학교교육에 대한 근본적인 비전의 제시, 폭력 없는 교회의 모범 보이기, 그리고 가정의 교육적 역할 회복(신6:4-9)도 강조했다. 그리고 이러한 목표를 실현할 수 있는 구체적 수단으로서 교회 안에 '기독학부모공동체'를 형성하자고 제안했다. 기독학부모공동체를 통해 그리스도인 학부모들이 학교교육에 참여하고, 지원하고, 협력할 수 있다고 보기 때문이다.[160)]

교회의 목회적 과제 가운데서도 특별히 교인들의 학부모교육에 관심할 필요가 있는데, 그 이유는 학교폭력의 가해자나 피해자 모두 파괴된 가정이나 왜곡된 부모라는 배경을 공통적으로 가진 경우가 많기 때문이다. 오늘날 여러 가지 이유에서 가정이 파괴되면서 아이들은 가정에서 정서적인 안정감이나 자아존중감, 그리고 신뢰감을 형성하지 못하고 있다. 그리고 전통적으로 존재했던 '밥상머리교육'도 사라지고 있다. 학교폭력 문제를 근본적으로 극복하는 데 필요한 가정의 정서적 기능과 교육적 역할을 회복하기 위해 교회가 학부모 교육을 통해 발달시기에 맞는 적절한 교육 내용이나 기술들을 가르쳐주어야 할 것이다.

(5) 기독교학교의 과제와 책임

우리나라 기독교학교들은 근대적 중등교육의 효시로서 중등교육의 발전은 물론 사회문화 발전과 교회성장에도 크게 기여했다. 기독교학교는 기독교 가치관을 지닌 지도자를 양성하고, 민주적 시민의식과 민족의식

---

160) 앞의 책, 29, 30-34.

을 지닌 건강한 시민을 양성했다. 하지만 오늘날의 기독교학교들은 급격한 교육환경의 변화에 따라 정체성 위기에 빠져있다. 학교가 입시교육의 장으로 변하고, 정부에 의해 고교평준화 정책이 시행되면서 기독교학교에서 종교 교과목 운영에 어려움을 겪고 있고, 사립학교로서의 재정적 한계로 말미암아 교육환경이 지속적으로 악화되고 있다. 그 결과 과거 기독교학교들이 지녔던 교육적 · 도덕적 수월성이 사라지면서 일반 학교들과 다르지 않게 변해가고 있다. 기독교학교들도 일반 학교들과 마찬가지로 명문대학 진학자 숫자를 늘리는 데 관심하느라 창학 이념인 기독교 정신에 기초한 인성교육이나 공동체교육에 제대로 관심하지 못하는 실정이다. 상황이 이렇다 보니 그리스도인 사이에서조차 기독교학교에 대한 신뢰가 높지 않고, 새로운 형태의 기독교 대안학교를 세우려는 노력이 지속적으로 생겨나고 있다.

그런데 입시교육의 폐해가 커지는 오늘의 교육현실은 기독교학교에게는 좋은 기회가 될 수도 있다. 교육당국은 물론 사회일반도 학교폭력의 근본적인 해결책으로 전인교육(인성교육)의 중요성을 강조하고 있기 때문이다. 실제로 교육당국은 학생부의 인성 과목을 대학입시에 반영토록 요구하고, 대학당국도 입학사정관제도를 통해 인성요소를 점수화하고 있다. 전인교육은 기독교학교가 본래부터 추구하고 시행했던 교육목표였으며 상당한 노하우를 지닌 교과과정이어서 기독교학교가 일반 학교와 차별화될 수 있는 장점이다. 물론 기독교학교가 입시교육으로 왜곡된 오늘날의 학교교육에 바람직한 대안이 될 수 있으려면, 먼저 기독교학교 자체의 교육목적, 교육과정, 그리고 학교 구성원 사이의 관계 등에 대한 진지한 자기반성과 성찰이 있어야만 한다.

학교폭력 문제의 근본적 해결책으로 논의되고 있는 전인교육 혹은 인성교육이 무엇인지 정확히 규정하기란 쉽지 않다. 하지만 기독교교육에서 일반적으로 인성교육이란 학생들을 하나님의 형상(imago dei)으로 온전히 성장하도록 돕는 일을 가리킨다. 그것은 학생들의 지식만 아니라 감성이나 덕성, 그리고 영성까지 계발하는 교육일 것이다. 우리는 "지혜와 키가 자라고, 하나님과 사람에게 더욱 사랑을 받았다(눅 2:52)"는 예수님의 성장 모습을 통해 전인적 성장이 무엇인지 짐작할 수 있다.

전인교육에 포함되는 '감성교육'이란 마음과 정서를 순화시키는 교육을 가리킨다. 예술이나 문학, 체육 활동을 통해 정서를 순화하고, 자신의 감정을 조절하여 효과적으로 표현할 줄 아는 정서교육이라 하겠다. 감성교육은 학교폭력 피해자가 받게 되는 고통이나 두려움에 대해 공감하는 능력을 기르는 교육도 포함한다.

한편, '덕성교육'은 좋은 성품을 기르는 교육으로서 예절이나 정직성, 책임성만 아니라 자기보다 약한 사람에 대한 배려나 돌봄의 태도를 기르는 교육이다. 예절교육을 다시 강조해야 하는 이유는 학교폭력의 유형 가운데 하나가 언어폭력이고, 신체폭행도 거친 언어를 사용하는 데서 시작되는 경우가 많기 때문이다. 그리고 핵가족과 경쟁적 학교환경에서 형성된 자기중심주의 문화를 극복하기 위해 타인을 존중하고 배려하는 교육도 중요하다.

기독교학교에서 전인교육을 활성화하기 위해서는 교육당국이 종교과목에 대한 자율권을 보장하고 그 교육적 가치를 인정해주어야 한다. 그리고 학교당국은 종교과목 외에도 국어나 도덕, 사회 과목을 내실 있게 만들 뿐만 아니라 다양한 교과 외 활동(체육, 문화, 예술 등)을 활성화할 필요가 있다. 교과 외 교육활동으로 각종 형태의 집단활동 프로그램이 중요한데, 이는 청소년들에게 있어서 부모나 교사보다 또래집단의 영향력이 더 크기 때문이다. 집단활동 프로그램은 대인관계의 경험을 통해서 타인만 아니라 자신에 대한 객관적인 이해를 가능하게 만들고, 자신의 감정을 왜곡하지 않으면서도 건설적으로 표출할 수 있는 능력을 길러줌으로써 건강한 교우관계를 형성하도록 돕는다. 일반적으로 학교 안에서 이루어지는 스포츠 활동,[161] 원예활동,[162] 그리고 문화활동(문화예술동아리)[163]은 효과적인 집단활동 프로그램으로 인정되고 있다.

전인교육이란 하나의 내용이나 테크닉이라기보다는 교사의 인격과 관련된 문제다. 이는 전인교육이 정보를 전달하거나 지식을 전수하는 것 이상의 일이기 때문이다. 기독교교육학자 파커 팔머(P. Palmer)의 표현대로 "훌륭한 가르침은 하나의 테크닉으로 격하되지 않는다. 훌륭한 가르침은 교사의 정체성과 성실성에서 나온다."[164] 따라서 기독교학교에서 가르치는 교사는 학원 강사들과는 근본적으로 달라야 한다. 단순히 지식이나 정보의 전달자가 아니라 친구나 스승, 나아가 멘토 같은 존재가 되어야 한다. 그럴 때 그리스도인 교사에게 있어서 교사라는 직무는 하나의 '직업(career)'이 아니라 하나님께로부터 받은 '소명(calling)'이 된다. 그는 교직을 통해서 돈을 벌거나 경력을 쌓는 데 머무르지 않고 평화로운 학교 건설을 통해 하나님의 나라를 만들어가는 하나님의 공동창조자가 된다.

4) 맺는 말

오늘날 우리 사회에서 청소년의 학교폭력 문제는 심각한 사회적 관심

---

161) 권민혁 외, 「청소년의 학교폭력 예방을 위한 방과후 학교스포츠프로그램 활성화 정책 방안」, 『한국체육학회지』 52/5, 2013, 207–221.

162) 정혜정, 「심성 개발을 위한 원예활동 프로그램」, 『상담과지도』 44, 2009, 295–311.

163) 송윤희, 「학교폭력 감소 및 예방을 위한 음악 프로그램 개발 연구」, 『학습자중심교과교육연구』 13, 2013, 565–586.

164) 파커 팔머, 이종인 · 이은정 역, 『가르칠 수 있는 용기』, 한문화, 2005, 27.

사가 되었다. 비록 학교폭력이 학교 안에서 학생들 사이에 발생한다는 점에서 학교의 문제이고 학교 당국이나 교사가 우선적으로 책임질 문제이긴 하지만, 넓게 보면 학교폭력은 우리 사회 전체의 문제다. 왜냐하면, 학교폭력은 붕괴된 가정과 입시교육으로 왜곡된 학교교육, 그리고 우리 사회의 일상화된 폭력문화의 반영이기 때문이다. 그럼에도 정부는 처벌 위주의 대책만을 내세우고 있는데, 이것은 모든 책임을 학생들이나 교사에게만 돌리는 무책임한 처사다.

물론 학교폭력 문제에 있어서 학교 당국과 교사들의 책임은 아무리 강조해도 지나침이 없다. 그러나 학교폭력을 유발하는 다양한 요인들을 고려할 때, 학교폭력 문제의 근원적 해결책은 사회구성원 전체의 노력에서 찾아야 한다. 먼저, 가정의 교육적 기능과 정서적 기능을 회복하고, 부모 교육을 강화해야 한다. 다음으로, 입시 위주로 왜곡된 학교교육을 정상화해야 한다. 교육의 본질인 전인교육을 통해 지식만 아니라 감성과 덕성을 균형 있게 계발할 수 있어야 한다. 더 나아가 우리 사회에 일상화된 폭력문화를 극복하려는 전 사회적 노력이 요청된다.

'폭력 없는 교실, 행복한 학교'를 만드는 일은 평화의 사도로 부름받은 그리스도인과 교회의 중요한 소명이다. '샬롬의 학교'를 실현하기 위해 그리스도인과 교회는 예언자적 직무와 제사장적 직무를 수행해야 한다. 성서의 예언자들처럼 폭력문화를 고발하고 희생자 편에서 그들의 침묵을 대변해야 한다. 성서의 제사장들처럼 희생자들만 아니라 가해자들까지 돌보고 섬김으로써 그들로 하여금 온전한 화해와 치유가 가능하도록 도와야 한다. 그리고 교회가 목회적 차원에서 교인들을 위한 학부모 교육과 주일학교 학생들을 위한 평화교육에도 관심해야 한다. 한편, 기독교 정신에 기초하여 세워지고 운영되는 기독교학교들이 차별화된 인성교육을 통해 폭력 없는 학교를 만들어내는 일은 기독교학교로서의 정

체성을 확인하는 길이며, 입시교육으로 방향을 잃은 학교교육에 좋은 대
안이 될 수 있다.

5.
최근 한국교회의 정치참여 비판[*]

1) 서론

우리나라 기독교가 정치와 사회에 미치는 영향력은 상당히 높은 편이
다.[165] 이렇게 정치적 힘을 가진 상황에서 기독교가 정치권력화를 추구한
다면 여러 가지 사회문제들이 생겨날 것이다. 정치발전이 가로막히는 것
은 물론 종교 간 갈등으로 인해 사회적으로도 해가 될 수도 있다. 실제로
2000년대에 들어서면서부터 두드러진 기독교의 정치참여 행보(친미반공 집
회 및 시위, 사학법 재개정운동, 장로 대통령 만들기, 기독당 창당, 기독 공직자의 종교편향 등)는
그 합법성에도 불구하고 적지 않은 사회적 갈등을 불러일으키고 있다.[166]

---

* 이 글은 「정교분리 원칙에서 본 최근 한국 개신교의 정치참여 문제」라는 제목으로 『한국신학논
총』65, 2009에 실린 글을 약간 수정했다.

165) 〈한국일보〉가 18대 국회의원의 종교분포를 조사한 내용을 보면, 299명 가운데 39.5%인 118
명이 기독교인이다. 그리고 이명박 정부의 총리와 15개 부처 장관 가운데 개신교인은 9명으로
56.4%나 되었다. "국회의원 299명 중 66%가 개신교 · 천주교", "MB정부 총리 장 · 차관 개신
교 33%, 불교 5%", 〈한국일보〉, 2008년 9월 2일자.

166) 특히 종교 간 갈등문제를 들 수 있다. 불교계는 이명박 정부의 친기독교 정책과 지방자치단체장
등 고위 행정관료들의 종교편향 문제를 집중적으로 제기하고 있다. "특집: 종교자유와 정교분리
의 현주소", 〈참여불교〉 49, 2008년 7월.

물론, 그리스도인과 교회의 정치참여는 당연한 시민적 권리에 속한다. 하지만 잘못된 정치참여는 교회는 물론 사회와 국가에도 부정적인 영향을 끼친다. 교회의 잘못된 정치참여는 교회에 '신앙의 정치화'를 가져온다. 힘의 논리가 사랑의 논리를 대신하며, 신앙이 특정 이데올로기를 신학적으로 정당화함으로써 교회가 권력의 시녀로 전락하게 된다. 한편, 교회의 잘못된 정치참여는 '정치의 종교화'를 가져옴으로써 정치발전에도 해를 끼친다. 짐 월리스(Jim Wallis)는『하나님의 정치』에서 종교적 근본주의자들이 추구하는 신정통치(theocracy) 사상은 정치적 힘으로 종교적 의제를 실행하게 만들고, 그 과정에서 폭력을 정당화하는 잘못을 범하게 된다고 지적한다.[167] 종교적 정치인들은 자신의 통치행위가 마치 신의 재가를 받기나 한 것인 양 절대화하는 오류를 저지른다.

이러한 문제인식에서 출발하는 이 연구는 기독교 정치윤리의 근간이라 할 수 있는 '정교분리 원칙'을 바탕으로 최근 한국교회의 정치참여의 문제점이 무엇인지 비판적으로 검토하는 데 일차적 목적을 둔다. 나아가 종교와 국가의 발전을 위한 교회의 정치적 과제가 무엇인지 모색하는 데 이차적 목적을 둔다.

이 연구에서 정교분리의 원칙을 중요하게 여기는 이유는 이 원칙이야말로 성서적 토대에 기초할 뿐만 아니라[168] 인류가 과거 오랫동안 교회와 국가 사이의 갈등의 폐해를 경험한 후 얻은 중요한 지혜이기 때문이

2008년 8월 27일에는 시청 앞에서 범불교도대회를 열어 이명박 정부의 종교편향을 공개적으로 비판하였다. 2008년 총선이 끝난 뒤, KBS 시사기획 '쌈'은 4월 15일 '교회, 정치에 길을 묻다'라는 방송을 통해 한국 개신교의 정치세력화 문제를 비판적으로 제기했다.

167) 짐 월리스, 정성묵 옮김,『하나님의 정치』, 청림출판, 2008, 107.

168) 정교일치를 특징으로 하는 구약시대와 달리 신약성서는 정교분리의 입장에 가깝다. "가이사의 것은 가이사에게, 하나님의 것은 하나님에게(마 22:21).";"예수께서 대답하시되 내 나라는 이 세상에 속한 것이 아니니라(요 18:36).";그 외에도 그리스도인의 국가에 대한 복종을 강조하는 성경구절이 여럿이다(막 12:13–17, 롬 13:1–3, 딛 3:1 등).

다. 1900년에는 국교제도를 채택한 나라가 전체 국가의 65%나 되었지만, 1980년에는 45.3%로 줄어들고 있는 사실 하나만 보더라도 정교분리의 원칙이 얼마나 설득력 있는 정치윤리이론인지 알 수 있다.[169] 국가와 종교의 관계에서 국가와 종교가 결합되거나, 국가나 교회 가운데 어느 한쪽이 우월한 지위를 가지고 상대를 지배하려 할 때 그 폐해가 너무 크다는 것이 역사적 교훈이었다. 우리나라 역사를 보더라도, 고려시대의 불교나 조선시대의 유교가 정치와 결탁했을 때 어떤 파국적 결과가 생겨났는가를 잘 알 수 있다. 그래서 오늘날 대부분의 정치이론가나 정치윤리학자들은 물론 신학자들까지도 정교분리 원칙을 광범위하게 수용하고 있다. 우리나라에서도 제헌헌법 때부터 정교분리 원칙을 천명하고 있다. 그럼에도 불구하고 이 원칙은 정치인과 종교인 모두로부터 종종 오해받고 왜곡되고 있어 논쟁의 대상으로 남아 있다.

종교와 국가 사이의 갈등은 중세 이래 계속된 문제로서 이에 대한 연구는 종교인만 아니라 정치인과 법률가의 오래된 관심사이다. 우리나라에서는 일찍이 법학자 최종고가 우리나라 역사 속에서 정교분리가 어떻게 이루어졌는지 간략하게 살폈으며,[170] 이장식은 역사신학적 관점에서 정교분리 원칙이 등장한 배경을 연구했다.[171] 최근에 남태욱은 기독교와 미국, 가톨릭과 프랑스, 그리고 이슬람과 터키의 경우를 사례로 들어 정교분리 문제를 다루고 있다.[172]

---

169) 강인철, 「한국사회와 종교권력, 비교역사적 접근」, 『역사비평』77, 2006, 122.

170) 최종고, 「한국 교회와 정교 분리」, 기독교사상편집부 편, 『한국의 정치신학』, 대한기독교서회, 1983, 272–282.

171) 이장식, 「종교와 정치」, 기독교사상편집부 편, 『한국의 정치신학』, 대한기독교서회, 1983, 258–271.

172) 남태욱, 「종교편향과 차별방지를 위한 외국의 사례: 미국, 프랑스, 터키를 중심으로」, 『불교평론』37, 2008.

우리나라에서 권위주의적 정치인과 보수적 기독교인들은 과거 오래 동안 정교분리 원칙을 내세우며 정치적 불간섭과 침묵을 정당화했다. 하지만 아이러니하게도 최근 들어 보수적 교회들은 자신들의 정치 행동을 정당화하기 위해 정교분리 원칙을 부정하기에 이르렀다. 한국교회의 이 같은 정치행태를 미국의 우파 기독교의 정치행태와 관련지어 분석하는 연구나,[173] 성서문자주의에 기초한 근본주의 신앙인의 정치행태로 해석하는 글도 있다.[174] 또한 역사적 관점에서 교회의 권력욕으로 보는 글이나,[175] 종교사회학적 관점에서 교회의 위기 현실과 그것을 극복하려는 과정에서 생긴 교회 내 신학적 갈등이라는 시각에서 분석하는 연구도 있다.[176] 그 외에도 기독교의 정치참여 문제에 대해서 온라인신문인 〈뉴스앤조이〉를 통해 간헐적으로 논의되고 있다. 하지만 정교분리 원칙에 근거해서 최근 한국교회의 정치참여 문제를 체계적이고 비판적으로 분석한 연구는 충분치 않은 것이 사실이다.

---

173) 김선욱, 「현대 미국의 개신교 교회와 정치」, 『정치사상연구』 9, 2003, 275–301: 이신철, 「미국 기독교 우파의 이념적 특징과 정치참여」, 『사회와철학』 10, 2005, 253–281.

174) 이종록, 「미국과 한국의 보수적 기독교: 미국과 한국의 기독교 우파 비교와 성서적 비판」, 『담론 201』 9, 2006, 259–301.

175) 이진구, 「교회권력과 정치권력: 그 만남과 갈등의 역사」, 『불교평론』 35, 2008; 동저자, 「최근 한국사회의 종교정당 출현과 그 의미」, 『종교문화비평』 15, 2009, 72–99.

176) 김성건, 「한국교회 정치참여의 현실과 과제」, NCC선교훈련원 심포지엄 발표문, 2008년 9월 29일, 배재대학교.

2) 최근 한국교회의 정치참여와 교회적 · 사회적 위기

(1) 최근 한국교회의 정치참여와 그 형태

과거 유신독재정권 시절 정치문제에 무관심하고 냉소적인 태도를 보이면서 독재와 인권침해에 침묵하던 한국교회가 최근 들어 정치문제에 목소리를 높이며 정치적 영향력 확대를 꾀하고 있다. 최근 한국교회가 정치운동에 관심하게 된 계기는 김대중 정부 이래 노무현 정부에 이르기까지 계속된 이념적 좌편향 문제, 그리고 교회 내부적으로는 양적 성장의 한계 및 대사회적 영향력 감소로 인한 위기감과 관련된 것으로 보인다.

한국기독교총연합회(이하 한기총)를 중심으로 전개되는 한국교회의 정치행태는 크게 세 가지로 구분해 살필 수 있다. 하나는 정권교체와 정권창출을 위한 선거운동이며, 다른 하나는 사학법개정 반대와 사학법재개정 투쟁 그리고 보안법폐지 반대운동과 같은 입법활동이고, 마지막 하나는 기독교 정당의 창당을 통한 정치세력화다. 선거운동은 교회가 특정한 후보나 정당을 공개적으로 지지하지 않는 한 문제 삼기 어려우며, 입법운동 역시 다른 종교나 공익에 크게 해가 되지 않는 한 '종교의 자유'라는 관점에서 비판하기 어렵다. 하지만 기독교 정당의 창당은 교회의 직접적 정치행동으로서 적지 않은 신앙적 · 윤리적 문제를 불러일으킬 수 있다.

기독교 정치운동에 이념적 기반을 제시하고 있는 단체는 뉴라이트전국연합[177]으로 알려져 있다. 뉴라이트전국연합은 노무현 정권이 친북 · 반미정권이며, 반시장 · 반기업적 정권이라는 판단 아래 정권교체를 위해 2005년 김진홍 목사가 중심이 되어 만든 정치단체다. 이념적으로는

---

177) 공식 홈페이지: www.newright.net

우파혁신운동으로서 자유민주주의와 시장경제를 기본 가치로 내세우며, 우리나라의 건국과 산업화를 이루었던 박정희 정권의 올드라이트의 잘못을 인정하면서도(절차적 민주주의 소홀이나 도덕성 상실 등) 그 정신만은 적극 승계하려고 한다. 뉴라이트는 경제를 친기업 · 친시장적으로, 교육을 경쟁지향적으로 만들려고 하며, 남북관계에서는 북한의 인권문제를 중시하고, 대외관계에서는 한미동맹관계에 기초한 세계화를 적극 지향한다.

(2) 한국교회의 정치참여가 불러온 교회 위기

최근 한국교회의 정치참여는 '교회의 정치화' 혹은 '신앙의 정치화' 현상을 일으켰고, 이는 교회에 위기를 불러왔다. 교회가 정치화되면서 정치적 힘으로 신앙과 도덕에 관한 교회의 요구(agenda)들을 관철시키려 한다. 목사들 중 일부는 권력에 맛을 들여 조찬기도회나 청와대 만찬에 초청을 받는 것을 영광으로 알고, 권력자들과의 친분을 자랑하기도 한다. 이런 목사들의 심리를 잘 아는 정치인들은 선거철만 되면 교회를 기웃거리며 교회를 정치적으로 이용하려 한다. 일부 목사들은 예배 시간에 특정 정치인이나 정당을 선전하기도 한다. 한 예로 지난 대선 기간 어떤 목사가 설교 시간에 "이번 대선에서 이명박 후보를 찍지 않으면 생명책에서 이름을 지워버리겠다"라고 위협하며, 또 다른 목사는 주일예배 기도 시간에 "장로님 대통령이 꼭 되게 해달라"고 공개적으로 기도하기도 했다. 한국교회는 특정 정치경제 이데올로기를 신학적으로 정당화하는 잘못까지 범하고 있다. 신앙에 기초하여 이데올로기를 비판해야 할 교회가 도리어 '국가 선진화'라는 기치 아래 신자유주의 시장경제와 세계화 경제정책에 나타난 시장근본주의를 무비판적으로 수용하고, 신학적으로 정당화하고 있는 것이다.

또한 교회의 정치화는 교인 사이에도 분열을 조장한다. 교회가 특정 이데올로기나 이해관계를 대변하게 됨으로써 교인 간, 교회 간, 그리고 교파 간 갈등과 분열이 나타나고 있다. 게다가 '기독교'라는 개념 자체가 신학적 입장에 따라 각기 다르게 해석되기에 특정 세력이 기독교를 대표한다고 볼 수 없다는 점에서도 이미 갈등의 요소를 안고 있다.

전통적으로 다수 한국교회는 정치적으로 보수주의나 근본주의 입장을 지니고 있다. 그리고 이들은 김영삼 정권은 물론 이명박 정권의 창출에 상당한 기여를 했다. 한편, 진보주의의 입장을 지닌 교회들은 한국기독교교회협의회(KNCC)를 중심으로 지난 10년간 김대중 정권과 노무현 정권에서 정권의 창출과 유지에 상당한 공헌을 했다. 기독당 창당과 관련하여 기독교 내부에서조차 2004년 총선은 물론 2008년 총선 때에도 반대의 목소리가 높았으며, 그 결과 보수적 교회와 진보적 교회 사이의 갈등의 골이 깊어졌다. 2004년 총선을 앞두고 기독교 인터넷 신문 〈뉴스앤조이〉와 포털사이트 〈갓피플〉의 조사에 따르면, 기독당 출현에 대한 반대가 86%로 찬성인 14%보다 훨씬 앞섰다.[178)]

(3) 최근 한국교회의 정치참여가 불러온 사회적 위기

정치를 종교화하여 기독교 국가를 건설하려는 시도는 중세의 정교합일주의(국가교회제)나 교황정치주의(교회국가제)에서 볼 수 있듯이 교회와 국가 모두를 왜곡시킨다. 물론, 교회가 정당을 창당해서는 안 된다는 법은 없다. 실제로 유럽에는 기독교 정당들이 있으며, 미국에는 비록 기독교 정당은 아니지만 정당활동에 종교가 미치는 영향은 엄청나다. 하지만 오

---

178) 이진구, 「최근 한국사회의 종교정당 출현과 그 의미」, 85.

래도록 기독교 국가였던 유럽이나, 기독교가 시민종교 역할을 하는 미국과 다종교 사회인 우리나라 사이에는 많은 차이점이 있음을 간과해서는 안 된다. 역사적으로 살펴볼 때에도 배타적 구원관과 민족적 선민의식으로 무장한 종교권력이 정치적 힘을 행사할 때 엄청난 국가적 비극이 발생했음을 알 수 있다.

한편, 우리나라처럼 아직도 연고주의(혈연, 지연, 학연)가 정치를 왜곡시키는 상황에서 종교권력은 자칫 정치문화의 왜곡을 더욱 심화시킬 수 있다. '고소영 내각'[179]이란 비난에서도 확인할 수 있듯이, 지연이나 혈연만 아니라 '같은 종교'라는 또 다른 형태의 연고주의는 한국 정치문화 발전에 장애 요인이 될 것이다.

그 외에도 개신교의 과도한 정치참여나 영향력 확대는 자칫 종교 간 갈등과 사회정치적 불안의 원인이 될 수 있다. 우리나라처럼 종교 간에 치열하게 교세 경쟁을 하고 있는 상황에서 각 종교마다 정당을 만들어 자기 종교의 이해관계를 실현하려고 한다면, 종교갈등과 정치사회적 혼란은 불을 보듯 뻔한 일이다. 실제로 통일교의 '가정당' 창당에 맞서 기독교가 '기독당' 창당을 시도했다. 만약 통일교와 기독교에 자극받은 불교까지 나서서 불교정당을 만들려 한다면 정치계는 어떻게 될까? 국회는 자칫 종교 간 싸움터로 전락하고 말 것이며, 국론은 지금보다 훨씬 더 복잡한 형태로 분열되고 말 것이다.

---

179) 이명박 대통령이 장로로 있는 서울 강남구에 위치해 있는 소망교회는 장로교(통합)의 대표적 교회 가운데 하나로 이명박 정부의 고위 관료 가운데 적지 않은 인사들이 출석하고 있는 교회다. '고소영'은 고려대, 소망교회, 영남출신 인사들의 인맥을 가리킨다.

3) 정교분리 원칙의 정치윤리적 함의

(1) 정교분리 원칙의 발전

　교회와 국가의 관계는 시대에 따라 끊임없이 변해왔고, 동시대라고 할지라도 지역적인 상황에 따라 각기 다른 양상으로 전개되었다. 먼저, 고대사회는 신정일치 혹은 제정일치의 사회였다. 왕은 신의 아들이요 신을 대신하는 존재로서 절대적 권력을 가졌다. 물론 현대에도 이슬람 국가는 정교일치의 신념에 따라 종교적 원리를 정치와 사회의 모든 영역에 적용하려고 한다.

　로마제국에서는 기독교를 공인한 콘스탄티누스 황제 이후 11세기까지 황제가 정치적 권력만 아니라 교회에 대한 권력까지 장악한 정교합일주의가 실시되었다. 이로 인해 교회는 황제의 통치(종교 회의 주재, 고위 성직자 임명)를 수용하는 대신에 반대급부로 국가로부터 각종 혜택을 받게 되었다. 아우구스티누스는 『신의 도성』이란 책을 통해서 하나님 사랑을 근본으로 하는 하나님의 도성과 세속적 사랑으로 움직이는 인간의 도성을 구분하면서 교회와 국가의 분리를 암시하였다. 그리고 밀라노의 감독 암브로시우스도 테오도시우스 황제의 교회에 대한 간섭을 반대하면서, 교회일은 교회 스스로 관장하고 해결해야 한다고 역설했다.[180] 교황 겔라시우스 1세 역시 한 문서에서 "세상을 지배하는 두 권력이 있는데, 하나는 사제의 신성한 권력이고 다른 하나는 왕의 주권적 권력이다. 공적 질서의 영역에서는 주교가 황제에게 복종해야 하지만, 성례의 집행과 관련해서는 황제가 주교에게 복종해야 한다"라고 정교분리의 필요성을 역설했

---

180) 강휘원, 「기독교의 정교분리사상: 성서시대부터 계몽주의 사상까지」, 『신학사상』 136, 2007, 242.

다.[181]

종교개혁 시기에는 정교분리 사상이 좀 더 발전된 형태로 나타난다. 루터는 하나님의 왕국인 교회와 세속왕국인 국가는 둘 다 하나님의 통치수단이지만, 목적과 기능에서 차이가 난다고 주장했다. 그는 교회를 하나님의 오른팔로, 세속국가를 하나님의 왼팔로 비유했다. 세속국가는 죄와 악이 현존하기 때문에 외적 평화와 질서를 유지하려는 데 그 목적이 있으며, 통치수단으로 권력(칼)을 행사하는 것이 허락된다. 한편, 하나님의 왕국인 교회는 영적 질서와 평안을 위한 것으로서 하나님의 말씀으로 통치된다. 그리스도인과 교회는 이 세상에 머무는 동안 세속군주의 통치에 따라야 하며, 세속왕국은 교회를 보호하고 증진시킬 의무를 지닌다.[182]

또 다른 종교개혁가 칼뱅 역시 영적 세계와 세속정부를 구분함으로써 정교분리의 입장을 지니고 있었다고 보여진다.

> 그리스도의 영적왕국과 세상정부는 완전히 다른 것이며 상호 간에 상당한 거리가 있다.[183]

칼뱅은 교회와 국가가 이론적으로는 구분되지만, 둘 사이에는 긴장과 협력이 필요함을 강조했다. 교회가 영적이며 내적인 인간에게 속하고 영원한 삶과 관계된 조직이라면, 국가는 시민적 정의와 외적 도덕의 확립과 관련된 조직이다. 그는 말씀을 선포할 수 있는 권리나 세속권력자의 간섭 없이 교회가 자유롭게 치리할 수 있는 권리를 확보하기 위해 국가

---

181) 이진구, 「교회권력과 정치권력: 그 만남과 갈등의 역사」, 『불교평론』 35, 2008.

182) 파울 알트하우스, 이희숙 역, 『말틴 루터의 윤리』, 컨콜디아사, 1989, 77-124.

183) 존 칼빈, 이종성 역, 『기독교강요 요찬』, 대한기독교서회, 1981, 258.

를 상대로 싸움을 하기도 했다.[184]

비록 루터나 칼뱅 같은 종교개혁가들에 의해 교회와 국가의 분리에 대한 논의가 활발해지긴 했지만, 당시만 해도 둘 사이가 완전한 분리에 이르지는 못했다. 영국의 경우를 보면, 헨리 8세가 수장령(1534)을 통해 로마 가톨릭으로부터 독립했으나, 그 자신이 성공회의 대표가 됨으로써 또 다른 형태의 국가교회가 탄생했다. 유럽 대륙에서는 로마 가톨릭교회와 기독교 사이에 30년전쟁(1618-48)이 발발했다. 전쟁의 결과 베스트팔렌 조약(1648)이 체결됨으로써 각 지역의 영주나 왕이 가톨릭이나 루터교, 혹은 다른 개신교 중에서 어느 하나의 종교를 국교로 정할 수 있도록 하였다. 그리고 다른 종교집단들에게도 종교적 자유는 물론 정치적 · 시민적 권리까지 보장했다는 의미에서 어느 정도의 정교분리가 이루어졌다고 볼 수 있다.

귀족과 교회의 지배에 저항하기 위해 일어난 프랑스혁명은 국가적 업무에 대한 교회의 개입을 금지하고, 교회에 부여했던 다양한 형태의 특권들을 박탈함으로써 교회로부터 정치를 자유롭게 했다는 의미에서 정교분리를 실현했다고 볼 수 있다. 미국에서는 1785년 토마스 제퍼슨의 '종교의 자유 설정을 위한 법안'이 만들어진 이후 정교분리 원칙은 미국 수정헌법의 핵심이 넘이 된다.

미국 수정헌법 1조
의회는 국교 수립에 관한 법을 제정할 수 없고 종교의 자유로운 행사를 금지하는 법을 제정할 수 없다.

---

184) 박경수,『교회의 신학자 칼뱅』, 대한기독교서회, 2009, 213-239.

미국 헌법에 명시되기 시작한 정교분리와 국교 금지조항은 이후 다른 많은 국가들에도 영향을 미치게 된다. 자본주의 국가들뿐만 아니라 사회주의 국가들에서도 정교분리 원칙이 광범위하게 채택되었다. 자유주의 국가에서 정교분리 원칙을 수용한 이유가 국가의 간섭과 지배로부터 종교의 자유를 보장하려는 데 있었다면, 사회주의 국가에서는 교회의 영향력으로부터 세속정부의 자유를 보장하려는 데 있었다. 우리나라에서도 제헌헌법(1948)에서부터 정교분리 원칙을 도입하였다.

(2) 정교분리 원칙의 윤리적 함의

정교분리 원칙은 교회와 국가가 각기 고유한 영역을 가지고 있으며, 목적과 기능이 서로 다름을 인정하고, 서로 상대의 영역을 침해하지 않을 것을 제도적으로 보장한다. 정교분리의 원칙은 나라마다 약간씩 다른 형태로 운영된다.[185] 영국과 스페인은 형식적으로 국교제도를 유지하지만 종교적 관용정책을 통해 종교의 자유를 보장한다. 독일과 이탈리아는 국교를 인정하지 않으면서도 종교를 공법인으로 대우한다. 한편, 미국이나 프랑스는 교회와 국가를 완전히 분리하며, 우리나라도 이와 비슷하다. 우리나라 헌법 제20조 제2항은 "국교는 인정되지 아니하며, 종교와 정치는 분리된다"고 명시하고 있다.

일반적으로 정교분리 원칙은 종교의 정치 간섭 금지, 국가의 종교교육과 종교활동 금지, 그리고 국가에 의한 특정 종교의 차별이나 우대 금지와 같은 내용을 포함한다. 이를 좀 더 세분하여 살펴보면 다음과 같이 정리할 수 있다.[186]

185) 김상겸, 「종교의 자유와 정교분리의 원칙에 관한 연구」, 『공법연구』 35, 2006, 143.
186) 권영성, 『헌법학 원론』, 법문사, 1992, 40–402.

첫째, 국교를 인정하지 아니한다. 국가는 특정 종교를 포교하는 행위를 할 수 없으며, 국가 전체의 의식축전 행사를 특정 종교의 의식으로 진행할 수 없다. 한편, 국가의 공직자는 공무 중이거나 혹은 공무와 관련해서 특정 종교에 대한 편향되어선 안 된다.

둘째, 특정 종교에 대해 특혜를 배제한다. 군대나 교도소와 같은 공공적 기관에서 특정 종교의 포교와 선교를 위한 시설물 설치나 혜택은 허용되지 않는다.

셋째, 국가에 의한 종교교육은 금지된다. 각종 공립학교에서 특정 종교를 포교하거나 선교하기 위한 교육행위는 금지된다. 여기서 종교교육이란 광범위한 의미의 교양교육이 아니라 특정 종교의 교리교육을 의미한다.

넷째, 특정 종교에 대한 공금지출을 금지한다. 국가나 지방자치단체가 특정 종교를 포교하거나 선교하는 데 공금지출은 허용되지 않는다.

마지막으로, 종교단체에 의한 정치행동은 금지하나 종교인이 개인적으로 정치행동을 하는 것은 금하지 않는다. 종교인이 종교단체와 별도로 조직을 만들어서 정치행동을 하는 것도 금지하지 않는다.

정교분리 원칙에 따른 종교와 국가의 형식적·제도적 구분에도 불구하고 둘 사이는 밀접하게 관련되어 있으며, 동시에 긴장과 갈등이 끊임없이 생겨난다. 그 이유는 신앙이 인격적인 것이기는 하지만 사적(私的)인 것이 아니기 때문이다. 오늘날 정치적 결정과 영향력으로부터 자유로운 삶이란 존재하지 않는다. 정치가 모든 것은 아니지만, 모든 삶은 정치와 무관하지 않다. 정치적 결정은 종교인의 신앙생활과 종교의 자유에 영향을 미치기 마련이다. 그래서 신앙인은 물론 모든 시민들은 정치에 관심할 권리를 지닌다. 그리고 종교의 자유란 정의로운 정치를 통해서만 실현될 수 있기에 종교인은 마땅히 정치현실에 관심해야 한다. 따라서 공적(公的) 관심사로부터 종교인을 배제하려는 정치인에게 저항해야 한다. 정치가 도덕적·종교적 가치를 상실할 때 권력쟁취의 수단으로 전락하듯이, 종교가 공적 삶에 무관심해질 때 사적이고 내면적인 신앙으로 전락하고 만다.

한편, 종교와 정치 사이에 갈등이 상존하는 또 다른 이유는 종교인이 종교단체와 국가라는 두 조직에 동시에 속하기 때문이다. 종교인은 사적으로는 신앙인이며 동시에 공적으로는 공직자일 수 있다. 그런데 신앙을 가진 공직자에 의한 종교적 편향이 생겨날 수 있고, 그것은 종교 간의 분쟁은 물론 사회통합을 저해하는 요인이 될 수도 있다. 따라서 공직자가 특정 종교를 사적으로나 마음으로 신앙하는 것은 문제될 것이 없으나, 그것을 외적으로 표현하는 과정에서 공직자로서의 종교적 중립 의무를 다하지 않을 때 문제가 생긴다. 비록 공직자가 공무를 수행하기 위해 어쩔 수 없이 특정 종교 행사에 참여하고 특정 종교를 위한 발언을 할 때조차 그것이 다른 종교를 차별하지 않도록 주의해야 한다.

이상에서 볼 수 있듯이, 정교분리 원칙은 국교를 금지하고 국가와 종교의 서로 다른 목적과 역할을 분명히 함으로써 둘 사이에 생길 수 있는 혼란과 갈등을 예방하는 데 그 목적이 있다. 더 나아가 국가와 종교 사이에 창조적 긴장을 통해 정치를 더 정의롭게 하며, 종교를 더 신앙적으로 만든다. 그런 배경에서 로버트 벨라(R. Bellah)는 종교제도와 정치제도 사이의 긴장 정도와 형태가 한 사회의 진보 능력과 밀접히 연관되어 있다고 본다.[187] 그리고 정교분리 원칙은 국가의 종교적 중립성이나 종교인 공직자의 중립성을 통해 특정 종교에 대한 특혜나 차별을 없앰으로써 사회통

---

187) 김성건, 「한국교회 정치참여의 현실과 과제」, NCC선교훈련원 심포지엄, 2008년 9월 29일, 배재대학교 발표문, 1.

합을 도모하는 데에도 그 목적이 있음을 알 수 있다. 우리나라처럼 다종교 사회에서는 정교분리 원칙의 준수가 다른 어떤 사회에서보다 중요함을 확인할 수 있다.

4) 정교분리 원칙에서 본 한국교회의 정치참여 문제 비판

(1) 한국교회의 정교분리 원칙의 왜곡과 오용의 역사

우리나라에서 정교분리 원칙에 대한 사상은 가톨릭에 대한 박해와 그 과정에서 생겨난 선교국가들과의 조약에 최초로 나타난다. 신유교난으로 인해 1899년 '교민조약'이 체결되고, 1901년에는 '교민화의약정', 1904년에는 '선교조약'이 각각 체결됨으로써 국가가 정교분리 원칙에 기초하여 종교의 자유를 법적으로 보장하게 된다.[188]

한국 기독교의 정교분리에 대한 최초의 공식적 입장은 1901년 9월 장로회공의회에서 발표한 '교회와 정부 사이에 교제할 몇 조건'이라는 문서에 나타난다고 볼 수 있다.

> ① 우리 목사들은 대한나라 일과 정부 일과 관원 일에 대하여 도무지 그 일에 간섭하지 아니하기를 작정한 것이오.
> ② (…) 교회 일과 나라 일은 같은 일 아니라 또 우리가 교우를 가르치기를 교회가 나라 일 보는 회가 아니오, 또한 나라 일은 간섭할 것도 아니오. (…)

---

188) 최종고, 「한국 교회와 정교 분리」, 276.

③ 교회가 교인이 사사로이 나라 일 편당에 참예하는 것을 시킬 것 아니오 금할 것도 아니오. 또 만일 교인이 범죄하거나 그 가운데 당한 일은 교회가 담당할 것 아니오 가리울 것도 아니오. (…)

여기서 알 수 있는 것은 국가와 교회의 상호불간섭과 신앙의 비정치화 입장이다. 이러한 교회의 정치불간섭의 태도는 종교를 탄압하던 일제와 기독교 사이의 충돌을 막는 데 도움이 되기는 했지만 점점 한국 기독교의 정치적 의식을 약화시키는 계기가 되었다.

그런데 미국 선교사들이 지녔던 이러한 정치불간섭 원칙이 미군정 기간 동안에는 완전히 바뀌게 된다. 일본의 항복과 동시에 우리나라에 들어오게 된 미군정 당국자들은 한국사정을 비교적 잘 알고 있었던 선교사들이나, 그들의 재정적 후원으로 미국 유학을 떠났던 한국 기독교인을 적극적으로 영입했다. 1945년 10월에 임명된 한국인 행정고문 11명 가운데에는 목사 3인을 포함하여 6명이 기독교인이었다. 그리고 1946-47년 사이에 임명된 한국인 고위관료 가운데 50%가 기독교인이었다.[189]

기독교 신앙에 기초한 국가 건설을 꿈꾸었던 이승만 대통령은 친기독교 정책을 기독교적 국가예식이나 기독교인의 인사 중용 등을 통해 구체화하였다. 군종제도가 1948년도에 만들어진 반면 군승제도는 그로부터 20년이 지난 1968년에야 도입되었다. 이후 한국교회는 이승만 정권의 절대적 지지자가 되었다. 한 예로써 3·15부정선거로 알려진 1960년 대통령 선거를 앞두고서 '전국교회 150만 교우께 드리는 말씀'이란 제목으로 〈한국기독공보〉에 장로 이승만을 대통령으로, 권사 이기붕을 부통령으로 뽑아달라는 호소문을 발표하기도 했다.

---

189) 김진호, 「한국 개신교의 미국주의, 그 식민지적 무의식에 대하여」, 『역사비평』 70, 2005, 75.

유신독재정권 시절에는 소수의 진보적 교회를 제외한 대다수의 교회가 정교분리 원칙을 내세우면서 인권을 유린하고 민주주의를 파괴한 독재정권에 침묵한 채 교회성장에만 관심을 기울였다. 심지어 정치비판적인 태도를 보이던 진보교회를 향하여 정교분리 원칙을 부정하는 행위라고 매도하기도 했다. 1970년대 빌리 그래함을 초청한 대형 부흥전도집회나 반공·친미·친정부적 구국기도회는 한국교회의 양적 성장에 큰 도움을 주긴 했지만, 정치사회적으로는 교회가 독재정권에 악용되는 결과를 가져왔다. 박정희 정권이 3선 개헌을 강행하는 것을 보고 진보적 기독교 지도자들이 반대운동을 할 때에도, 대다수의 보수적 기독교 지도자들은 기독교의 정치적 중립을 내세우며 침묵으로 일관하였다. 1980년대에도 보수적 한국 기독교의 정치적 태도는 크게 변하지 않는다. 심지어 1980년 광주민주화운동을 무력으로 진압한 전두환 국보위상임위원장이 주최한 '국가와 민족의 장래를 위한 조찬기도회'[190]에 참가하여, 신군부를 축복하기에 이르렀다.

하지만 한국교회는 장로인 김영삼 대통령의 문민정부 이래로 적극적 정치참여로 입장을 바꾸게 된다. 당시 교회의 정치참여에는 두 가지 형태가 있었는데, 하나는 진보적 신학성향을 지닌 교회들의 정치참여였으며, 다른 하나는 대다수의 보수적 신학성향을 지닌 교회들의 정치참여였다. 전자는 한국기독교교회협의회(KNCC)에 소속된 교회와 지도자들이 중심이 된 것으로 유신정권 이래 오랫동안 재야에서 활동하다가 현실정치에 적극적으로 참여한 것이었다. 후자는 한기총에 소속된 교회와 지도자

---

190) 1966년 국회 안에서 시작된 조찬기도회는 1968년 공식적으로 '대통령조찬기도회'로 발전하며, 이후 1976년 '국가조찬기도회'로 명칭이 바뀐다. 교계인사와 정치지도자들이 나라를 위해 기도한다는 대의명분에도 불구하고 현실 속에서 이 기도회는 정교유착의 대표적 형태로 나타난다. 유감스럽게도 기도회는 억압적이고 비민주적인 정권에조차 면죄부를 주고 심지어 축복하는 내용으로 채워졌다.

들로서 현실정치에 무관심하다가 국민의 정부나 참여정부를 비판하면서 정권교체를 외쳤고, 마침내 정권교체에 성공한 이후 이명박 정부에 적극적으로 참여하였다. 기억해야 할 것은 이들 두 입장 모두 교회가 정치현실에 일정한 거리를 두고 비판적 태도를 지녀야 한다는 정교분리 원칙의 정신을 잃고 말았다는 점이다.

(2) 정교분리 원칙에서 본 최근 한국교회의 정치참여 비판

① 정교분리 원칙의 부정

위에서 살펴보았듯이, 한국교회는 오랫동안 표면적으로는 정교분리 원칙을 주장하면서 정치에 무관심한 척하면서도, 상황에 따라 현실정치에 깊숙이 개입함으로써 정교분리 원칙의 본래 의미를 왜곡했다. 과거에 한국교회는 독재정권에 침묵함으로써 교회와 국가가 창조적 긴장관계를 유지해야 한다는 정교분리 정신을 지키지 못했으며, 최근에는 대통령 만들기와 기독교 정당 창당을 통해 기독교 국가를 건설하려 한다는 점에서 신정국가를 원칙적으로 부인하는 정교분리 정신을 훼손하고 있다.

한국교회가 정교분리 원칙의 정신을 왜곡하고 훼손하는 데서 나아가 최근에는 교회의 정치행동을 정당화하기 위해 아예 정교분리 원칙을 공공연히 부정하고 폐기할 것을 주장하기에 이른다. 한 예로서, 한국대학생선교회(CCC)의 김준곤 목사는 기독당 창당 설교문에서 교회의 정치참여를 정당화하기 위해 정교분리 원칙을 철폐할 것을 주장하면서, 그 이유가 정치를 통해 하나님의 영광을 드러내고, 정치를 성화(聖化)할 필요가 있기 때문이라고 했다. 청교도영성훈련원장인 전광훈 목사는 "투표 자체가 정치이므로 정교분리를 주장하는 사람들은 투표도 하지 말아야 한다"

라고 억지주장을 펼쳤다.[191] 교회지도자들의 이러한 입장은 정교분리 원칙에 대한 무지를 드러내는 일이며, 교회의 정치적 야심을 정당화하기 위한 정교분리 원칙을 왜곡한다는 점에서 심각한 문제가 아닐 수 없다.

② 기독교 국가 건설 추구

정교분리 원칙의 핵심사상은 국교를 금지함으로써 정치적으로는 국가의 종교적 중립을 지키고, 종교적으로는 신앙의 자유를 지키기 위함이다. 국가가 특정 종교를 국교화할 때 정치는 왜곡되고, 신앙의 자유는 심각하게 침해될 수 있다. 그럼에도 불구하고 우리나라에 기독교 국가를 건설하겠다는 기독교 정치 지도자들의 구상은 이승만 정부 시절 시작되었다. 이후 새로운 정치지도자들이 등장하고 사회가 발전하면서 그러한 신정국가 이념이 사라지는 듯했는데, 최근 보수적 교회와 교회 지도자들에 의해 재점화되고 있는 것으로 보인다. 특히, 이명박 대통령을 선출할 때부터 교회의 정치참여는 단순한 정권교체 차원을 넘어 기독교 국가 건설을 지향하고 있음을 다음 두 가지 사실에서 명확히 확인할 수 있다.

첫째, 기독사랑실천당(기독당)은 첫 번째 강령으로 '신정주의와 신정국가를 지향하는 정당'임을 공공연히 선언하고 있다. 기독사랑실천당의 9대 정강정책 1항은 '천본주의'를, 3대 비전 1항은 '사랑의 기독교정신 국가'를, 그리고 6대 강령 1항은 '신본주의와 신정국가를 지향하는 정당'임을 선언하고 있다.[192] 기독사랑실천당 창당에 앞장섰던 전광훈 목사는 창당의 목적이 '예수님의 나라를 만드는 것'이며, 이를 위해서는 정치적 힘을 사용해도 무방하다고 주장했다. 그는 심지어 다음과 같은 막말을 해서 사회적으로 비판받기도 했다.

---

191) 김동언, 「정교분리 주장하려면 투표하지 마라」, 〈뉴스앤조이〉, 2008년 3월 6일자.
192) 기독사랑실천당 공식홈페이지 참조: www.기독사랑실천당.or.kr

국회를 백 프로 점령하고 299명 다 채워서 예수 안 믿는 놈은 감방에서 5년. 얼마나 좋아. 내가 군사독재 시대에 어린 시절을 보내서 그런지 생각이 보통 독재가 아니다.[193)

둘째, 한국교회의 기독교 국가의 건설을 위한 방안으로서 기독교 정당을 창당하는 것 외에도 '성시화운동(holy club)'이 활용되고 있다. 성시화운동은 1972년에 김준곤 목사가 춘천에서 '한 도시를 완전히 복음화하겠다'고 선언하면서 시작되었는데, 지금은 여러 도시로 확산되었으며 외국 지부까지 두고 있다. 성시화운동 주창자들이 이상형으로 삼았던 모델은 칼뱅 당시 스위스 제네바 시의 통치방식이었음은 잘 알려진 사실이다. 당시 제네바 교회는 도시의 정치가 및 행정가들과 더불어 성서적 규범을 가지고 제네바 시민의 정치·경제는 물론 사회·도덕·신앙생활까지 통제하려 했다. 이러한 이상을 실현하는 구체적 기관으로 칼뱅은 의회 의원과 교회 목회자들이 동수로 구성된 컨시스토리(consistory)를 구성했다. 이 기구는 제네바 시의 시민과 교인들의 훈련과 치리(권징)를 담당하는 역할을 했다. 그 결과 제네바시의 도덕생활이 바뀌고 사회복지가 향상되기도 했지만, 신앙적·종교적 가치를 정치적 힘으로 강제하는 과정에서 적지 않은 윤리적·사회적 문제를 야기했다.

③ 공직자의 종교편향

공직자의 종교편향 행동은 정교분리 원칙을 훼손할 뿐만 아니라 타종교의 종교적 자유를 침해할 수 있다는 점에서 문제가 된다. 공직자란 국가와 국민 전체를 위해 봉사하는 사람이므로 직무를 수행함에 있어서 공

---

193) 송경호, 「전광훈 목사, 막말 섞어가며 창당활동 비호」, 〈크리스천투데이〉, 2008년 1월 24일자.

공성과 공정성, 그리고 중립성을 지켜야 할 의무가 있다. 그런데 공직자가 특정 종교에 편향되면 공적 업무상의 문제는 물론 종교 간의 갈등을 불러올 수 있다.

우리나라는 다종교 사회임에도 불구하고 교회 장로였던 이승만 대통령의 제1공화국 이후 기독교인 공직자와 정치인의 비율이 높은 편이다. 자연히 기독교가 정치사회에 미치는 영향력이 클 수밖에 없기 때문에 기독교인 공직자의 종교적 중립의무가 다른 어떤 사회보다 엄정하게 요구된다. 그럼에도 불구하고 몇몇 공직자들은 잘못된 신앙심이나 유권자를 의식한 정치적 의도로 종교 편향적 언행을 보여 종교 간 갈등을 유발하기도 한다.

2004년 5월 당시 서울시장은 "수도 서울을 하나님께 봉헌합니다"라고 말함으로써 타종교인의 불만을 샀다. 특히 문제가 되었던 부분은 2008년에 성시화운동에 앞장섰던 포항시장의 "시 예산의 1%를 성시화운동에 사용하겠다"는 발언이다. 사회적 비판이 거세지자 계획을 취소하긴 했지만 공공의 이익을 위해 사용되어야 할 시민의 세금이 특정 종교의 선교나 포교에 사용된다는 것은 '특정 종교에 특혜를 주어서는 안 된다'는 정교분리 원칙의 정신에 위배된다. 그 외에도 공직자들이 공공장소에서 특정 종교를 옹호하는 발언을 한다든지, 업무시간에 개인적인 종교 행사에 참여한다든지 하는 일들이 사회문제화되었고, 마침내 불교계에 의해 공직자의 종교차별금지법 제정이 촉구되는 상황에까지 이르게 되었다. 이후 정부는 공무원 복무규정 제4조에 "공무원은 직무를 수행함에 종교 등에 따른 차별 없이 공정하게 업무를 처리하여야 한다"라는 조항을 신설함으로써 사태를 진정시키기에 이르렀다.

5) 정교분리 원칙에 기초한 한국교회의 정치적 책임과 과제

바른 기독교 신앙은 신앙인의 정치적 냉소주의나 무관심의 태도를 넘어 비판적 참여를 요청한다. 기독교인이 정치현실에 관심하고 참여해야 하는 데에는 몇 가지 이유가 있다.

첫째, 현실적으로 신앙과 정치가 분리될 수 없기 때문이다. 그리스도인은 하나님 나라의 시민이며 동시에 세속 국가의 시민으로서 두 영역에 동시에 속한다. 그리고 교회의 제도나 조직은 사회와 국가 안에 존재하면서 서로 영향을 주고받는다. 또한 그리스도의 복음은 인간의 내면세계만이 아니라 사회정치적 삶에도 관계되어 있으며, 인간의 죄는 개인적일 뿐 아니라 구조적이기도 하다.

둘째, 문화위임(cultural mandate) 명령 때문이다. '땅을 다스리고 돌보라'는 명령은 정치행위를 포함한다. 정치는 인간이 자연을 '돌보고', 인간 삶을 '다스리는' 일과 밀접하게 관련되어 있다. 정치행위야말로 하나님의 창조행위를 계속해가는 중요한 문화사역 가운데 하나다.

셋째, 개혁교회 전통, 특별히 칼뱅신학 전통에서는 그리스도의 주권이 정치를 포함한 삶의 모든 영역에 영향을 미쳐야 하기 때문이다. 네덜란드의 목사, 저술가, 교육자, 그리고 정치인이었던 아브라함 카이퍼(1837–1920)는 자유대학 개교연설(1880)에서 하나님의 주권에 대해 다음과 같이 말했다.

> 인간 경험의 모든 영역 가운데서 모든 것의 주재이신 그리스도께서 '이것이 내 것이다'라고 주장하지 않을 그 어떤 영역도 존재하지 않는다[194]

---

194) 조용훈, 『기독교대학의 정체성』, 보이스사, 2004, 64 재인용.

정치 역시 하나님의 주권이 미쳐야 하는 영역이며, 기독교인의 정치참여는 하나님의 주권을 이 세상에서 드러내는 중요한 사역 가운데 하나다.

마지막으로, 선교적 차원에서 정치참여가 요청된다. 선교란 개인의 영혼 구원만 아니라 전인적 구원을 목표로 한다. 인간이 영혼과 몸으로 구분될 수 없는 전인적인 존재이기 때문에 교회는 인간 삶의 모든 영역에 심대한 영향을 미치는 정치문제에 관심을 두지 않을 수 없다. 특히, 인권의 침해나 구조적 가난과 같은 문제들은 직접적으로 정치권력과 관계되어 있다.

이런 배경에서 정교분리 원칙의 정신에 기초하여 한국교회의 몇 가지 정치적 과제를 제안하고자 한다.

첫째, 교회공동체의 목적과 역할에 대한 재확인이다. 정교분리 원칙의 정신에 따르면, 교회와 국가는 서로 다른 목적과 역할을 지닌 조직체다. 국가가 외적인 평화와 질서에 관심을 둔다면, 교회는 영적 진리와 구원에 관심을 두는 조직체다. 신앙공동체로서 교회가 우선적으로 관심을 쏟아야 할 일은 정당을 만들어 정치에 참여하는 것이라기보다는 복음을 전하며 종교적이고 도덕적인 가치들을 발전시키는 일이다. 교회는 정치적 힘이나 법을 통해서가 아니라 사랑과 희생을 통해 하나님의 나라를 실현해간다. 교회에 대한 사회의 기대가 무엇인지는 '한국인의 종교와 종교의식'(2004) 조사 통계에 잘 나타나 있다. 이 조사를 보면, 종교단체의 바람직한 정치참여 범위를 묻는 물음에 '종교 자체에만 전념하는 것이 좋다'고 응답한 비율이 49.4% 되었다. 그리고 '사회·문화분야 활동까지는 좋으나 정치분야 활동은 반대한다'는 응답은 30.9%나 되었다.[195]

둘째, 한국교회 정치참여의 동기에 대한 비판적 검토가 필요하다. 한

---

195) 김성건, 『기독교와 사회학의 접점』, 프리칭아카데미, 2009, 201.

국교회가 기독교 정당을 창당하려고 한 직접적인 배경은 통일교의 가정당 창당으로 알려지고 있다. 그리고 기독당 창당에 앞장섰던 기독교인들이 내세운 명분은 '정치권 복음화'다. 권진관은 이 개념이 정치가들을 모두 개종시키겠다는 것인지, 아니면 정치권을 복음으로 정화하겠다는 것인지 모호할 뿐만 아니라 그것이 성공한다고 해도 결국에는 우리나라 정치의 보수화로 이어질 것이라고 우려하고 있다.[196] 한편 한국교회의 정치참여는 선교적 목적을 지니고 있는 것도 사실이다. 문제는 종교들이 순전히 자기 종교의 선교나 영향력 확대를 위해 권력을 동원하고 정당을 창당한다면 종교갈등과 사회분열을 피할 수 없다는 사실에 있다. 어떤 종교도 자신을 위해 공공기관인 국가권력을 이용해서는 안 된다는 것이 정교분리 원칙이다. 이제 우리는 한국교회의 정치참여가 기독교의 당파적 이익을 위한 것인지 아니면 공공적 이익을 위한 것인지 되물어야 한다.

셋째, 정교분리 원칙에서 볼 때 바람직한 교회의 정치참여 방법은 기독교 정당의 창당과 같은 직접적 정치행위보다는 기독교적 가치를 실현할 수 있는 기독인 정치인을 양성하는 간접적 방식이 필요하다. 오늘날 정치는 경제나 과학처럼 전문성을 필요로 하는 또 하나의 전문 영역으로 발전해가고 있다. 사회 구성원의 다양한 이해관계에서 오는 복잡한 정치문제들을 교회의 순수함과 열정만으로는 해결하기 어렵다. 게다가 특정 기독교 교파나 인물들이 전체 기독교를 대표할 수도 없으며, 정치적 결사체인 정당의 특성상 특정 정치경제 이데올로기를 택할 수밖에 없는데 이때 이해관계에 따라 교인 간, 교파 간 갈등을 피할 수 없다. 따라서 교회는 자신들이 직접 정당을 만들기보다는 직업적인 기독교인 정치가를 양성하여 그들로 하여금 신앙적이고 도덕적인 가치를 정치현실에서 실

---

196) 권진관, 「기독교 정당 무엇이 문제인가?」, 손규태 교수 정년퇴임 기념논문집 발간위원회 엮음, 『공공성의 윤리와 평화』, 한국신학연구소, 2005, 139–148.

현하도록 하는 방법이 나을 것이다.

넷째, 기독교인의 정치참여는 정치문화의 개선과 발전에 초점을 모아야 한다. 왜냐하면 정치문화를 발전시키는 것은 기독교 대통령을 뽑는 것이나, 정치제도와 법을 바꾸는 것보다 근본적인 일이기 때문이다. 정치 제도와 법을 운용하는 것은 결국 사람이며, 그 사람의 행동에 영향을 미치는 것은 문화이다. 우리 사회에 나타나는 정치왜곡과 정치 후진성은 제도의 문제나 사람의 문제이기에 앞서 문화의 문제다. 가부장적 권위주의, 각종 연고주의, 정치철학과 정당정치의 부재와 같은 정치문화의 후진성을 극복하지 못하는 한 아무리 훌륭한 대통령을 뽑은들 그 효과는 기대 이하일 것이다. 우리는 각종 선거 때 정치인을 뽑는 것이지 교회 지도자를 뽑는 것이 아니다. 그런 이유에서 후보자가 신앙인이냐 아니냐 하는 것이 투표의 결정적 요인이 되어선 안 된다. 비록 기독교인이라 하더라도 이름뿐인 기독교인이 얼마든지 있을 수 있다. 후보자가 진실한 신앙인인가 하는 물음 이외에도 나라의 지도자로서 필요한 비전, 책임성, 정직성과 같은 덕목과 능력을 갖추고 있는지 살펴보아야 한다. 한편, 평상시에는 정치에 대해 냉소적 태도를 보이다가 선거 때가 되면 갑자기 정치문제에 흥분하고 열광하는 태도도 반성해야 한다. 교회는 정치를 '직업 정치인의 권력투쟁'이라는 시각으로부터 주민참여와 주민자치를 핵심으로 하는 '삶의 정치'로 보는 시각으로 전환해야 하며, 이를 실천하는 데 관심해야 한다.[197] 본래 '정치(politic)'라는 말의 어원을 보면, 고대 그리스 시대 폴리스에서의 이상 추구 및 갈등 해소의 기술과 관련되어 있다. 정치란 권력투쟁 그 이상의 의미를 담고 있다는 말이다. 바꿔 말하면, 정치는 폴리스의 삶의 방식으로서 시민이 개인적 삶에 대한 관

---

197) 정문길 외, 『삶의 정치: 통치에서 자치로』, 대화출판사, 1998.

심에서 벗어나 공공의 문제, 즉 공적인 삶을 위해 행동하는(vita activa) 것이다.[198] 한국교회는 신자들의 일상생활과 교회생활에서 비판, 대화, 그리고 타협과 같은 생활정치의 덕목들을 훈련해야 한다.

다섯째, 한국교회는 세속정치에 대한 관심에 앞서 교회 안에서 모범적 정치를 보여줄 수 있어야 한다. 교회 안에도 선거가 있고, 당회나 노회와 같은 정치의 장이 있다. 그곳에서 대안적인 정치가 이루어지지 않은 채 연고주의, 금권주의, 지역주의, 흑색선전과 같은 세속정치의 구습을 반복한다면, 한국교회의 세속정치 참여의 순수성과 신뢰를 의심받게 될 것이다.

마지막으로, 정치에 대한 교회의 한계 설정과 비판적 태도야말로 정교분리 원칙의 정신이다. 모든 것이 정치이기는 하지만, 정치가 모든 것이 될 수는 없다.[199] 정치는 인간 삶에 필수 불가결한 요인이지만, 그렇다고 정치가 인간과 사회의 모든 문제를 해결하는 유일한 길이라고 할 수는 없다. 모든 것을 힘의 문제로 보고, 모든 문제를 정치로 환원하는 '정치만능주의'는 교회가 비판해야 할 위험스러운 이데올로기이다. 신학적으로 보더라도 정치를 통해 이루어가는 세속 국가가 하나님의 나라와 동일시될 수는 없다. 정치란 힘에 의존하는 것이고 정당활동과 관련되는데, 정당이란 본래 정권쟁취를 위한 권력투쟁에 그 목적을 두는 조직체이기 때문이다. 종교개혁가들이 주장했던 것처럼, 국가란 기껏해야 외적질서와 평화를 유지하는 데에 도움이 될 뿐이다. 죄인들인 인간의 정치행위란 타락하기 쉬우며 절대 권력은 절대 타락한다는 것이 역사의 증언이다. 그러므로 한국교회의 역할은 구약성서의 예언자들이 그랬던 것처럼 하나님 신앙과 일관된 도덕적 가치에 기초해서 정치를 견제하고 비판

---

198) 얼 쇼리스, 고병헌 외 역, 『희망의 인문학』, 이매진, 2006, 120–138.
199) H. M. 콰이터트, 오현미 역, 『모든 것이 정치이나 정치가 모든 것은 아니다』, 나침반, 1992.

하는 일이다. 그러한 비판은 정치적 좌파에게만이 아니라 정치적 우파에게도 동일하게 적용해야 한다. 사회적 · 정치적 · 경제적으로 힘 있는 자들에게 공익에 대한 책임과 약자들에 대한 의무를 요구해야 한다. 한국교회가 끊임없이 정치의 이데올로기성과 당파성을 비판하고 폭로함으로써 정치와 창조적 긴장관계를 유지하는 것이야말로 정교분리 원칙에서 배워야 할 교훈 가운데 하나다.

6) 맺는 말

오늘날 그리스도인과 교회가 물어야 할 것은 '정치참여를 할 것인가 말 것인가?'가 아니라 '교회가 어떻게 신앙공동체로서 자기정체성을 확립하며, 정치와 창조적 긴장관계를 유지할 수 있는가?' 하는 것이다. 교회는 정치와 야합해도 안 되지만 정치에 무관심한 채 냉소주의에 머물러도 안 된다. 교회와 정치 사이에는 비판적 거리와 창조적 긴장이 존재해야 한다. 그럴 때에만 정치 발전은 물론 종교의 자유도 확장될 수 있다. 정치적으로 볼 때 정교분리 원칙은 종교로부터 정치를 자유롭게 함으로써 정치의 발전은 물론 사회의 안정과 통합에도 도움을 줄 수 있다. 종교적으로 볼 때 정교분리 원칙은 종교의 자유를 보장할 뿐만 아니라 교회의 정치화라는 유혹도 예방할 수 있다. 그런 이유에서 정교분리 원칙에 대한 올바른 이해야말로 오늘날 지나치다 싶을 정도로 정치에 관심하고 있는 한국교회의 우선적 과제라 하겠다. 이것은 장로 대통령을 만들고 기독교 정당의 창당에 성공하는 일보다 더 중요한 일이다.

6.
반공주의에 포로된 한국교회[*]

1) 서론

　한국은 지구상 몇 안 되는 분단국가다. 분단으로 인한 사회문화 · 정치 경제적 손실과 비용은 돈으로 환산할 수 없을 만큼 크다. 한국교회는 냉전 이데올로기를 극복하고 민족의 통일에 기여할 수 있을 것인가? 아니면 그 반대로 분단을 고착화하며 민족화합의 장애물이 될 것인가? 흔히, 사람들은 독일의 통일과 독일교회의 역할을 이야기하면서 한국교회에 대해서도 비슷한 기대를 하고 있다. 독일교회가 통일 이전만 아니라 통일 이후에도 사회적 통합을 이루는 데 있어서 매우 중요한 역할을 한 것이 사실이다. 하지만 한국사회나 교회, 그리고 독일사회나 교회 사이에는 차이가 많다. 두 교회는 역사적으로나 신학적으로 여러 면에서 차이가 난다는 사실을 간과해서는 안 된다.[200)]

---

[*]　이 글은 「한국교회와 반공주의」라는 제목으로 『기독교사회윤리』 12, 2006에 실린 글을 약간 수정했다.

200)　주준희, 『한국의 통일과 교회의 역할』, 도서출판 왕성, 1999, 38-39; 윤영관, 「통일의 정치경제학: 독일, 한국 그리고 교회」, 이만열 외, 『민족통일을 준비하는 그리스도인』, 두란노, 1995,

세계는 1990년대 들어 탈냉전의 시대로 접어들었다. 공산주의나 사회주의 이데올로기에 대한 논의는 더 이상 금기가 아니다. 우리 사회에서도 7.4남북성명 이후 반공주의 태도가 급격히 약화되고 있으며, 2002 월드컵에서 붉은색 유니폼의 유행은 레드 콤플렉스(red complex)를 극복하는 데 도움을 주었다. 하지만 아직도 냉전의 어두운 그림자는 완전히 사라지지 않았다. 물론 과거에 비하면 약화되긴 했어도 냉전은 여전히 분단을 고착화하고 정치사회적 이데올로기 형성에 영향을 미치고 있다. 거기에는 공산주의에 대한 한국교회의 완고한 태도도 한몫을 하고 있다. 한국교회의 반공주의는 과거의 상처들로 인해 쉽게 사라지지 않을 것이다. 최근 들어 한국사회에서는 반공주의가 퇴조하는 추세임에도, 정치사회적 보수주의와 신학적 근본주의의 영향을 받은 상당수의 한국교회에서는 오히려 반공주의가 더욱 강화되고 있다. 이런 한국교회를 두고 십계명 외에 또 하나의 계명이 있는데, 그것은 바로 '반공'이라고 비아냥거리는 사람조차 있다. 문제는 이런 극단적 반공주의가 한반도의 분단 상황을 고착시키고 남남 갈등까지 일으킬 수 있다는 데 있다. 이것이 민족의 통일과 사회의 통합에 영향을 미치는 반공주의에 대한 한국교회의 태도에 대한 연구가 필요한 이유다. 다음 절에서는 한국교회의 반공주의의 배경을 역사적, 신학적 관점에서 추적하고자 한다.

189-194.

2) 한국교회의 반공주의 형성의 역사

(1) 해방 전 한국교회와 공산주의

우리나라에서 사회주의나 공산주의 사상은 일제의 식민지 상황에서 민족의 독립을 쟁취하기 위한 하나의 이념적 수단으로 자연스럽게 수용되었다. 민족운동 차원에서 일본제국주의라는 공동의 적 앞에서 사회주의자들과 기독교 지도자들 사이에서도 특별한 갈등은 없었다. 그 예로, 새문안교회 장로였던 김규식이나 평양장로회신학교와 중국 남경 금능대학에서 신학을 공부했던 여운형, 그리고 전도사로 활동했던 이동휘 같은 신앙인 모두 사회주의 사상과 아무런 갈등을 느끼지 못했다. 해방 후에도 평안도를 중심으로 한 기독교 세력은 기독교 사회민주당을 조직하였고 신의주반공학생운동에 앞장서기도 했다.

하지만 민족 독립에 대한 기독교의 소극적 태도에 실망한 사람들이 생겨났고, 그런 사람들 가운데 하나가 1918년 6월 러시아 하바롭스크에서 '한인사회당'을 창당하고 이듬해 4월 블라디보스토크에서 '고려공산당'을 창당한 이동휘였다.[201] 사회주의자들은 1925년에 조선 공산당을 결성하면서부터 본격적으로 기독교에 대한 비판을 시작하였다. 이들은 '반(反)기독교 대강연회'를 개최하거나 12월 25일을 '반(反)기독교의 날'로 정하는 등 노골적으로 기독교에 대해 반대하는 운동을 전개하였다. 그 와중에 1925년 9월에 중국 길림성에서 선교사로 활동하던 윤학영과 김이주 등 네 사람이 일본밀정이라는 죄목으로 공산당에 의해 죽임을 당하는 사건이 발생하게 된다. 1932년 10월에는 중국 연길 종성동에서 목회하던

---

201) 김인수, 『한국기독교회사』, 한국장로교출판사, 1994, 250.

김영진 목사와 그의 동생 김영국 장로가 공산당원에 의해 살해되는 사건도 발생했다. 비슷한 유형의 사건들이 연이어 발생하게 되면서 장로교회 총회는 송창근 목사로 하여금 현지시찰 후 보고토록 하는데, 보고서에서는 당시 상황을 이렇게 묘사하고 있다.

> 북만교회는 순교의 피로 쌓은 교회다… 잔악을 극한 공산당에게 몽치에 맞아 죽은 순교자, 정수리에 못박혀 죽은 순교자, 머리 가죽을 벗겨 죽은 순교자, 말 못할 학살을 당한 여 순교자, 기십 기백에 달하였다 한다.[202]

상황이 이렇게 전개되자 장로교와 감리교의 연합기구인 조선예수교연합공의회는 1932년 9월에 제9차 모임에서 '사회신조'를 채택하는데, 거기에 '일체의 유물교육, 유물사상, 계급적 투쟁, 혁명수단에 의한 사회개조와 반동적 탄압에 반대한다'는 조항을 명기하면서 사회주의 이데올로기에 반대하는 교회의 입장을 분명히 하게 된다.[203]

(2) 해방 후 한국교회와 반공주의

일제로부터 해방이 되면서 남한에는 미군이 군정을 실시하게 된다. 한반도를 이데올로기의 전쟁터로 규정한 미군정은 좌경화된 남한사회의 이데올로기 지형을 우익 주도의 지형으로 변경하는 데 관심을 두었다. 미군정은 소련의 영토적 야욕과 전체주의적 이미지를 강조하면서 좌익

---

202) 앞의 책, 253 재인용.

203) 민경배, 『한국기독교회사』, 대한기독교출판사, 1982, 341.

세력을 '소련의 하수인'으로 몰아붙였다.[204] 미군정청은 기독교인들을 가장 우호적인 협력자로 생각하여 주요 직책에 임명했다. 1945년 10월 5일, 미군정청이 임명한 한국인 행정관 11명 중에서 6명이 기독교인이었는데, 그 가운데 3명은 목사였다. 그리고 1946년에서 1947년 사이에 임명된 한국인 고위관료 가운데 50% 이상이 기독교인이었다.[205] 이렇게 남한에서 기독교와 미군정청이 긴밀한 관계를 맺었던 것은 둘 다 '반공'이라는 공통의 관심사를 갖고 있었기 때문이다. 나중에 미국의 후원 아래 정치적 주도권을 잡은 이승만은 1948년 남한만의 단독정부를 수립하면서 반공보수우익의 권력구도를 만들어갔다. 이승만의 북진통일론은 첫째, 북한이 소련의 꼭두각시 정권이라는 점. 둘째, 북한은 공산당의 일당독재로 민주주의의 적이라는 점. 셋째, 북한주민도 남한에 의한 통일을 바란다는 점. 넷째, 중국공산당의 지배체제가 강화되기 이전에 분단 상황을 철폐해야 한다는 점 등의 논리에 기초해 있었다.[206]

1945년 12월 모스크바에서 열린 삼상회의에서 결정된 신탁통치안은 남에서는 우익이, 북에서는 좌익이 세력을 잡게 하는 데 결정적인 계기를 제공하게 된다. 김구를 중심으로 여러 사회단체가 신탁통치 반대운동에 나섰지만, 기독교계에서는 신탁통치안을 찬성하는 의견이 지배적이었다. 반공주의를 기본 이념으로 하고 있던 김창준이 이끄는 '기독교민주동맹'이나 함태영이 주도한 '그리스도교도연맹'이 그러한 찬성의 입장을 대변하고 있었다.[207] 여운형, 김구, 김규식 같이 남북한 단정을 반대하

---

204) 정영태, 「일제말 미군정기 반공이데올로기의 형성」, 『역사비평』 16, 1992, 130–131,

205) 김진호, 「한국 개신교의 미국주의, 그 식민지적 무의식에 대하여」, 『역사비평』 70, 2005, 75.

206) 정영태, 「일제말 미군정기 반공이데올로기의 형성」, 136.

207) 이만열, 「한국 기독교 통일운동의 전개과정」, 이만열 외, 『민족통일을 준비하는 그리스도인』, 두란노, 1995, 20–21.

고 좌우합작을 힘쓰던 중도적 혹은 좌파적 기독교 지도자들은 피살되거나 납북되고, 반공을 내세우는 우파가 권력을 장악하게 되었고 자연스럽게 반공주의적 태도가 형성되었다.

한편, 북한에 주둔한 소련군은 김일성을 앞세워 권력을 장악했다. 사회주의자들의 입장에서 볼 때 기독교는 '민중의 아편'이며, 부르주아 계급의 앞잡이였다. 이들은 기독교인의 정치활동을 무력화시키기 위해 1946년 1월 조만식을 체포하고, 이듬해 11월에는 기독교자유당을 결성하려던 김화식 목사 등 40여 명을 투옥했다. 저들은 '조선기독교도연맹'이라는 친공산당 조직을 구성하고, 교회와 대립할 목적으로 주일인 1946년 11월 3일에 공산당 정권을 세우기 위한 인민위원회 선거를 실시하기로 하고, 교회를 선거장소로 사용하고자 했다. 이에 반대하여 북한교회 5도연합회는 10월 20일 다음 사항을 결의한다.[208]

① 성수주일을 생명으로 하는 교회는 주일에는 예배 이외의 여하한 행사에도 참가하지 않는다.
② 정치와 종교를 엄격히 구분한다.
③ 교회당의 신성을 확보하는 것은 당연한 의무요 권리이다. 예배당은 예배이외의 여하한 경우에도 이를 사용함을 금지한다.
④ 현직 교역자로 정계에 종사할 경우 교직을 사면해야 한다.
⑤ 교회는 신앙과 집회의 자유를 확보한다.

이러한 교회의 반대는 수많은 교인들과 교회지도자들에 대한 박해의 빌미가 되었다.

---

208) 김양선, 『한국기독교 해방 10년사』, 대한예수교장로회총회 종교교육부, 1956, 68.

한편, 김일성은 농지개혁을 통한 사회주의 국가 건설에 주력했는데, 이때 토지개혁으로 말미암아 자신들의 물적 기반을 빼앗기고 신앙활동의 자유마저도 잃게 된 기독교인들이 월남(越南)하게 된다. 1945－1953년 사이에 남한으로 넘어온 기독교인은 북한의 전체 기독교인 가운데 35－40%에 이르렀다.[209] 나중에 이 월남 기독교인들이 남한에서 강력한 종교적 기반을 구축하고, 기독교 안에서 영향력을 확대하고, 여론을 주도하게 되면서 자연스럽게 한국교회의 반공주의가 굳어지게 되었다.

한편 한국에서의 기독교와 공산주의 사이의 갈등은 내재적인 이유만이 아니라 외재적인 이유도 지니고 있었다. 일제강점기 민족의 자존과 독립이라는 공동의 목표를 통해 서로 협력하는 관계에 있었으나, 이후 미국과 소련을 두 축으로 하는 냉전질서를 무비판적으로 수용함으로써 갈등관계에 놓이게 되었다. 소련은 북한에 강력한 사회주의 전선을 구축하려 했고, 미국은 남한에 마찬가지로 강력한 반공주의 국가를 건설하려고 시도했다. 이런 국제사회의 정황 속에서 남한과 북한의 정치지도자들은 세계의 냉전질서를 주체적으로 극복하지 못하고 민족이라는 개념 속에서 서로 만나지 못한 결과, 우리나라가 분단국가가 되고 말았다는 냉정한 자기비판이 필요하다.[210]

(3) 한국전쟁과 반공주의

한국전쟁은 공산주의에 대한 한국교회의 적대적 태도와 증오심을 더욱 강화하는 계기가 되었다. 전쟁 기간 중 수많은 교회 지도자들이 남북

---

209) 당시 북한 인구는 120만 명 정도였는데, 그 가운데 12.6%–14.7%인 7–8만 명이 기독교인이었다고 한다. 김명배, 『해방 후 한국기독교 사회운동사』, 북코리아, 2009, 57 참조.

210) 이만열, 「한국 기독교 통일운동의 전개과정」, 19.

한 모든 지역에서 공산당원이나 공산군에 의해 살해되었다. 특히 1948년 여순반란 사건 때 두 아들을 잃은 슬픔에도 불구하고 그 공산당 학생을 양아들로 삼은 손양원 목사까지 살해한 사건은 한국교회가 왜 그렇게 반공주의에 앞장서게 되었는가를 이해하는 데 도움이 된다. 손양원 목사의 죽음에 관하여 김인서 목사는 이렇게 기록하고 있다.

> 6.25때 공산군은 손양원 목사 외 120여 명을 여수감옥에 수금하였다가 9월 28일 밤에 모두 한 줄에 묶어 가지고 미평 동산에 끌고 갔다. 발을 벗겨 40리 자갯돌 길에 걸리우니 발은 다 찢어져 피의 행로였다. 밤중에 10여 명씩 묶어서 꿇어앉히고 총으로 쏘고 칼로 찌르며 돌로 쳐서 죽였다. 그중에 한두 사람이 살아남아서 그 밤의 참상을 전하여주었다. 그중에는 80세 된 목사도 있었고 여 전도사와 청년회 회장도 있었다.[211]

1950년에서 1953년까지 계속된 한국전쟁은 한국사회 전체에 커다란 피해를 주었다. 남한에서 150만 명, 북한에서 250만 명이 목숨을 잃었고, 사회경제적 기반이 송두리째 무너졌다. 그 가운데 기독교가 입은 피해도 적지 않았다. 인적 피해만이 아니라 물적 피해도 심각했다. 공산주의자들에 의해 살해되거나 실종된 목사나 교회 지도자들의 경우, 밝혀진 명단만 해도 북한교회 162명, 남한교회 150명에 이른다.[212] 물적 피해와 관련해서는, 장로교 예배당 소실이 152동, 파손 467동, 그리고 감리교 예배당 소실 84동, 파괴 155동, 그리고 성결교 예배당 소실 27동, 파괴 79동에 이르렀다.[213]

---

211) 김인서, 『김인서 저작전집 제5권』, 신망애사, 1976, 508.
212) 노치준, 「한국전쟁이 한국교회의 성격 결정에 미친 영향」, 『기독교사상』 438, 1995, 13.
213) 김인수, 『한국기독교회사』, 336.

이처럼 한국전쟁은 한국 기독교에 쉽게 지워지지 않을 심리적 트라우마를 남겼다. 북한 공산당에 의해 박해를 받아 남하하고 한국전쟁 기간 중에 엄청난 피해를 입은 남한교회는 북한과의 싸움에 앞장서게 된다. 전쟁 기간 중 대한기독교구국회를 구성하여 국방부와 긴밀한 연락을 가지면서 선무(宣撫), 구호, 방송 사업에 참여하였고, 의용군 모집에도 협력했다. 전쟁 초기 3,000여 명의 의용대를 모집하여 전투에 참가시켰고, 북한 점령 지역에 약 1,000여 명의 선무원을 보내 활동하게 했다.[214] 한국전쟁이 진행되면서 남한의 개신교회는 점차 반공주의의 집결지요 공산주의 비판의 선봉에 서게 되었다. 공산주의는 기독교인 사이에서 '사탄론'으로 신학화되고 교리화되었다.[215] 이제 공산주의자들은 종말론적 적그리스도(antichrist)인 사탄으로, 때로는 요한계시록에 등장하는 '붉은 말과 그 탄 자'나 '적그리스도'로 묘사되었다. 당시 우리나라의 대표적인 기독교 지도자였던 한경직 목사는 공산주의를 다음과 같이 묘사한다.

> 저들의 말 그대로 공산주의야말로 일대 괴물이다. 이 괴물이 지금은 3천리 강산에 횡행하며 삼킬 자를 찾는다. 이 괴물을 벨 자 누구냐? 이 사상이야말로 묵시록에 나오는 붉은 용이다. 이 용을 멸할 자 누구냐?[216]

이런 배경에서 한국교회는 공산주의와의 싸움을 십자군 전쟁으로 생각했다.

공산주의에 대한 이같은 신학적 태도에 기초하여 한국교회는 휴전반

---

214) 노치준, 「한국전쟁이 한국교회의 성격 결정에 미친 영향」, 14.

215) 강인철, 「한국 개신교 반공주의의 형성과 재생산」, 『역사비평』 70, 2005, 46.

216) 이만열, 「한국 기독교 통일운동의 전개과정」, 이만열 외, 『민족통일을 준비하는 그리스도인』, 두란노, 1995, 19 재인용.

대운동에 나서게 된다. 왜냐하면, 그리스도인에게 악마와 타협하는 일이 있을 수는 없기 때문이다. 이승만 정부의 북진멸공통일정책의 적극적 지지자가 된 한국교회는 한국전쟁 말기에 휴전을 강력하게 반대하게 된다. 1953년 6월 15일자 '세계교회에 보내는 휴전반대 성명서'에서 "한국정부와 한국국민은 일치하여 최근 판문점에서 진행되고 있는 휴전안에 대하여 한사코 반대하고 있으며, 한국의 전 기독교도들도 또한 마귀의 승리를 초래할 휴전을 반대하는 기치를 높이 들고 나섰다"고 했다. 그리고 통일에 대해서는 "공산주의와의 유화에서가 아니라 공산주의를 굴복시킴으로써 성취되어야 한다"고 주장했다.[217]

같은 날짜로 한국교회가 아이젠하워 대통령에게 보낸 메시지에서도 이런 전투적 반공주의의 입장을 확인할 수 있다.

> 각하의 관후하신 인간성은 '설복될 수 없는 마귀'를 '회개할 줄 아는 선의의 죄인'으로 관대 평가하였습니다. 한국민은 이론이나 정책을 통해서가 아니라 우리 자신의 생명과 바꿔 얻는 체험으로써 공산주의는 '영구히 회개할 수 없는 마귀'임을 증거 할 '산증인'입니다. 이 산증인은 판문점 휴전의 결과가 보다 큰 침략을 초래하여 한국을 파멸케 할 것이며 한국민의 정신적 지주인 기독교를 한국민의 마음속으로부터 탈거하여 갈 것이라는 사실을 주저 없이 각하 앞에 경고하는 바입니다.[218]

(4) 1960년대 이후 한국교회 내의 반공주의

이데올로기 문제는 한국사회만 아니라 한국교회 분열의 원인이 되기

---

217) 앞의 글, 38–39 재인용.
218) 앞의 글, 39 재인용.

도 했다. 해방 후 한국교회는 신사참배문제를 둘러싸고 고려파 장로교회가 분열되고, 이후 신학적 입장의 차이로 또 한 번 분열된다. 하지만 두 번 다 '반공'이 분열을 정당화하는 중요한 이유 가운데 하나였다.

먼저, 해방 후 출옥성도(出獄聖徒)를 중심으로 장로교로부터 분열된 고려파 장로교회는 근본주의 신학의 중심지로 발전해갔다. 고려파 장로교회는 1951년 7월에 있었던 장로교총회에서 국회의원 22명의 명의로 한국의 장로교가 '용공단체'라고 비난하면서 자신들의 분리를 정당화했다.[219]

한국교회는 세계교회협의회(WCC)와의 관계를 둘러싸고 또 한차례 갈등을 겪게 된다. 사실 한국교회는 세계교회협의회 제1차 총회(1948) 때부터 줄곧 대표를 파송하고 있었지만, 교회 내에는 세계교회협의회가 자유주의 신학일 뿐만 아니라 용공적이라고 비판하는 사람들이 있었다. 이들이 세계교회협의회를 용공적이라고 비판했던 이유는 1968년 세계교회협의회 웁살라 총회에서 중공의 유엔 가입을 촉구하고 월남전에 반대했기 때문이다. 분열의 실제적 이유들이 여러 가지였지만 이들이 분열의 명분으로 내세운 것은 반공이었다.

> 통합측에 지금은 용공 신(新)신학자가 없으나, 10년 후에는 용공 신신학이 될 것이니 지금 미리 분열을 단행했다.[220]

이처럼 반공주의는 한국정치계에서는 물론 한국교회 안에서조차 자신들과 이해관계를 달리하는 사람들과 싸우는 데 효과적으로 사용할 수 있는 무기였다. 1970년대 이후 군사정권이 정치적 반대세력을 억압하는 데

---

219) 민경배, 『한국기독교회사』, 465.
220) 앞의 책, 482 재인용.

반공주의 이데올로기를 사용했듯이, 한국교회도 자신들의 분열을 정당화하기 위해 반공주의를 내세웠다.

1970년대 한국교회의 반공주의는 베트남 전쟁에 대한 태도에서도 확인된다. 당시 세계의 언론과 교회, 그리고 미국의 주류 교회들은 명분 없는 베트남전쟁에 대해 반대의 입장을 표현했지만, 한국교회는 베트남 참전을 정당화하고 적극 찬성했다. 한국교회 주요교단 연합단체인 한국기독교연합회(NCC)는 베트남에 파병되는 백마부대를 위한 환송예배를 드렸고(1966년 8월 26일), 전국교회에 장병들을 위한 특별기도를 요청하기도 했다. 한국전쟁에서처럼 공산주의 월맹은 악의 화신이었고, 월남정부와 미국은 평화의 수호자로 이해되었으며, 베트남전쟁은 '선한 싸움'이었다. 한국교회는 이 선한 싸움에 참여하기 위해 떠나는 파월장병들을 공산주의자들의 야욕으로부터 인류를 지키려는 '자유의 십자군'으로 불렀다. 신학적으로 진보적으로 알려진 한국기독교연합회조차 한일국교회담, 3.15부정선거, 그리고 박정희 정권의 3선 개헌과 같은 정치적 사안에 대해서는 날카롭게 비판하면서도 베트남전쟁을 적극 지지한 것을 보면, 한국교회가 신학적 보수나 진보를 가릴 것 없이 반공이데올로기로부터 얼마나 많은 영향을 받고 있었는가를 잘 알 수 있다.[221]

(5) 1980년대 이후 한국교회와 반공주의

한국교회는 신학적 진보와 보수의 차이에도 불구하고 반공주의라는 차원에서는 거의 차이가 없었다. 세계기독교교회협의회의 에큐메니칼적 신학적 입장을 따르는 한국기독교연합회조차도 러시아정교회가 공산주

---

221) 류대영 · 연규홍, 「베트남 전쟁에 대한 한국 개신교의 태도」, 『한국기독교와역사』 21, 2004, 73-101.

의 국가 안에 있는 기독교라는 이유에서 1961년에 세계교회협의회 가입을 거부했으며, 반공을 명분으로 쿠데타를 일으킨 5.16군사혁명을 지지하고, 한국군의 베트남 파병을 적극 지지했다. 심지어 1972년 한국기독교교회협의회(KNCC)는 「7.4남북공동성명에 대한 성명서」에서조차 반공정신을 강조했다. 이 성명서에서 한국기독교교회협의회는 7.4남북공동성명이 남북 간의 긴장완화와 평화통일에 긍정적 효과가 있을 것을 인정했다. 그러면서도 "교회는 진정으로 반공의 자세를 견고히 하고, 앞으로 다가올 대결에 대비하여야 할 것"이며, "성급한 남북대화 때문에 반공적인 여론이 억압되는 경우에는 심히 우려되는 사태가 벌어질 것"이라고 확고한 반공주의적 입장을 재확인하고 있다.[222]

한국교회의 진보적인 그룹을 중심으로 반공주의에 대한 새로운 시각이 생겨나게 된 계기는 군사독재정권에 의해 자신들의 민주화운동과 인권운동이 '용공적'이라고 매도되고 억압되는 상황의 경험이었다. 정부는 대도시 공단지역의 노동자의 인권보호와 선교를 위해 설립되었던 도시산업선교회의 선교활동을 근로자를 선동해서 계급의식과 계급투쟁을 조장하는 행위로 보았다. 그리고 라틴아메리카에서 발전한 해방신학의 한국적 수용이라 할 수 있는 민중신학의 학문활동에 대해서조차 '용공'의 혐의를 씌우고, 1979년 4월에 중앙정보부가 발표한 '크리스찬 아카데미 사건'과 같은 용공조작은 한국교회로 하여금 반공이데올로기의 정치적 이용에 대해 분노하게 만들었다.

이같은 경험 후에 1980년대에 들어서자, 한국교회의 진보진영은 공산주의에 대해 보다 더 객관적인 입장을 견지하게 된다. 1983년에 한국기독교교회협의회(KNCC)에 '통일문제협의회'가 설치되었고, 1985년 3월에

---

222) 강인철, 「한국 개신교 반공주의의 형성과 재생산」, 53 재인용.

모인 제34차 총회에서는 「한국교회 평화통일 선언」을 채택하였다. 1986년 대한예수교장로회(통합측)는 교회신조 가운데 민족통일 문제가 최초로 포함된 「대한예수교장로회 신앙고백서」를 선포하였다. 한국교회는 국내의 정치적 상황을 고려하여 통일논의를 세계교회의 관심사로 만들려고 노력했다. 1984년 일본의 도잔소에서 세계교회협의회가 주최한 '동북아시아의 평화와 정의에 관한 협의회'를 시작으로 하여, 1986년 9월 스위스 글리온에서 남북교회 대표들이 만나 '평화에 대한 기독교적 관심의 성서적 · 신학적 근거'에 관한 세미나를 열게 되었다. 그러한 분위기가 무르익어 마침내 1988년 2월에 한국교회의 통일운동에 획기적인 진전을 가져왔던 「민족의 통일과 평화에 대한 한국기독교회의 선언」이 발표된다. '분단과 증오에 대한 죄책 고백'이라는 부분에서 선언문은 "우리는 갈라진 조국 때문에 같은 피를 나눈 동족을 미워하고 속이고 살인하였고, 그 죄악을 정치와 이념의 이름으로 오히려 정당화하는 이중의 죄를 범하여왔다"는 것을 고백하였다. 그리고 "특히 남한의 그리스도인들은 반공이데올로기를 종교적인 신념처럼 우상화하여 북한 공산정권을 적대시한 나머지 북한동포들과 우리와 이념을 달리하는 동포들을 저주하기까지 한 죄(요일 3:14-15, 4:20-21)를 범했음을 고백"하기까지 했다. 강인철의 평가대로, 이로써 비로소 한국교회는 반공주의와 공개적으로 결별하게 되었다.[223] 물론 이것은 한국교회 가운데 진보적인 신학적 입장을 견지하는 한국기독교교회협의회에 속한 교회에만 해당되는 것이었지만, 그렇더라도 그 사회적 · 신학적 의미는 결코 무시할 수 없는 엄청난 것이었다.

한편, 같은 시기에 한국교회의 보수진영에서는 '북한교회재건운동'[224]

223) 앞의 글, 57.
224) 김중석, 「북한교회재건운동」, 『평화통일과 북한복음화』, 쿰란출판사, 1997, 450-485.

이나 '북한동포돕기운동'[225]과 같은 방식으로 통일문제에 접근하기 시작했다. 물론 이러한 운동은 반공주의 이데올로기에 대한 관점의 변화에 기초한 것은 아니었다. 북한동포돕기운동만 보더라도 북한주민의 인권상황과 빈곤상황을 강조하면서 기독교의 자비를 보여주기 위한 것이었다. 북한사회에 대한 우월적 입장과 시혜적 태도가 여전했다.

친미반공주의와 밀접했던 정치적 보수주의 성향의 한국교회의 입장과 태도는 2000년대에 들어서면서부터 보다 더 공격적인 방식으로 전개되고 있다. 그들은 유신독재 시절에는 정교분리 원칙을 내세우면서 억압적 정치현실에 눈을 감고, 인권운동과 민주화운동에 헌신하던 진보진영의 교회를 향해 비판하다가 이제는 적극적으로 정치행동에 나서고 있다. 그들의 친미반공주의는 대구 유니버시아드대회 때 발생한 인공기 방화사건, 3.1절 시청 앞 집회, 그리고 6.25 국민대회에 공격적으로 표출되었다. 이후 계속되는 기도회나 대중집회를 통해 한국교회는 친미반공주의의 입장을 나타내 보이고 있다. 이들에게 북한은 악의 세력인 반면 미국은 정의의 사자이며 십자군이었다. 따라서 미국을 반대한다는 것은 곧 공산주의를 수용하는 것이며 악을 인정하는 것으로 생각되었다.

3) 정치사회 현실의 변화와 교회의 과제

(1) 정치사회적 현실의 변화와 도전

위에서 살펴본 대로 한국교회의 반공주의는 일제시대 사회주의와의

---

225) 앞의 글, 421–449.

갈등과정에서 생겨났고, 한국전쟁에서 강화되고, 이후 고착화되었다. 한국교회에 있어서 공산주의는 악의 구체적 현실로서 사탄과 같은 존재로 인식되고 있다. 한국교회는 선과 악의 이원론에 기초하여 공산주의는 악이기 때문에 공산주의와의 싸움을 거룩한 전쟁으로 이해한다. 한국전쟁 과정에서 형성된 이러한 '전투적' 반공주의는 지금까지 크게 바뀌지 않고 있다.

물론 한국교회는 일제시대부터 한국전쟁에 이르는 동안 사회주의자들과의 갈등과 대립 과정에서 많은 상처를 받은 것이 사실이다. 그러한 상처는 때로 한국교회로 하여금 이성적으로 사고하고 행동하는 데 어려움을 주기도 한다. 상처가 너무 깊기 때문에 쉽게 공산주의에 대한 객관적 입장을 가지리라 기대하기는 어려울 것이다. 그럼에도 불구하고 우리시대의 정치사회적 현실과 기독교 복음 진리는 전투적 반공주의에 대한 반성을 요청하고 있다. 한국교회가 분단의 고착세력이라는 오해를 벗고, 평화통일에 기여하기 위해서는 내면화된 반공주의에 대한 객관적이고 합리적인 이해가 요청된다.

먼저, 우리의 정치사회적 현실이 바뀌었다. 세계는 이미 오래전에 탈냉전구조의 사회로 발전해가고 있다. 게다가 한국사회 안에서조차 반공주의가 급격히 퇴조하고 있다. 레드 콤플렉스는 전쟁을 경험하지 않은 세대에 의해 서서히 약화되거나 사라지고 있다. 이러한 세계현실과 한국사회 현실의 변화와는 거꾸로 한국교회에는 아직도 냉전적 사고방식이 존재하고, 반공주의는 신성불가침의 영역이 되어 있다.

하지만 기독교의 복음이 가난한 자, 소외된 자에 관심한다는 점에서 사회주의 사상과도 무관하지 않다는 점을 간과해서는 안된다. 실제 19세기에는 유럽에 기독교 사회주의가 등장했으며 일제강점기 한국교회에도 비슷한 정치운동이 있었다. 하지만 이론이 아닌 현실 사회주의, 특히 한국교회가 경험한 현실 공산주의와 기독교 사이에는 함께하기 어려운 점이 많은 것이 사실이다. 북한에서 보게 되는 현실 공산주의의 무신론, 유물론, 혁명이론, 인권문제, 그리고 우상화된 김일성주의와 같은 사상들은 기독교 신앙과 조화를 이루기 어려운 것이 사실이다.

그런데 문제는 공산주의만 아니라 자본주의에도 이와 다르기는 해도 비기독교적인 사상이 나타난다고 하는 점이다. 이데올로기를 비판하고 허위의식을 폭로하는 것이 신앙의 중요 과제 가운데 하나라면, 한국교회는 단지 공산주의만 아니라 자본주의의 이데올로기성과 비기독교적 요소들도 폭로하고 비판할 수 있어야 한다. 자본주의에 나타나는 맘모니즘은 공산주의만큼이나 무신론적이며 물질주의적이다. 신자유주의 시장경제가 기초해 있는 시장만능주의나 무한경쟁 원리 역시 기독교 사상과 조화를 이루기 어렵다.[226] 그럼에도 불구하고 오늘날 한국교회는 자본주의 이데올로기나 삶의 방식에 대해서는 무비판적이다. 심지어 교회가 자본주의 사고방식을 적극 수용하고 있는데 그 대표적인 사례가 1970년대 이후 줄곧 한국교회에 영향력을 미치고 있는 교회성장주의 신학이라 하겠다. 교회성장주의에는 물질주의(혹은 물량주의)와 자본주의식 무한경쟁, 그리고 확장의 논리가 고스란히 내포되어 있다.

(2) 이데올로기와 기독교 복음

위에서 살펴본 것처럼 한국교회는 역사 속에서 사회주의와 갈등했고 한국전쟁을 전후해서는 현실 공산주의자들로부터 억압과 착취를 받았음이 사실이다. 물론 공산주의자들은 그러한 억압적 행위가 과거 한국교회

---

226) 조용훈, 『지구화시대의 기독교』, 대한기독교서회, 1999, 47-53.

가 보여준 친미 제국주의적 행위에 따르는 사필귀정이라고 말한다. 이러한 주장에 대한 역사적 평가는 또 다른 연구가 필요한 일이지만, 한국교회가 현실 공산주의 아래에서 억압과 핍박을 받았다는 사실은 한국전쟁을 전후한 월남 기독교인의 증언을 통해서도 확인할 수 있다.

그럼에도 불구하고 기독교는 사랑과 용서의 종교임을 잊어서는 안 된다. 예수님께서는 자신을 십자가에 못 박는 원수들을 위해 기도하셨다. 산상수훈에서 예수님은 "너희 원수를 사랑하고, 너희를 박해하는 사람을 위하여 기도하여라"고 가르치셨다(마 5:44). 기독교가 자신들이 과거에 받았던 상처를 잊지 못하고 용서와 화해를 거부할 뿐만 아니라 복수를 다짐한다면 그것은 예수님의 가르침에 어긋나는 일이다. 한국전쟁 말기에 기독교가 앞장서서 휴전을 반대하고 멸공통일에 앞장섰던 경험은 기독교가 추구하는 평화와 사랑의 정신과 조화를 이룬다고 볼 수 없다.

한편, 기독교의 가르침은 섬김과 봉사의 행동을 강조한다. 예수 그리스도는 하나님의 나라에 대한 복음을 전하시면서 동시에 가난한 자와 소외된 자의 친구가 되셨고, 병든 사람들을 치유하시며, 귀신들을 쫓아내셨다. 예수님은 자신의 삶이 봉사와 섬김을 위한 삶이라고 말씀하셨다.

> 인자는 섬김을 받으러 온 것이 아니라 섬기러 왔으며, 많은 사람을 구원하기 위하여 치를 몸값으로 자기 목숨을 내주러 왔다(막 10:45).

동서독의 통일에 중요한 역할을 했던 독일교회에 대한 연구들은 한결같이 서독의 교회가 동독교회와 동독사회를 섬기는 자세를 가졌음을 보여주고 있다.[227] 섬김의 태도가 아니라면 아무리 정치적 통일을 이루어도

---

227) 주도홍, 『독일 통일에 기여한 독일 교회 이야기』, 기독교문서선교회, 1999.

'사회적 통합'의 단계까지는 이를 수 없다는 점도 보여주고 있다. 서독의 교회들은 통일 직전까지 동독교회의 건축과 보수 비용을 부담하고 목사들의 월급 일부를 지원했다. 서독교회는 동독교회만 아니라 동독교회에서 운영하는 각종 사회복지시설(유치원, 양로원, 요양원 등)을 재정적으로 지원했다. 지원품목도 생활필수품만 아니라 의류, 커피, 양모, 의약품, 의료기기까지 다양했다. 자료를 보면, 서독 정부가 공식적 루트를 통해 지원한 금액(2001년 기준 약 17조 8,000억 원)보다 많은 액수를 민간단체, 그 대부분을 서독교회가 지원했음(약 44조 9,000억 원)을 알 수 있다.[228] 한국교회에서 1993년부터 복음주의 기독교인들이 주축이 되어 시작한 '남북나눔운동'은 비록 이데올로기적 경직성에도 불구하고 이러한 섬김의 정신을 보여주고 있다는 점에서 긍정적으로 평가할 수 있다.

마지막으로, 기독교 복음은 그리스도인과 교회로 하여금 평화의 사도가 될 것을 요구한다. 예수님의 사역의 목적은 하나님과 인간, 인간과 인간, 그리고 인간과 자연 사이에 존재하는 갈등과 분열을 화해시키고 치유하기 위함이었다. 그분은 십자가로 서로 간에 막힌 담을 허시고 서로 원수된 관계를 화해시키셨을 뿐만 아니라, 우리에게 '화목하게 하는 직분과 화목하게 하는 말씀'을 주셨다(고후 5:18-19). 산상수훈에서 예수님은 화평케 하는 자가 '하나님의 아들'이라 불리는 복을 받을 것이라 약속하셨다(마 5:9).

---

228) 〈국민일보〉, 2014년 3월 25일자.

4) 맺는 말

우리 사회는 지금도 진보와 보수로 나뉘어 갈등과 분열의 고통 속에 있다. 반공주의는 우리나라 정치의 국시로서 정치사회적 차원에서 진보와 보수로 나뉘는 분기점이 되어 있다. 오랜 분단 상황 속에서 굳어진 냉전적 사고는 흑백논리에 기초한 선악 이분법적 사고방식으로서, 우리 사회에서 발생하는 수많은 갈등과 분열의 원인이 되고 있다. 권력자들은 정치적 반대세력을 용공으로 매도하며 억압을 정당화했다. 인권과 민주주의도 반공주의 앞에서는 제한되기 일쑤였다.

그런데 이보다 더 심각한 문제는 한국교회 역시 냉전적 사고를 극복하지 못하고 있다는 점이다. 한국교회의 교권주의자들은 자신의 정치적 욕망을 위해 교회를 분열시키면서도 그 원인을 반공주의에서 찾았다. 게다가 신학적 보수와 진보를 가리지 않고 반공주의에 대해서는 일치하고 있다. 이런 현실에서 한국교회가 미래의 통일한국과 사회통합에 기여하기란 쉬운 일이 아니다. 한국교회의 반공주의에 대한 새로운 이해와 태도의 변화야말로 통일한국을 달성하고, 한국사회의 남남갈등을 극복하며, 이데올로기 문제로 갈등하는 한국교회의 화해와 통합에도 기여하게 될 것이다.

II

학문과 윤리

1.
연구(자)윤리와 기독교[*]

1) 서론

과학기술, 특히 인간의 생명과 밀접히 관련된 생명공학이나 의학 분야에서의 연구윤리는 학문의 발전은 물론 인간의 존엄성을 위해서도 중요한 과제다. 2005년에 일어난 우리나라 저명한 생명공학자의 연구부정 사건은 과학 연구에서 윤리의 중요성을 환기시켜주었다. 그 밖에 대학총장이나 국가 중요기관장 임명과정에서 연구표절 문제가 불거져 낙마한 사례들은 우리나라 학계에 연구윤리의식의 부재가 얼마나 심각한지 잘 보여주고 있다. 교수평가에서 성과중심주의가 강화되고, 제한된 연구비를 놓고 연구자 간의 경쟁이 심화되면서 연구 과정이나 결과물의 발표 과정에서 부정직한 행위에 대한 유혹도 커지고 있다. 과학의 역사 속에 나타난 연구부정 사례는 우리가 상상하는 것보다 훨씬 많으며, 최근 들어 그 숫자는 급속히 늘어나고 있다.[1] 우리나라에서 발생한 연구부정 사건에

---

* 이 글은 「연구윤리의 방법론에 대한 기독교윤리적 고찰」이라는 제목으로 『신학사상』 141, 2008, 277-300에 실린 글을 약간 수정했다.

1) 윌리엄 브로드 · 니콜라스 웨이드, 김동광 역, 『진실을 배반한 과학자들』, 미래 M&B, 2007; 하

관해서는 아직 자세한 연구 보고서가 없어 정확한 수치를 알 수 없으나 예외는 아닐 것으로 추정할 수 있다.

연구윤리가 사회적으로 중요한 이유는 연구에서의 부정과 기만행위가 진리에 대한 배신일 뿐만 아니라, 과학에 대한 사회적 불신과 과학자 사이의 불신을 증가시켜 학문 발전에 치명적인 결과를 가져오기 때문이다. 과학이란 본래 과학자들 사이의 신뢰관계에 기초해서만 발전할 수 있다는 점에서 연구의 부정행위는 연구자 개인의 문제만 아니라 사회와 과학계 전체의 문제다.[2] 그리고 국가 연구비의 상당 부분이 국민의 세금이기 때문에 연구의 부정행위는 결국 국가와 국민에 대한 범죄행위가 된다.[3] 이런 배경에서 연구 과정 및 결과에 나타나는 기만과 부정행위는 학문적으로는 물론 사회적으로도 심각히 다루어야 할 문제라 하겠다.

그 외에도 우리가 연구윤리에 학문적 관심을 기울여야 할 이유는 다음과 같다.

첫째, 모든 학문적 연구는 가치중립적이지 않기 때문이다. 연구에서 무엇이 가치 있는 것이며 의미 있는 것인지를 결정하는 것은 윤리적 가치판단의 문제에 속한다.

둘째, 모든 연구는 연구자 자신과 무관하지 않기 때문이다. 연구 과정은 연구자 개인의 편견이나 선입관 같은 비합리적인 요인들에 의해서 영향을 받기 마련이다.[4] 연구동기도 연구자의 순수한 지적 호기심만이 아니라 때로는 명예나 금전, 혹은 권력에 대한 욕심에서 이루어질 수 있다.

인리히 창클, 김현정 역,『지식의 사기꾼』, 시아출판사, 2006; 하인리히 창클, 도복선 · 김현정 역,『과학의 사기꾼』, 시아출판사, 2006.

2) J. 브로노프스키, 임경순 역,『과학과 인간의 미래』, 대원사, 1997, 273

3) Robert Bell, *Impure Science. Fraud, Compromise and Political Influence in Scientific Research*, New York: John Wiley & Sons Inc, 1992, 265.

4) 윌리엄 브로드 · 니콜라스 웨이드,『진실을 배반한 과학자들』, 11.

과학자의 연구 동기나 욕망을 무시한 채 연구 과정에만 관심할 때 문제가 발생할 수 있다.

셋째, 현대 과학의 연구 환경은 개인연구와 집단연구 사이를 구분할 수 없을 정도로 얽혀 있어서 윤리적 책임 소재가 불분명해지고 있기 때문이다. 연구프로젝트의 규모가 커질수록 다수의 연구원이 참여하는 공동 연구형태에서는 책임문제가 복잡하다.

넷째, 연구의 전문성으로 인해서 제3자가 오류를 발견하고 해결책을 제시하기는 어렵기 때문이다. 전문연구의 경우 연구자의 양심이나 동료 연구자의 제보에 의해서만 부정행위가 드러날 수 있는데, 우리 사회의 권위주의적이고 위계적인 연구실 문화로 인해 그럴 가능성은 희박하다. 이런 여러 가지 이유들로 인해 연구 부정행위를 막고 정직한 연구문화를 통해 학문의 발전을 가져올 수 있는 연구윤리의 정착이 시급하다.

일찍이 학문세계에서 일어나는 기만행위에 대해 체계적인 연구를 한 사람은 영국의 수학자 찰스 배비지(C. Babbage)였다. 그는 1830년에 발표된 「영국 학술의 몰락에 관한 고찰들」이란 글에서 학문 연구에서 자주 일어나는 위조(forging), 결과 과장(cooking), 그리고 데이터 조작(trimming)의 윤리적 문제를 제기했다.[5] 미국의 경우 1980년을 전후하여 여러 건의 연구 부정행위 사례가 보고되면서 사회적 관심사가 되었다.[6] 이것이 1981년에 미 하원 과학기술위원회가 부정행위에 대한 청문회를 개최하게 되고, 1985년에는 보건연구부속법을 제정하는 계기로까지 발전했다. 미국 국립보건원(NIH)의 재정지원을 받는 연구과제의 부정행위를 감독하는 과학윤리국(ORI)이 1993 – 1997년 사이에 약 1,000건의 부정행위 고발사례를 접수했는데, 조사한 150건 가운데 절반가량에서 실제 부정행위가 있

---

5)   하인리히 창클, 『지식의 사기꾼』, 6–9.

6)   윌리엄 브로드 · 니콜라스 웨이드, 『진실을 배반한 과학자들』, 17–23, 55–85.

었던 것으로 판명되었다.[7] 독일에서는 1990년대 후반 유전자 치료와 암 연구에서 두각을 나타냈던 분자생물학자 헤르만(F. Herrmann)과 브라흐(M. Brach)가 공동 저술한 37편의 논문에서 광범위한 데이터 조작이 있었음이 밝혀졌다. 그 결과 막스플랑크협회(MPG)는 연구 부정행위에 대한 내부규정을 만들게 된다. 우리나라에서는 2005년 생명공학자 황우석 교수의 연구부정사건이 계기가 되어 연구윤리에 대한 사회적 논의가 활발하게 되었다.

하지만 유감스럽게도 일반학계의 이런 노력에도 불구하고 아직 기독교학계에서는 이 주제에 대한 이렇다 할 연구가 없는 실정이다. 신학자의 학문 연구에서 논문표절과 같은 부정행위가 발생할 수 있고, 목회자의 설교에서도 도용문제가 제기되는 현실에서 연구윤리 일반에 대한 신학적 연구는 반드시 필요한 과제라 판단된다. 이러한 문제인식에서 출발하는 이 논문은 과학자의 연구 과정에서 생겨나는 제반 윤리적 이슈들을 분석하고, 연구윤리의 방법론적 특성에 대해 기독교윤리학적 입장에서 살펴볼 것이다.

2) 연구윤리의 이슈와 쟁점

(1) 연구 과정에서 생기는 윤리문제

연구 과정에서 생길 수 있는 윤리문제로는 과학적 기만행위(fraud)나 부도덕 행위(misconduct)를 들 수 있다. 미국공공보건국(U.S. PHS)은 연구의 기

---

7) 앨리슨 애버트, 「과학에서의 기만행위가 주는 교훈」, 유네스코한국위원회 편, 『과학 연구윤리』, 당대, 2001, 299.

만 혹은 부도덕 행위를 '변조, 날조, 표절은 물론 연구를 제안하고 수행하고 보고하는 과정에서 과학자 사회 내에서 통상적으로 받아들여지는 것으로부터 심각하게 빗나가는 여타의 실행들'이라고 규정한다.[8] 일반적으로 표절(plagiarism)이란 이미 발표된 다른 사람의 아이디어나 논리, 고유용어, 데이터, 분석체계의 출처를 밝히지 않은 채 임의로 사용하는 일이다. 날조(fabrication)란 데이터나 실험 결과를 거짓으로 만들어내는 행위다. 변조(falsification)란 실험 방법에서 데이터 분석까지 실험의 여러 측면들 중 일부를 의도적으로 조작해 그 결과를 왜곡하는 행위를 가리킨다.

(2) 연구 대상과 관련한 윤리문제

① 인간을 대상으로 한 연구의 경우

의학이나 생명공학의 발전에 따라 사람을 대상으로 하는 연구가 점점 많아지면서 인간 생명이 과학자들의 지적 호기심이나 금전적 욕망(연구비), 혹은 명예심(각종 학술상)을 충족시키기 위한 수단으로 전락할 위험성이 생기고 있다. 이러한 위험성은 과학에서 출세주의가 만연하고, 학자들 간에 경쟁이 심화될수록 더 커질 것이다. 한스 요나스((H. Jonas)의 우려처럼, "원칙적으로 인간을 대상으로 한 실험은 — 적어도 우리는 그렇게 느낀다 — 토끼와는 다른 식으로 행해져야 한다. 그러나 인간을 마치 토끼처럼 다루는 실험에 대한 요구는 거세지고 있다."[9] 요나스가 인체실험을 비판했던 이유는 실험이 피험자를 잠깐이나마 사물화(事物化)하여 인간을 목적이 아닌 수단으로 삼을 뿐만 아니라, 허구적인 '경우'나 '사례'로 축소시키기

---

8) Francis L. Macrina, "Scientific Integrity", 동저자, *Scientific Integrity: An Introductory Text with Cases*, ASM Press, 1995, 3–4.

9) 한스 요나스, 이유택 역, 『기술 의학 윤리』, 솔, 2005, 107.

때문이다. 피험자는 자기와 무관한 목적을 위해 고통을 받을 수 있다.[10]

인체실험과 관련한 보다 체계적인 윤리적 논의는 제2차 세계대전 중 독일의 나치 의사들에 의해 수행된 인체실험 때문에 생겨났다. 나치 의사들은 정치적 목적을 이루기 위해 무고한 시민이나 투옥된 정치범, 그리고 유대인들을 대상으로 인체실험을 시도했다. 전쟁이 끝난 후 뉘른베르크재판이 열렸고,[11] 이른바 「뉘른베르크 강령」(1947)이 선포되었다. 뉘른베르크 강령의 중요 내용으로는 과학적 목적만이 의학 연구의 동기가 되어야 하며, 피험자의 자발적 동의와 그만둘 권리가 보장되어야 하고, 피험자의 건강과 복지가 보호되어야 하며, 적절한 시설에서 자격있는 연구자에 의해 연구가 수행되어야 한다는 것 등이다. 인체를 대상으로 하는 실험에 대한 윤리논쟁에서 핵심은 피험자의 자율성을 강조했다는 점이다.[12]

1950년대 유럽에서는 임산부들이 복용한 탈리도마이드(Thalidomide) 때문에 약 1만여 명의 신생아가 팔다리의 기형으로 태어나는 사건이 있었는데, 이것이 연구윤리를 강화하는 계기가 되었다. 왜냐하면 안전성에 대한 사전 연구 없이 시판되는 신약이 얼마나 위험한지를 공감하게 되었기 때문이다.[13]

이후 세계의사협회(WMA)는 「헬싱키선언」(1964)을 통해 좀 더 체계적인 의학 연구윤리를 제시했다. 이 선언은 1975년, 1983년, 1989년, 1996년

---

10) 앞의 책, 108–109.

11) 1946년 10월부터 다음해 8월까지 열린 전범재판에서 23명의 피고 중 20명이 의사면허를 가지고 있었고, 이들 중 15명이 유죄판결을 받았다.

12) Robert M. Veatch, "From Nuremberg: Through the 1990s: the Priority of Autonomy", Harold Y. Vanderpool (ed.), *The Ethics of Research Involving Human Subjects: Facing the 21st Century*, University Publishing Group, 1996, 45–58.

13) 권복규 · 김현철, 『생명윤리와 법』, 이화여자대학교출판부, 2005, 136.

모두 네 차례에 걸쳐 개정되었는데, 핵심 내용은 다음과 같다.[14]

인체를 이용한 의학 연구에 있어서 피험자의 복지에 대한 고려가 과학적·사회적 이익보다 우선시되어야 한다. 피험자 스스로 동의서를 승인 또는 거부할 능력이 없거나 강제된 상황에서 동의했을 가능성이 있는지 확인해야 한다. 연구자들은 인체를 이용한 연구를 할 때 국제적 요구 기준과 더불어 국내의 윤리적·법적 요구와 규제 사항을 숙지하고 있어야 한다. 그 어떤 국가의 윤리적·법적 요구와 규제 사항도 피험자의 보호를 위해 이 선언문에서 제시한 사항을 축소하거나 배제할 수 없다.

한편, 미국에서는 1932년부터 1972년까지 보건부에서 시행한 매독 연구에서 피험자를 기만한 일이 밝혀지면서, 연방정부 차원의 「벨몬트보고서」(1979)가 제정되었다. 이 보고서는 인체를 대상으로 한 연구에서 '인간존중', '선행' 그리고 '정의'의 세 가지 원칙 간의 균형과 조화를 강조했다. 여기서 '인간존중의 원칙'이란 피험자가 자율적 존재로서 인정받아야 한다는 것이다. '선행의 원칙'이란 위험을 최소화하는 반면에 이득을 극대화하는 연구가 되어야 함을 강조한다. '정의의 원칙'이란 연구에서 얻는 이득과 피해가 고르게 배분되어야 함을 말한다.[15]

인간을 대상으로 한 실험이 과학이나 의학 분야에만 해당되는 것은 아니다. 심리학과 같은 사회과학에도 해당되는데, 이때 일반적으로 통용되

---

14) Paul S. Swerdlow, "Use of Humans in Biomedical Experimentation", Francis L. Macrina, *Scientific Integrity: An Introductory Text with Cases,* ASM Press, 1995, 156–160.

15) Finbarr W. O'connor, "The Ethical Demands of the Belmont Report", Carl B. Klockars and Finbarr W. O'connor (ed.), *Deviance and Decency: The Ethics of Research with Human Subjects,* Sage Publication, 1979, 225–258.

는 연구 규정은 다음과 같다.[16]

첫째, '자발적 참여의 원칙'으로 실험에 참여하는 사람이 어떠한 경우에도 강요를 받아선 안 된다. 특히, 죽어가는 병원 환자나 교도소 수감자와 같은 취약한 사람들이 무언의 압력을 받을 수 있다는 점이 충분히 고려되어야 한다.

둘째, '정보제공의 원칙'으로 피험자는 실험과 관련된 충분한 정보를 제공받아야 한다. 실험자는 실험의 목적과 방법, 예견되는 이익, 실험 결과가 가져다줄 심리적 · 신체적 손상의 위험성에 대해 피험자가 알아듣기 쉽게 설명해야 한다.

셋째, '고통최소화의 원칙'으로 실험 과정에서 불필요한 스트레스나 고통을 최소화해야 한다. 연구자가 실험과 관련된 사항들을 충분히 숙지하고 있으면 불필요한 시행착오를 줄일 수 있다.

마지막으로, 실험을 통해 얻게 될 이익이 손실보다 커야 한다. 피험자에 대한 배려가 과학의 발전이나 사회의 이익보다 우선되어야 한다. 모든 인간은 그 자체로 목적이므로 어떠한 경우에도 수단으로 전락되어서는 안 된다.

② 동물을 대상으로 한 연구의 경우

의학과 과학 연구에서 사람을 직접적 실험 대상으로 삼을 수 없는 경우가 많기 때문에 실험동물을 이용한 연구가 광범위하게 이루어진다. 정확한 통계는 아니지만 우리나라에서만 매년 동물실험에 희생되는 동물이 대략 400-500만 마리로 추정된다.[17] 그럼에도 불구하고 동물실험 관리가 법과 제도의 사각지대에 있어서 실험과정에서 동물에 대한 비윤리

16) Robinson, G. M./Moulton, J., *Ethical Problems in Higher Education*, Prentice Hall, 1985, 53-57.
17) 김진석, 「동물이용 연구윤리」, 유네스코한국위원회 편, 『과학 연구윤리』, 당대, 2001, 130.

적 행위가 자행되고 있다.

우리가 실험동물에 대한 윤리적 고려를 해야 하는 이유는 동물 역시 고통을 느낄 수 있는 존재이기 때문이다. 동물실험에서 사용되는 원숭이와 같은 영장류는 다른 동물보다 사회성과 감성, 지성이 훨씬 발달해서 더 심한 고통을 느낄 수 있다고 한다. 피터 싱어(P. Singer)같은 학자는 동물의 고통을 고려하지 않는 행위를 인종차별이나 성차별과 동일한 형태의 '종차별(speciesism)'적 행위라고 비판했다.[18] 싱어는 여기서 더 나아가 파올라 까발리에리(P. Cavalieri)와 더불어 3대 유인원인 고릴라, 침팬지, 오랑우탄의 생명권을 옹호하는 '대 유인원 프로젝트(Great Ape Project)'를 추진하기까지 했다. 물론 동물의 권리를 인간의 권리와 동등한 법적 권리로 인정해야 할 것인가 하는 물음은 여전히 논란 중이다.[19] 게다가 현실적으로 동물실험이 불가피한데, 다만 이때에 쟁점이 되는 것은 어떻게 적절한 윤리 기준과 취급 절차를 통해 실험동물의 복지를 최대화할 것인가 하는 점이다.

동물실험과 관련해서 국제적으로 통용되는 일반적 윤리지침은 1959년 러셀(W. M. S. Russel)과 버치(R. L. Birch)가 제안한 '3R 원칙'이다.[20]

첫째, '대치(Replacement) 원칙'으로 실험 시 고등동물은 그보다 하등동물로 대치되어야 한다. 왜냐하면 고등동물이 느끼는 고통이 하등동물보다 훨씬 크기 때문이다. 생쥐를 이용할 수 있는데 굳이 개를 이용해서는 안 되고, 세포배양을 해도 되는데 굳이 생쥐를 이용해서는 안 된다.

둘째, '축소(Reduction) 원칙'으로 사용되는 실험동물의 숫자를 가급적 줄

---

18) 피터 싱어, 김성한 역, 『동물해방』, 인간사랑, 1999, 33–66.

19) 김형민, 「인간학에 도전하는 동물학: 대 유인원 프로젝트에 대한 비판적 고찰」, 한국기독교사회윤리학회 편, 『기독교사회윤리』13, 2007, 91–119.

20) Bruce A. Fuchs, "Use of Animals in Biomedical Experimentation", Francis L. Macrina, *Scientific Integrity: An Introductory Text with Cases*, ASM Press, 1995, 120–121.

여야 한다. 무조건 많은 수의 실험을 해야 정확한 실험결과를 얻을 수 있는 것이 아니기 때문이다. 불필요한 낭비를 줄이기 위해 실험 전에 통계 전문가의 자문이 필요하다.

셋째, '정교화(Refinement) 원칙'으로서 실험방법을 정교화함으로써 실험 동물의 불필요한 고통을 없애야 한다. 실험동물에 맞는 마취법과 적당한 양의 마취제 사용이 요청된다. 그리고 반드시 훈련된 요원이 실험을 하도록 함으로써 동물의 복지도 고려하면서 실험목적을 성취하도록 해야 한다.

이 외에도 미국과 유럽 국가들은 동물실험에 대해 윤리지침을 제시하고 있는데, 그 내용은 다음과 같다.[21]

> 모든 실험동물에게 적절한 주거, 이동 공간, 사료, 물 등 그들의 복지와 건강에 필요한 보살핌을 제공해야 한다. 실험동물의 상태는 자격자에 의해 매일, 혹은 수시로 검사를 받아야 한다. 실험은 적절한 자격과 훈련받은 사람에 의해서만 수행되어야 한다. 동물실험은 다른 방법으로 원하는 결과를 얻을 수 없다고 생각될 때에만 수행되어야 한다. 불필요한 고통이나 스트레스를 주지 말도록 실험 방법과 과정을 적절히 구성해야 한다.

미국에서는 동물실험과 관련한 제도적 장치로서 '실험실동물복지법'(LAWA, 1966)과 '동물복지법'(AWA, 1970)에 따라 동물이용위원회가 6개월에 한 번씩 연구기관과 연구자를 감독하거나 제재를 가한다. 독일에서도 '동물보호법'(1972)을 마련해서 실험동물의 보호에 대한 가이드라인을 제시하고 있다. 특히, 척추동물 실험을 위해서는 실험계획에 대한 사전 허

---

21) 권복규·김현철, 『생명 윤리와 법』, 187-188.

가를 받도록 규정하고 있다. 막스프랑크협회(MPG)는 독자적으로 동물실험과 관련한 내부규정(1997)을 마련해서 운영하고 있다.

우리나라에서도 2002년에 '실험동물법'이 발의되어 2008년 공포되었다. 법안의 핵심 내용은 두 가지인데, 하나는 실험동물의 복지이며, 다른 하나는 이를 감시할 수 있는 '동물실험윤리위원회'를 설치하는 것이다. 동물실험의 복지와 관련해서는 동물실험을 대체할 수 있는 방법을 찾고, 만약 동물실험을 하더라도 실험 중 고통을 유발할 가능성이 있는 경우에는 진통제나 마취제를 사용해서 실험동물의 고통을 최소화해야 한다. 동물실험을 한 뒤 실험동물의 상태를 확인해서 회복될 수 없거나 지속적인 고통을 받으며 살아야 할 것으로 판단될 때는 안락사 시키도록 규정하고 있다. 국립독성연구원이 2005년 조사한 결과를 보면, 국내 연구기관 가운데 동물실험위원회를 둔 곳은 전체의 20%가량에 지나지 않아 동물실험에 따른 윤리문제를 해결하기 이해서는 이러한 제도적인 노력이 보다 더 강화되어야 할 필요가 있어 보인다.[22]

(3) 연구 결과와 관련해서 생기는 윤리문제

학문의 연구 결과와 관련해서 생겨나는 윤리문제는 크게 세 가지다.

첫째, 연구 결과의 과장이다. 연구자들은 자신의 개인적 목적이나 이해관계 때문에 연구 결과를 실제보다 지나치게 과장하는 경우가 있다. 그러한 유혹은 연구자만이 아니라 연구비를 지원한 정부기관이나 기업체도 마찬가지다. 왜냐하면, 이들은 연구비 지원의 정당성을 확보해야 하기 때문이다. 게다가 핫 이슈를 찾는 언론은 종종 연구 결과를 부풀리

---

22) "동물실험, 300만 학살의 현장", 〈한겨레21〉 598, 2006년 2월 21일자.

기도 한다. 그래서 연구 결과의 과장은 연구자 개인과 국가기관, 그리고 언론의 합작품인 경우가 많다.

둘째, 연구 결과를 배분하는 과정에서 생기는 공평성의 문제다. 과학계에는 실제 연구에는 참여하지 않았지만, 연구비 수주에 도움을 준 사람이나 동료나 선임교수들을 공저자로 넣어주는 관행이 있다. 특히, 학생들이 연구자인 경우 예의로 연구와 무관한 지도교수의 이름을 넣어주는 경우가 많다. 연구 결과가 공평하게 배분되기 위해서는 연구에 참여한 사람들에게 정의로운 보상이 이루어져야 하며, 책임 역시 공평하게 분배되어야 한다. 실험실을 운영하는 과정에서 책임연구교수와 공동연구원, 그리고 연구보조원 사이에 각각의 역할과 책임에 따라 공평한 보상이 이루어져야 한다.

셋째, 연구 결과의 사회적 영향이다. 물론 연구자에게 연구의 모든 결과들을 다 예측하라고 요구하는 것은 부당하며 비현실적이다. 실험실에서 진행된 연구의 결과는 연구자의 의도와는 상관없이 선하게 이용될 수도 있고 악하게 이용될 수도 있다. 그럼에도 불구하고 연구자는 자신의 연구 결과가 공익에 부합하는지, 자연환경에 어떤 악영향을 미치는지 고려할 책임이 있다. 한스 요나스(H. Jonas)가 옳게 지적한 것처럼, 오늘날 기술적 효용가치를 지니지 않는 자연과학 분야는 우주론을 제외하면 더 이상 존재치 않기 때문이다.[23] 과학적 연구와 기술적 응용 사이의 상호 연관성이 커지고 있는 가운데, 기술은 과학의 방향을 결정짓고, 과학은 기술을 사용하게 된다. 과학 연구에 필요한 재정을 외부에서 연구기금 형태로 조달하고 있다는 점도 과학이 사회와 무관치 않은 이유다. 연구비 신청서를 판단하는 중요한 요소는 기술적·경제적 이용 가치에 있다. 또

---

23) 한스 요나스, 『기술 의학 윤리』, 93-97.

한 과학적 실험의 무해성(無害性) 주장도 설득력이 약하다. 사실 모든 실험은 그 부작용을 정확히 예측하기가 곤란한데, 원폭실험이나 생명체 실험이 대표적인 사례라 할 수 있다. 연구자는 자신의 연구 결과가 인간과 사회, 그리고 자연세계에 심각한 위해가 될 것이라는 판단이 설 때에는 실험을 거부하거나 중지할 의무가 있다.

3) 연구윤리의 방법론적 특성과 기독교윤리적 과제

(1) 덕윤리로서의 연구윤리: 연구자의 정직성

덕윤리(virtue ethics)란 아리스토텔레스에게서 시작되어 중세 기독교와 결합되면서 더욱 발전한 전통적 윤리 가운데 하나다. 덕윤리는 행위 자체보다는 행위자에 초점을 둔다. 덕윤리에서 윤리적 삶이란 행위의 문제가 아니라 행위자의 존재 문제다. '어떤 행위를 해야 하는가?'하는 물음에 앞서 우리가 '어떤 종류의 인간이며 어떤 종류의 인간이 되어야 마땅한가?'를 묻는다. 그래서 행위자의 성격유형, 생활방식, 동기, 인간됨의 질, 그리고 근본적 성향과 같은 요소들이 논의의 핵심이 된다. 연구윤리에 대한 덕윤리적 접근이 중요한 이유는 제도와 법만으로는 모든 기만행위들을 막을 수가 없으며, 규제 방법도 사후규제보다는 사전예방이 훨씬 더 효과적이기 때문이다.

덕윤리적 연구윤리의 핵심 과제는 연구자의 '지적 정직성(integrity)'이다. 지적 정직성이란 연구에서 절차적 투명성과 내용적 정직성을 포괄하는 개념이다.[24] 과학 연구 분야의 특성상 연구 과정이나 결과에 대한 검증이 쉽지 않기 때문에, 연구자의 지적 정직성 문제는 아주 중요하다. 또한 과학이란 신뢰에 기초해서 발전하는 학문이기 때문에 연구자의 지적 정직성이 없이는 과학의 발전을 기대하기 어렵다. 하지만 오늘날 과학은 연구자들에게 명성과 권력, 그리고 막대한 물질적 이득을 보장하는 '승자독점의 원칙'이 적용되는 영역이기 때문에 그만큼 연구 부정에 대한 유혹도 커지고 있다.

연구자가 부정이나 기만행위를 하는 것은 진리에 대한 범죄다.[25] 연구는 진리의 발견을 위한 적절한 규칙에 따라 양심적으로 수행되어야 하며, 그 과정에서 어떠한 성급한 결론도 내려서는 안 된다. 한스 요나스는 연구자에게 요청되는 도덕적 정언명령(imperative)은 곧 방법론적 객관성이라고 말한다.

> 너 자신의 개인적인 가치관 혹은 성향을 대상의 연구로부터 분리시켜라. 그리고 네가 원하는 방식이 아니라 있는 그대로의 대상을 보도록 하라. 또한 파당을 떠나 중립적 관찰자로 남도록 하라.[26]

절차적 투명성과 관련해서는 헬싱키선언에서 밝힌 것처럼, 모든 연구는 일반적으로 인정되는 과학적 원칙에 따라야 하며, 제대로 수행된 실험실 및 동물실험과 철저한 과학적 문헌자료의 지식에 바탕을 두어야 한다. 인체실험의 설계와 진행은 명확히 정의된 실험규정(protocol)에 따라야 한다. 연구자는 연구수행 관리, 논문발표, 연구 결과의 사회적 영향 평

---

24) 과학기술정책연구원, 「연구윤리의 쟁점과 과제」, 『혁신정책』 9, 2006년 1월, 7.

25) Robinson, G · M./Moulton, J., *Ethical Problems in Higher Education*, 67.

26) 한스 요나스, 『기술 의학 윤리』, 78.

가, 연구원 교육, 실험노트 확인에 대해 전적으로 책임져야 한다. 특히
연구책임자의 경우에 연구계획서의 작성, 연구 내용 및 수행 방법의 결
정, 참여 연구원 선정, 연구비 사용, 참여 연구원의 평가 및 인센티브 배
분 결정에서 지적 정직성을 지녀야 한다.

레스닉(D. Resnik)은 연구자가 지녀야 할 성품으로 12개의 윤리적 덕목
을 제시한다.[27]

> 연구 과정의 모든 측면에서 객관적이고 비편향적인 정직성(honesty). 실
> 험적·방법론적·인간적 오류를 최소화하는 조심성(carefulness). 다른 사람
> 의 비판과 새로운 아이디어에 대한 개방성(openness). 비판할 수 있는 자유
> (freedom). 책임 있는 연구에 대한 보상으로서 명성(credit). 예비과학자들을
> 교육시키고, 그들이 좋은 과학을 수행할 방법을 가르치는 교육(education).
> 사회에 대한 해악을 피하고 공익을 창출하도록 노력하는 사회적 책임
> (social responsibility). 연구에 적용되는 법을 준수할 의무인 합법성(legality). 연
> 구자가 자원을 사용하거나 직업에서 승진할 기회가 보장되어야 할 기회
> (opportunity). 동료 연구자에 대한 상호존중(mutual respect). 자원을 효율적으
> 로 사용하는 효율성(efficiency). 실험 대상에 대한 존중(respect for subjects).

기독교윤리는 올바른 도덕적 행위 이전에 인간 성품의 변화를 강조한
다는 점에서 덕윤리적 특징을 지닌다고 할 수 있다. 예수님은 "좋은 나
무는 좋은 열매를 맺고, 나쁜 나무는 나쁜 열매를 맺는다. 좋은 나무가
나쁜 열매를 맺을 수 없고, 나쁜 나무가 좋은 열매를 맺을 수 없다."(마
7:17-18)고 말씀하셨다. 사람의 본성이 변화되지 않은 상태에서 윤리성을

---

27) 김환석, 「과학기술 시대의 연구윤리」, 유네스코한국위원회 편, 『과학 연구윤리』, 당대, 2001,
27-33.

강조할수록 그것이 사람을 더 위선자로 만들 위험이 있다는 것을 율법주의 윤리에서 확인할 수 있다.

덕윤리로서의 연구윤리에 대한 기독교윤리학적 과제는 우선 기독인 연구자의 윤리적 탁월성을 추구하는 데 있다. 예수님은 제자들에게 윤리적 탁월성을 요청하셨다(마 5:20). 세계과학자연맹이 채택한「과학자헌장」(1948)에서도 "과학자라는 직업에는, 시민이 일반적인 의무에 대해 지는 책임 외에 특수한 책임이 따른다"[28]고 했다. 기독인 연구자들은 목적 달성을 위해 지적 정직성에 위배되는 행위조차 서슴지 않는 연구 풍토에서 빛과 소금이 되어야 한다. '관행'이라 하더라도 무비판적으로 수용해서는 안 된다. 자신의 양심이 하나님 앞에서 판단받는다는 것을 유념해야 한다.

한편, 기독인 연구자들의 연구 동기의 순수성이다. 기독인 연구자는 진리에 대한 탐구를 통해 감추어진 하나님의 신비를 드러내고 하나님을 영화롭게 하려는 데서 출발해야 한다. 단순한 지적 호기심이나 연구비, 혹은 노벨상과 같은 명예심에서 연구를 시작해서는 안 된다.

그리고 연구 과정에서 기독인 연구자는 다른 연구자들보다 더 지적 엄밀성과 정확성을 지니도록 노력해야 한다. 연구 성과에 대한 욕심 때문에 일상적으로 일어날 수 있는 표절과 날조, 변조와 같은 부도덕한 행위를 범해서는 안 된다.

연구윤리를 정착시키기 위해 기독교윤리는 기독인 연구자들의 지적 정직성이란 품성을 함양하는 데 관심을 두어야 한다. 교회에서 설교나 주일학교 교육은 물론 대학 안에서도 연구윤리를 가르칠 필요가 있다. 왜냐하면, 지적 정직성은 어렸을 때부터 훈련하고 길러야 할 덕목이기

---

28) 세계과학자연맹,「과학자헌장」, 조형섭 편, 『현대의 과학기술과 인간해방』, 한길사, 1984, 279–288.

때문이다. 시험이나 리포트 작성, 논문작성 등에서 학생들에 의한 부정직 행위가 광범위하게 생겨나고 있는 대학현실 속에서 지적 정직성은 전문 연구자만이 아니라 학생들에게도 요청되는 덕목이다.

(2) 책임윤리로서의 연구윤리: 연구 결과에 대한 사회적 책임

막스 베버는 책임윤리(Verantwortungsethik)와 심정윤리(Gesinnungsethik)를 구분하여 설명한다. 심정윤리가 산상수훈 윤리와 같이 실현가능성이나 결과를 묻지 않는 절대윤리적 특징을 지닌다면, 책임윤리는 행위자의 동기보다 그 결과에 더 관심을 둔다.[29] 책임윤리적 관점에서 보면, 비록 연구자가 선한 동기를 가지고 있다 하더라도 그 결과가 인간 생명이나 자연세계에 치명적일 경우 연구자는 윤리적 책임을 면제받을 수 없다. 따라서 연구자는 자신의 연구가 미래에 생태계와 사회에 어떤 해악을 끼칠지를 염두에 두어야 한다. 연구윤리에서 책임윤리적 접근이 필요한 이유는 오늘날 많은 과학자들이 연구의 동기나 과정에만 관심을 두고 그 결과에는 무관심함으로써 사회적으로나 생태학적으로 심각한 문제가 발생할 가능성이 커지고 있기 때문이다. 그 외에도 과학 연구에서 과학과 기술, 연구와 치료, 기초연구와 응용연구 사이의 구분이 점차 모호해지고 있기 때문이다.[30]

책임윤리적 연구윤리에서 중요하게 다루는 원칙이 바로 '선행의 원칙(beneficience)'이다. 선행의 원칙이란 연구자가 자신의 연구로부터 생길지 모르는 해악을 최소화하는 동시에 이득을 극대화하기 위해 사전에 연구

---

29) 막스 베버, 이상률 역, 『직업으로서 학문, 직업으로서 정치』, 문예출판사, 1994, 133–154.

30) 박은정, 「생명공학과 연구윤리: 사람을 대상으로 하는 연구를 중심으로」, 유네스코한국위원회 편, 『과학 연구윤리』, 79.

결과에 대하여 충분히 숙고해야 한다는 도덕적 의무를 말한다. 헬싱키선언에서 밝혔듯이, 연구를 통해 얻게 될 이익이 피실험자나 일반시민, 혹은 자연환경에 미칠 피해나 위험보다 클 경우에만 연구를 허락해야 한다. 그리고 연구자가 위험성을 예측할 수 있고 그 위험성을 적절히 통제할 수 있다는 확신이 섰을 경우에만 연구를 계속해야 한다. 연구 결과가 가져올 잠재적 위험성을 예측하는 방법을 한스 요나스는 '공포의 발견술'이라고 표현한다.[31]

독일헌법은 연구자에게 연구가 사회에 미치는 영향을 고려할 의무는 물론 위험한 연구 결과를 고지할 의무까지 명시하고 있다.[32] 자신의 연구가 인류사회와 생태계에 중대한 위협을 줄 가능성이 있다고 판단되었을 때, 연구자는 수행하는 연구를 즉시 중단하고 그 사실을 관련기구에 고지해야 한다.

기독교윤리는 하나님과 인간의 양심에 대해서만 아니라 사회 앞에서도 책임적 존재이며, 행위의 동기만이 아니라 결과(열매)도 강조한다는 점에서 책임윤리적인 특성을 지닌다.

"너희는 그 열매를 보고 그 사람들을 알아야 한다"(마 7:20)는 예수님의 말씀은 행위의 결과를 통해 사람됨과 윤리성을 판단한다는 점에서 책임윤리적이라 할 수 있다.

그리스도인에게 책임이란 하나님의 행위에 대한 응답이며, 예수 그리스도의 부르심에 대한 응답이다. 그리스도인에게 책임은 인간학적인 기초가 아니라 신학적인 기초이다. 인간은 이웃 앞에 서 있는 존재(coram hominibus)일 뿐만 아니라 하나님 앞에(coram Deo) 서 있는 존재이기 때문이다. 하나님 앞에 서는 존재인 그리스도인에게 책임은 세상의 법이나 양

---

31) 한스 요나스, 이진우 역, 『책임의 원칙: 기술시대의 생태학적 윤리』, 서광사, 1994, 64-71.
32) 박은정, 「생명공학과 연구윤리: 사람을 대상으로 하는 연구를 중심으로」, 79.

심의 차원보다 깊다. 바울의 표현대로, 우리의 양심을 판단할 최종적인
심판자는 하나님이시기 때문이다.

> 나는 양심에 거리끼는 것이 없습니다. 그러나 이런 일로 내가 의롭게
> 된 것은 아닙니다. 나를 심판하시는 분은 주님이십니다.(고전 4:4)

비록 우리의 행위가 법에 저촉되지 않고 양심에도 거리낌이 없다 할지
라도 우리의 무의식의 깊은 세계까지 통찰하시는 분은 하나님이시다.

책임윤리에서는 의무론적 윤리에서처럼 '마땅히 행해야 할 일이 무엇
인가?'라든가, 목적론적 윤리에서처럼 '행복해지기 위해 무엇을 추구할
까?'라는 물음보다는 '현재 무엇이 일어나고 있으며, 거기에 적절한(fitting)
행동은 무엇인가?'를 묻는다. 말하자면 기독인 연구자들로 하여금 하나
님의 행위라는 빛 안에서 세상 혹은 타자에게 어떻게 응답하는 것이 적
절한 것인지를 묻도록 해야 한다.[33] 그것은 곧 기독인 연구자들이 연구동
기의 순수성이나 방법론적 정직성만이 아니라 연구가 가져올 결과에 대
해서도 책임지는 일을 가리킨다. 연구자는 자신의 연구 결과가 인간의
존엄성을 훼손하지는 않는지, 사회공동체를 위협하는 것은 아닌지, 그리
고 자연생태계는 물론 미래세대의 생존을 위협하는 것은 아닌지 신중히
검토해야 한다. 왜냐하면, 자연환경은 현시대의 인간들만을 위한 것이
아니라 자연 생명 자체와 미래세대를 위한 것이기도 하고 근본적으로는
하나님의 것이기 때문이다.

---

33) 윌리엄 슈바이커, 문시영 역, 『책임윤리란 무엇인가』, 대한기독교서회, 2000, 77.

(3) 사회윤리로서의 연구윤리: 연구윤리의 제도적 · 문화적 측면

사회윤리란 개인윤리와 달리 윤리문제를 개인의 양심이나 도덕성의 문제로만 보지 않고 학술연구와 관련된 제반 구조나 제도에 관심을 두는 윤리적 입장이다. 개인윤리가 개인적인 악을 문제 삼는다면 사회윤리는 집단의 악 혹은 구조악을 문제 삼으며, 그 해결책으로 제도와 법의 개선을 추구한다. 말하자면 사회윤리로서 연구윤리란 제도나 법을 통해 연구 부정행위를 예방하고 문제가 생겼을 때 효율적으로 해결하는 데 초점이 있다.

연구윤리를 사회윤리적으로 접근해야 하는 이유는 여러 가지다. 첫째, 엄청나게 쏟아져 나오는 연구논문과 저서들을 일일이 검증하고 감독하는 것이 현실적으로 불가능하기 때문이다. 둘째, 연구의 전문성으로 인해 제3자가 문제를 인지하고 해결하기가 쉽지 않기 때문이다. 셋째, 오늘날처럼 과학 연구가 집단 연구팀을 단위로 이루어질 경우에 발생할 수 있는 연구 부정행위의 통제문제는 더 이상 개인적인 문제로 볼 수 없기 때문이다. 마지막으로, 과학에서의 기만행위가 개인의 일탈행위만이 아니라 때로는 과학자 집단의 구조적인 문제인 경우도 많기 때문이다. 과학사회학자인 로버트 머튼(R. Merton)은 과학 연구에서의 성실성은 과학자 개인의 미덕이 아니라 제도적 기구에 귀속된다고 본다.[34] 즉, 결과에 대한 검증, 동료 전문가에 의한 엄밀한 심사, 엄격한 자기 규제가 과학에서 기만행위가 발생하지 않도록 만든다고 한다. 그럼에도 불구하고 우리나라에서는 연구 부정행위에 대한 대책과 예방, 그리고 문제 발생 시 사후처리를 위한 제도적 장치가 거의 전무한 실정이다. 따라서 연구 부정행

---

34) 윌리엄 브로드 · 니콜라스 웨이드,『진실을 배반한 과학자들』, 88–89.

위에 대한 처벌 기준과 절차, 그리고 사후대책에 대한 제도를 시급히 마련할 필요가 있다.

일찍이 미국에서는 연구 부정행위가 사회적 관심사가 되자 1980년 미하원 과학기술위원회에서 연구 부정에 대한 청문회를 열었다. 1985년에는 보건연구부속법(HREA)을 제정했고, 1992년에는 보건복지부 내에 '연구진실성위원회(ORI)'를 설립했다. 현재 미국 내 대학 대부분은 이와 유사한 연구진실성위원회를 두어 연구 부정행위에 대해 적극 대처하고 있다. 연구진실성위원회의 업무는 연구의 부정행위만이 아니라 연구활동 전반에서 생기는 윤리문제를 감독하는 데 있다. 그리고 연구의 부정행위가 들어났을 경우에는 연구를 취소하거나 지원 예산을 회수할 권한도 지니고 있다.

독일에서는 막스플랑크협회(MPG)가 내부규정을 통해 연구윤리에 대한 가이드라인을 제시하고 있다. 독일연구협회(DFG)도 '올바른 과학실천을 위한 지침'을 마련해놓고, 젊은 과학도들이 비밀이 보장되는 가운데 실험실에서 발생하는 부정행위에 대해 상담할 수 있는 옴부즈맨제도(민원조사관)도 운영하고 있다.[35] 현재 독일에서는 독일연구협회의 지원을 받으려는 기관은 반드시 이 지침을 지키도록 의무화하고 있다.

연구윤리를 위해 연구소나 대학이 두고 있는 제도적 요소 가운데 하나가 '기관심사위원회(IRB)'다. 기관심사위원회는 연구계획서의 검토, 연구계획의 승인, 연구의 지속적 감시를 통해 연구의 과학성과 윤리성을 지키려고 힘쓴다. 하지만 제도 자체가 문제를 해결할 수는 없다. 황우석 교수 사건의 경우에도 기관심사위원회가 있었으나 제대로 작동하지 않았고, 위원들이 거수기 역할만 했기 때문에 문제가 커졌다. 기관심사위원

---

35) 과학기술정책연구원, 「연구윤리의 쟁점과 과제」, 『혁신정책』 9, 2006.

회가 제대로 작동하도록 하려면 전문성을 지닌 구성원으로 위원회를 구성해야 하며, 연구책임자나 연구후원자와 무관한 사람들로 구성하여 연구의 독립성을 보장해야 한다. 그리고 위원 명단과 회의록을 공개해서 기관심사위원회의 활동이 하나의 요식행위로 끝나지 않게 해야 한다.

한편, 국가 차원에서도 연구윤리에 대한 법적 장치를 마련해야 한다. 연구 부정행위가 드러나고 사법적 판단의 대상이 되었는데도 불구하고 법적 장치가 없을 경우 사회적 혼란만 가중될 수 있다. 연구윤리와 관련한 법적 제도에는 연구기금의 회수나 연구자를 제재하는 방법만이 아니라 내부 고발자(whistle-blower)를 보호하는 내용도 포함되어야 한다. 왜냐하면, 연구현장의 특성과 전문성을 고려해볼 때, 내부 제보자 없이는 연구에서의 부정행위가 드러나지 않을 확률이 높은 데다가 자칫 내부 고발자가 조직으로부터 불이익을 당할 수 있기 때문이다.

연구윤리의 사회적 차원과 관련해서 문화현상에 대한 이해도 필요하다. 왜냐하면 도덕은 문화와 밀접히 관련되어 있으며, 모든 행위자는 개인의 도덕적 양심만큼이나 그가 속한 사회나 조직의 문화에 의해서도 영향을 받기 때문이다. 문화가 공동체의 생활방식을 가리킨다는 의미에서 연구윤리는 연구자 집단의 생활방식, 특히 오늘날 일반화되고 있는 집단적 연구와 실험실 문화에서 당연시되는 '관행'에 관심을 두게 된다.

무엇보다 민주적 연구문화와 실험실 문화를 창조해야 한다. 연구 부정행위가 잉태되고 성장할 수 있는 실험실의 경우 가부장적 문화의 영향 아래 교수와 연구조교들 사이에, 선배 연구조교와 후배 연구조교들 사이에 권위주의적 문화가 형성되어 있다. 이러한 권위주의적 문화에서는 실험실 내에서 상부의 연구자가 저지르는 연구 부정행위를 감시하거나 폭로하기가 어렵다. 특히, 조직의 폐쇄성이 강할 경우 내부 고발자에 대한 신분보장도 어려울 수 있다. 그런 상황에서 연구책임자나 보조원에 의해서 조직적인 논문조작이 시도될 경우 연구의 진실이 영원히 은폐될 수 있다. 그리고 이러한 권위주의적 연구문화에서는 연구를 통해 얻게 될 이득과 손해에 대한 공정한 분배의 원칙이 지켜지기도 어렵다. 자칫 이득은 연구책임자가 독점하고, 손해는 공동연구원이나 연구보조원에게 전가될 수 있다. 지금까지 일상화되었던 권위주의적 실험실 문화 대신에 자유로운 비판이 가능한 민주적 실험실 문화로의 변화가 필요하다.

기독교윤리는 개인의 양심이나 도덕성만이 아니라 구조악의 문제도 심각히 생각한다는 점에서 사회윤리적이다. 특별히, 고대사회와는 달리 인간의 삶이 제도나 기구로부터 분리될 수 없는 현대사회에서는 모든 윤리가 사회윤리적이라 할 수 있다. 사회윤리로서 연구윤리는 학술연구와 관련한 제도와 구조 변혁에 대해서 관심을 둔다. 일찍이 라인홀드 니버 (R. Niebuhr)가 옳게 관찰했듯이, 집단에서는 개인의 인격관계와 비교하여 충동과 이기심을 제어할 만한 능력이 줄어들기 때문이다.[36] 얼마 전 우리나라 교육인적자원부가 위촉한 '연구윤리확립추진위원회'가 전국 218개 대학과 280개 학회의 연구윤리 실태를 조사한 결과를 보면, 연구윤리와 관련된 위원회를 둔 대학은 28개(12.8%), 학회는 14개(5%)에 불과했다. 한편, 연구 부정행위에 대한 처리 규정은 15개 대학(6.9%), 70개 학회(25%)만 가지고 있는 것으로 조사되었다.[37] 이런 현실을 고려할 때, 기독교윤리는 연구자 개인의 정직한 품성의 함양을 위해서만이 아니라 연구의 부정직한 행위를 막을 수 있는 제도나 규칙, 그리고 법 제정에도 관심을 기울여야 할 것이다.

한편, 모든 기독인 연구자들은 하나님으로부터 문화창조와 문화변혁의 '문화위임'을 받고 있다(창 1:28). 그들은 윤리적인 연구 문화와 실험실

---

36) 라인홀드 니버, 이병섭 역, 『도덕적 인간과 비도덕적 사회』, 현대사상사, 1977, 7–8.
37) "'표절한국' 이젠 바로잡자(6)", 〈동아일보〉, 2007년 2월 27일자.

문화를 창조하도록 부름받은 소명자들이다. 연구책임자로 있건 연구보조원으로 있건 보다 정직하고 민주적이며 평등한 실험실 문화를 만드는 데 힘써야 한다. 온정주의 문화에 사로잡혀 연구의 부정직한 행위를 보고도 동료를 감싸기만 할 때, 그것은 양심을 거스르는 일이며 동시에 하나님께로부터 받은 문화적 위임을 망각하는 행위다. 연구 부정행위와 기만행위를 막으려면 무엇보다도 연구자 집단에 의한 감시기능과 자정능력을 회복해야 하는데, 이는 실험실 문화의 변혁이 보다 민주적으로 바뀔 때 가능한 일이다.

4) 연구윤리의 신학적 · 목회적 적용

지금까지 우리는 연구윤리의 문제를 전문적인 학술 연구, 특히 과학 연구를 중심으로 살펴보았다. 하지만 연구윤리의 문제는 단지 과학이나 의학 분야에서만 쟁점이 되는 것은 아니다. 신학 연구가 학술적 연구라고 한다면 거기에도 연구윤리의 일반 원칙이 적용되어야 할 것이다. 신학 연구에서도 지적 부정직의 문제는 존재한다. 논문의 표절이나 도용, 통계수치의 조작과 같은 부정직 행위가 언제든지 발생할 수 있다. 과거 신학자가 드물고 신학 연구가 활발하지 못했을 때 우리나라 신학자들 가운데에는 외국 신학자들의 책을 번역해서 마치 자신이 쓴 것인 양 행세한 경우도 있다. 출처를 밝히지 않고 논문을 작성하거나, 남의 생각이나 견해를 자기의 것인 양 쓴 논문들도 있다. 게다가 가짜 박사학위, 돈을 주고 산 박사학위, 소재도 불분명한 대학에서의 유령 박사학위 등 학위 취득과 관련해서도 윤리적 문제들이 존재하고 있다. 박사학위 가운데 가짜학위, 유령학위가 가장 많은 학문 분야가 신학이라는 사실은 한국교회가 깊이 반성해야 할 점이다.

한편, 신학교육에서도 학생들의 지적 부정직 행위가 사라지지 않고 있다. 시험에서의 부정직 행위는 물론 리포트나 보고서, 혹은 논문을 작성할 때 표절행위가 광범위하게 발생하고 있다. 인터넷이 발달하면서 온라인상에는 돈만 주면 쉽게 살 수 있는 리포트가 많아서 유혹이 커지고 있다. 교수가 바빠서 자세히 살피지 않는다는 점을 악용해서 다른 사람의 리포트를 가져다가 서론이나 결론만 바꿔서 제출하는 짜깁기 리포트 문제도 심각하다.

목회현장도 예외가 아니다. 설교의 표절과 도용 문제가 점점 심각해지고 있다. 외국 목사의 설교문을 번역해서 그대로 설교하거나 남의 설교문을 그대로 설교하는 경우가 있다. 비록 설교문 전체는 아니더라도 다른 사람의 설교 아이디어나 내용을 상당 부분 이용하면서도 제대로 출처를 밝히지 않는 경우도 있다. 읽지도 않은 책을 읽은 것처럼 설교하고 남의 경험을 자신의 경험처럼 예화로 사용하는 경우도 있다. 이러한 유혹들은 우리나라처럼 목회자들이 지나치게 바쁜 일상 속에 여러 편의 설교를 해야 하는 목회환경으로 인해, 그리고 인터넷이나 설교집 출판에 의해 쉽게 남의 설교 원문을 접할 수 있는 사회 환경 때문에 더 커지기 마련이다. 게다가 학위 취득에 관심하는 목회자들 가운데에는 돈을 주고 논문 대필을 시킨다든지, 수업에 참석하지도 않고 학점을 취득하는 등 비정상적인 방법으로 학위를 취득하는 사람들도 있다. 이처럼 지적으로 정직하지 못한 행위들로 말미암아 교회 지도자들에 대한 사회적 불신도 높아가고 있다.

이런 비판적 현실을 고려할 때, 연구윤리에서 강조하는 지적 정직성은 과학 연구자들이나 기타의 전문직 연구자들만이 아니라 신학자, 신학생 그리고 목회자 모두에게 요청되는 도덕성임을 알 수 있다. 한국교회가 이런 문제들에서 도덕적 탁월성을 회복하고 사회적 신뢰를 얻기 위해서는 신학자들의 모임인 학회에서도 논문심사를 보다 엄격히 하고, 논문의 표절규정과 제재방안을 마련함으로써 신학자의 연구윤리를 강화해야 한다. 그리고 목회윤리와 관련해서는 교단차원에서 목회자강령을 마련해서 설교문 도용이나 부정직한 학위취득 문제 등 부정직 행위들에 대한 자율적 정화기능을 회복해야 할 것이다.

5) 맺는 말

오늘날 과학 연구 분야에서 문제가 되고 있는 온갖 형태의 부정행위와 기만행위는 다양한 원인에 의해서 생겨나고 있다. 연구자 개인의 정직하지 못한 품성, 연구자의 부정행위를 막을 수 있는 제도적 장치의 부재, 권위주의적 실험실 문화, 전문연구자 집단의 자정능력 결여 등이 여기에 포함된다. 문제는 성과주의 문화와 승자독점의 원칙이 적용되는 사회현실에서 연구 부정과 연구 기만행위에 대한 유혹은 점점 커질 수밖에 없을 것이라는 점이다.

이런 문제들을 해결하고 연구윤리 정착을 통해 학문과 사회문화 발전을 도모하려면 많은 윤리적 노력이 필요하다. 연구자들이 지적 정직성을 함양하고, 잘못된 관행들을 고치며, 연구 집단이나 대학, 국가 차원에서 제도와 법규 마련이 필요하고, 연구자 집단의 자율적 정화능력을 회복해야 한다. 특별히 과학 연구에서 시민사회의 참여와 윤리적 검증을 강화할 필요가 있는데, 이는 우리 시대에 과학이 과거 종교가 차지했던 성스러운 영역을 차지하고 있으며 그 사회적 영향력도 엄청나게 커졌기 때문이다. 우리는 연구윤리 확립을 통해 연구자의 연구 동기만이 아니라 연구 과정, 그리고 연구 결과에 대한 윤리적 책임을 강화함으로써 보다 나은 사회를 만들어가는 데 도움을 줄 수 있을 것이다. 이러한 과정에서 기독교윤리는 기독교 지도자의 지적 정직성의 모범은 물론 기독인 연구자의 도덕적 탁월성의 형성, 보다 민주적이고 평등한 실험실 문화로의 변혁을 통해 연구윤리의 발전에도 공헌할 수 있을 것이다.

2.
학문의 자유와 기독교윤리[*]

1) 서론

21세기는 지식정보사회로서 학문활동의 중요성이 증대되는 사회다. 그런데 학문의 진보와 발전은 자유를 전제로 한다. 자유롭게 비판하고 사고할 수 있을 때라야 지적 탐구도 가능하기 때문이다. 그런 배경에서 존 듀이(J. Dewey)는 학문의 자유를 지적 자유 가운데 가장 중추적인 자유로 보았고, 그것을 파괴하는 것은 자유사회의 근본 생명을 파괴하는 것이라고까지 말했다.[38]

하지만 과거는 물론 현재에도 대학에서 학문의 자유에 대한 위협이 여전하다. 다만 그 형태가 바뀌고 있을 뿐이다. 일반적으로 학문의 자유를 위협하는 요소를 외적 요소와 내적 요소로 나눌 수 있다. 먼저, 외적 요소로는 국가권력(혹은 정치 이데올로기)이나 종교단체(종교적 도그마), 기업(상업

---

[*] 이 글은 「학문의 자유에 대한 기독교윤리적 연구」라는 제목으로 『기독교사회윤리』18, 2009에 실린 글을 약간 수정했다.

[38] 김정인, 「학문의 자유와 국가보안법」, 교수노조 외 4개 학술단체, 「국가보안법과 강정구교수 필화사건」 발표, 2005, www.demos.or.kr

성), 그리고 여론을 들 수 있다. 내적 요소로는 대학 구성원의 학문의 자유에 대한 무관심과 침해 행위를 들 수 있다.

미국 대학의 경우 1915년 미국대학 교수협의회(AAUP)가 발족되면서부터 학문의 자유를 중요한 주제로 다루기 시작했으며, 1950년대 매카시즘에 의한 교수들의 해직사태를 경험하면서 문제의 심각성에 대하여 더 깊이 인식하게 되었다.[39] 그 가운데에는 종교 교리적 이유로 강단에서 추방된 독일의 가톨릭 신학자인 한스 큉(Hans Kueng)이나 미국의 가톨릭 신학자 찰스 쿠란(Charles Curran) 사태에 대한 연구도 있다.[40]

하지만 우리나라에서는 대학의 역사가 짧은 데다가, 오랫동안 권위주의적 정부와 분단 상황이라는 특수한 여건으로 말미암아 학문의 자유의 중요성에 대한 사회적 인식이 빈약했다. 이것은 학문의 자유를 주제로 한 연구가 양과 질에 있어서 매우 부족하다는 사실에서도 확인된다.[41] 몇 해 전에는 기독교대학에서는 물론 신학교에서도 신학검증위원회를 구성하여 교수들의 신학사상을 검증하겠다고 나서고 있다. 그리고 교리나 신학적 견해의 차이를 문제 삼아 교수의 재임용을 거부하거나 해임시킴으로써 신학자들의 학문의 자유가 위협당하고 있다. 그럼에도 불구하고 이 주제에 대한 학문적 연구나 교계의 논의가 거의 없는 실정이어서 안타깝다.

이러한 문제인식에서 출발하는 이 연구는 학문의 자유와 관련하여 크

39) Hofstadter, R./Metzger, W. P., *The Development of Academic Freedom in the United States*, N.Y.: Columbia University Press, 1955.

40) Curran, Charles. E., *Catholic Higher Education, Theology and Academic Freedom*, IN: University of Notre Dame Press, 1990; Witham, Larry, *Curran Vs. Catholic University: A Study of Authority and Freedom in Conflict*, Riverdale, MD: Edington–Rand, Inc., 1991; Kueng, Hans, *My Struggle for Freedom: Memoirs*, Grand Rapids: Wm. B. Eerdmans Publishing, 2003.

41) 학문의 자유를 주제로 한 일반 연구서는 박덕원의 『대학과 학문의 자유』, 부산외국어대학출판부, 2000가 대표적이다. 신학분야에서는 정재현의 「학문의 자유와 신학하기」, 『신학논단』51, 2008가 있으나 윤리적 분석이 아니라 신학함의 의미에 대한 논의에 초점이 있다.

게 네 가지 물음을 기독교윤리학적 시각에서 다루는 데 그 목적을 둔다. 첫째, 학문의 자유가 왜 학문생활에 중요한가? 둘째, 학문의 자유란 무엇이고 그 구성 내용은 무엇이며, 학문의 자유를 위협하는 요소는 무엇인가? 셋째, 학문의 자유에 대한 윤리적 토대는 무엇인가? 넷째, 우리나라의 기독교 현실에서 신학자의 학문의 자유를 보호하고 증진시키기 위한 방안은 무엇인가?

2) 학문의 자유의 개념과 내용

(1) 학문의 자유란 무엇인가?

학문의 자유가 무엇인지 명확하게 규정하는 일은 쉽지 않다. 그 이유는 학문의 자유가 논의되는 상황이나 주장하는 사람에 따라 각기 다른 의미로 해석될 수 있기 때문이다. 학문의 자유는 최근 우리 사회에서 교수의 재임용과 승진에 관련된 논쟁이나, 학생의 시위행동, 혹은 교수의 징계문제와 관련해서 제기되는 경우가 많다. 이때 대학 구성원들은 자신들의 입장에 따라 서로 다른 의미로 학문의 자유를 해석하며 주장한다. 이처럼 학문의 자유가 무엇인지 명확하지 않은 것이 사실이지만, 그럼에도 불구하고 모든 대학 구성원은 그것이 절대적으로 중요하고 지킬 가치가 있다는 점에서는 의견이 같다.

일반적으로 학문의 자유란 대학의 기능인 교육과 연구활동의 근본적인 요소로서, 학자가 어떠한 외부 간섭 없이 학문적 양심에 따라 자유롭게 연구하고 토론하고 비판하고 결과물을 발표할 수 있는 자유를 가리킨다. 학문의 자유는 좁은 의미에서는 연구의 자유와 연구(결과)발표의 자유, 그리고 교수(가르침)의 자유를 가리키지만, 넓은 의미에서는 대학의 자치까지를 포함한다. 대학이사회나 국가권력의 위협으로부터 학문의 자유를 지키기 위한 목적으로 설립된 미국대학 교수협의회(AAUP)는 「원칙선언문」에서 학문의 자유의 내용으로 탐구의 자유, 교수(teaching)의 자유, 그리고 대학 바깥에서 발표의 자유를 언급하였다. 그리고 학문의 자유를 보장하는 수단으로 세 가지를 제안했다.[42]

① 부당한 해임이나 징계에 대해 조사하고 사건을 판결할 권한을 지닌 독립된 기구의 설립.
② 같은 방법으로 대학의 관리자들과 행정부서를 보호함.
③ 교수정년보장제(tenure)의 제도화.

(2) 학문의 자유의 내용

역사적으로 볼 때, 학문의 자유를 명확한 개념으로 확정하고, 이것을 학문공동체인 대학의 이념으로 뿌리내리도록 만든 것은 자유와 고독을 내세우며 설립된 독일 베를린 대학(1810)이었다.[43] 독일대학들은 학문의 자유를 교수들의 '교수의 자유(Lehrfreiheit)'와 대학생의 '학습의 자유(Lernfreiheit)'로 구분해서 이해했다. 교수의 자유란, 학문을 연구하고 강의하는 교수들의 자유를 가리킨다. 학습의 자유란, 학생들이 이 대학 저 대학을 옮겨가면서 자유롭게 배울 수 있는 자유를 가리키는 것으로서 모든 대학이 국립대학인 독일의 독특한 상황에서 생겨난 제도다. 상황이 다른

---

42) 박덕원, 『대학과 학문의 자유』, 부산외국어대학출판부, 2000, 64–68.

43) 이광주, 「학문의 자유와 이데올로기의 문제」, 인제대학교 인문사회과학 연구소, 『인문사회과학논총』1, 1994, 102.

미국에서는 학생들의 학습의 자유를 선택과목제도를 통해 구현하려고 했다. 이 연구에서는 학문의 자유의 내용을 대학 교수의 자유를 중심으로 서술하겠다.

일반적으로 대학 교수가 누리는 학문의 자유에는 연구의 자유, 연구발표의 자유, 교수의 자유, 학문적 집회와 결사의 자유가 포함되며, 가장 넓은 의미에서는 학문의 자유를 제도화할 수 있는 대학의 자율권이 포함되기도 한다.

첫째, 연구의 자유란 학자가 연구 과제, 연구의 내용 및 방법, 그리고 연구의 시기와 장소를 선택할 수 있는 권리를 가리킨다. 연구의 자유는 내면적 자유이므로 연구 과정에 있어서 국가는 물론 어떠한 외부의 세력에 의해서도 간섭이나 방해를 받지 않을 절대적 자유권에 속한다.

둘째, 연구발표의 자유란 학자가 학문적 연구 결과를 자유롭게 발표할 수 있는 권리를 가리킨다. 연구발표의 자유는 헌법이 보장하는 표현의 자유의 한 형태로서 정신적 자유의 외적 표현이라 할 수 있다. 학문활동이 학문적 목적으로 이루어진 이상 그것을 발표하는 일 역시 연구의 자유와 마찬가지로 보장되어야 한다. 그렇지 않을 경우 학문의 자유는 공허해진다는 이유에서 연구발표의 자유를 학문의 자유의 핵심이라고 볼 수도 있다.[44]

셋째, 교수의 자유(Lehrfreiheit)란, 학자가 교수내용, 교수방법, 교재선택에 있어서 누구의 지시나 감독에 따르지 않고 독자적으로 결정할 권리를 가리킨다. 연구의 자유는 침해받을 위험성이 크지 않고, 대학 밖에서 연구 발표의 자유는 교수들이 일반 시민의 일원으로서 누려야 할 기본 권리에 해당한다. 반면에 교수의 자유는 대학의 교수에게만 허용되는 자유

---

44) 김종서, 「송두율사건을 통해 본 학문의 자유」, 『민주법학』 26, 2004, 88.

라 보기도 한다.[45]

넷째, 학문적 집회와 결사의 자유로서, 이는 학문을 공동으로 연구하
거나 발표하기 위한 집회나 단체를 개최하고 설립할 자유를 가리킨다.
구체적으로는 학회, 학술단체, 학술세미나, 학술강연회를 조직하고 개최
할 수 있는 자유다.

다섯째, 넓은 의미에서 학문의 자유에는 대학의 자율권도 포함된다.
대학의 자율권이란, 학문의 자유를 구체화하기 위한 대학의 제도적 장치
로서 대학이 교육적 목적을 이루기 위해 학생을 선발하고 교수를 임용하
는 데서 누리는 자유를 가리킨다.

3) 학문의 자유를 침해하는 요소들

(1) 국가 이데올로기

국가 이데올로기는 다른 정치사상이나 정치이념에 대해 철저하게 배
타적이며 억압적이라는 특징이 있다. 미국 대학에서는 일찍이 1915년 펜
실베이니아 대학에서 어린이 노동에 반대했던 스콧 니어링(S. Nearing) 교수
의 해직사건, 노예제도와 인종차별을 반대한 교수들에 대한 남부대학들
의 억압적 조치들, 제1차 세계대전 당시 반전운동을 한 교수들에 대한 정
치적 탄압, 1949년 캘리포니아 대학에서 충성서약(Loyalty Oath)[46]을 반대한

---

45) 박덕원, 『대학과 학문의 자유』, 65.

46) 주요 내용은 헌법을 준수하고 국가를 방어하는 것, 과거나 현재에 정부를 타도하고자 하는 파괴
     적인 조직에 가입한 적이 없다는 것을 맹세하는 것, 그리고 공산당원이 아님을 서명하게 하는 것
     이었다. 서약을 거부하는 교수들을 해임함으로 인해 대학 교수의 학문의 자유가 크게 침해되었
     다. 이혜숙, 「미국대학의 학문의 자유의 수용과정」, 『교육법학연구』 3 · 4, 1992, 164.

교수들의 집단적 해직, 그리고 1950년대 매카시즘 아래 각 주립대학에서 공산주의 혐의를 받은 교수들과 그에 대한 증언을 거부한 교수들의 해직 같은 수많은 사례를 찾아볼 수 있다.[47]

역사적으로 살펴볼 때 제2차 세계대전을 전후한 반세기 동안은 고등교육과 학문의 자유에 대한 역사에 있어서 최악의 수난기라 하겠다.[48] 독일에서는 나치즘에 대해 비판적 입장을 지니고 있었던 많은 교수들이 대학에서 추방되고 외국으로 망명을 했다. 일본에서는 군국주의 현실 속에서 대학 구성원에게 국가에 대한 충성을 강조했고, 그 범위 안에서만 제한적으로 대학의 자율성을 허용했다. 전쟁 중에는 파시즘을 비판하는 교수 수십 명을 검거하기도 했다. 중국에서도 1966년 문화혁명이 일어나면서 대학들이 폐쇄되었다.

분단 상황 아래 있던 우리나라의 대학에서 학문의 자유는 '국가안보'라는 이유에서 늘 위협을 받아왔다. 공산주의나 사회주의 사상에 대한 학술적 연구나 발표는 종종 반체제운동이나 이적(利敵)행위로 간주되었다. 국가정보기관에 의한 공공연한 학원사찰과 정권 비판적 교수들에 대한 감시와 탄압이 자행되었고, 심지어 금서목록이 교육당국으로부터 하달되기도 했다. 학문의 자유에 대한 침해사건으로는 다음과 같은 사건들이 있다.

1977년 『8억 인과의 대화』가 중국공산당을 찬양하고 고무한다는 이유에서 구속된 리영희 교수 사건.
1988년 민족해방 민중민주주의론을 주장한 충북대 서관모 교수 사건.

---

47) 임진규, 「학문의 자유와 대학의 자율성」, 동국대학교 교육문제연구소, 『교육문제연구』 8, 1993, 29-30.
48) 박덕원, 『대학과 학문의 자유』, 138.

1991년『사회주의 이론, 역사, 현실』을 편집한 서울사회과학 연구소 연구
　　　원 4명 구속사건.
1994년 경상대 교양과목 교재인『한국사회의 이해』집필자 장상환 교수와
　　　정진상 교수 기소사건.
1995년『빨치산 역사기행』으로 구속된 방송통신대 김무용 강사 사건.
1997년 초등학생용 통일교육 교재인『나는야 통일 1세대』의 저자 한국외
　　　국어대 이장희 교수 기소사건.
1997년『진실 인식과 논술방법』의 저자 광주대 박지동 교수 구속사건.
2005년 '통일전쟁'의 논리를 주장한 동국대 강정구 교수 사건 등이 있다.
　　　신학자들 가운데에도 유신정권 때에 안병무 교수, 서광선 교수,
　　　현영학 교수, 서남동 교수, 문동환 교수 등이 정치적 이유에서 각
　　　각 대학으로부터 해직되었다.

(2) 종교적 교조주의

　종교적 교조주의(dogmatism)란 특정한 종교적 신념과 교리에 맹목적으로 사로잡혀 어떠한 비판도 용납하지 않는 독단적 태도를 가리킨다. 대학이 출현한 중세에는 모든 대학이 기독교대학이었고, 이성이 신앙의 경계를 넘을 수 없었기에 학문의 자유는 필연적으로 종교가 재가하는 범위 안에 제한될 수밖에 없었다. 하지만 르네상스와 근대 과학의 발전시기를 지나면서 종교와 학문이 갈등하게 되었고, 학문의 자유에 대한 침해 사례가 발생하기 시작했다. 우리에게 잘 알려진 갈릴레오 갈릴레이 재판이나 조르다노 브루노 화형 등이 대표적이다.

　현대에 들어 성직자 양성을 목표로 세워진 초기 미국 대학들에 있어서도 학문의 자유는 종교적 이유에서 제한되곤 했다. 교단이 다르다는 이

유로 대학에 임용되지 못하는 경우도 있었고, 나중에 교파를 바꾸었다고 총장직에서 물러나야 하는 경우도 있었다.[49] 20세기 초에는 유럽으로부터 진화론이 소개되었고, 이에 대한 근본주의 신앙인들의 반발로 말미암아 대학에서 진화론을 가르치던 교수들이 수난을 당했다. 대표적으로 밴더빌트 대학의 알렉산더 윈첼(A. Winchell) 교수와 예일 대학의 섬너(W. G. Sumner) 교수 사건이 있다.[50] 최근에도 교리적 이유에서 미국 가톨릭 신학자 찰스 쿠란(C. Curran), 독일 신학자 한스 큉(H. Kueng), 오이겐 드레버만(E. Drewermann) 같은 신학자들이 대학에서 강의가 금지되거나 추방되었다.

(3) 언론에 의한 여론재판

우리 사회에서 언론은 오랫동안 군사독재정권과의 야합을 통해서 막강한 정보력과 경제력을 소유한 파워엘리트 집단의 하나로 성장했다. 권력집단의 이해관계와 반공주의 이데올로기를 대변하는 보수언론은 정치사상이나 이데올로기 측면에서 교수들의 학문의 자유를 변호하기보다는 오히려 억압하는 역할을 했다. 다음 사건들은 그 대표적인 사례들이다.

> 1988년 〈조선일보〉가 학단협 연합심포지엄 발표논문인 「중간제계층의 구성과 민주변혁에서의 지위」를 문제 삼음으로써 서관모 교수가 검찰에 출두하게 된 사건.
> 1993년 〈월간조선〉이 한완상 교수의 「한국전쟁과 한국사회의 변동」이란 논문을 문제 삼음으로써 통일원 장관직에서 물러나게 된 사건.
> 1997년 『나는야 통일 1세대』란 책을 문제 삼은 〈월간조선〉으로 말미암아

---

49) 이형행, 「학문의 자유」, 『현상과 인식』 2, 1978, 139.
50) 앞의 글, 140–141.

불구속 기소된 이장희 교수 사건.

1998년「한국 민주주의의 조건과 전망」이란 논문을 문제 삼은 〈월간조선〉의 사상검증으로 인해 김대중 대통령자문정책위원회 위원장직에서 물러난 최장집 교수 사건.

2001년「만경대 정신」이란 필화사건의 강정구 교수.

2003년 37년 만에 독일에서 귀국한 재독학자 송두율 교수가 그동안 이적행위를 했다는 이유에서 국가보안법 위반 혐의로 구속된 사건 등.

이 사건들은 비록 정치사상이나 이데올로기와 관련된 것이었으나 사건의 발단이나 전개가 보수언론에 의해 제기되고 증폭되었다는 공통점이 있다.

(4) 기업과 정부의 연구기금을 통한 간접적 통제

과거 우리 사회에서 학문의 자유가 독재정부나 보수언론, 그리고 종교적 교조주의에 의한 직접적인 간섭과 통제로 인해 위협을 받았다면, 최근에는 기업과 정부의 재정적 지원이나 연구기금을 통한 간접적인 방식으로 위협을 받고 있다. 아무런 조건 없이 주어지는 연구기금은 거의 없기 때문에 때로 연구자들은 학문의 자유를 대가로 지불해야 했다.

먼저, 정부의 연구기금은 통치 이데올로기를 강화하는 '지식의 정치화'를 위해 제공되는 경우가 있다. 그 예로, 유신정권 시절에는 유신헌법 연구, 관변운동인 새마을운동에 대한 연구, 국가안보정책을 위한 법 연구, 그리고 각종 국가의 정책을 지원하거나 홍보하기 위한 연구주제에 연구기금이 집중되었다. 국가가 연구비를 지원하는 목적이 대학이나 학자의 관리 목적에 있을 경우, 대학에서 학문의 자유가 위축될 것은 불을 보듯 훤하다.

한편, 기업의 연구기금은 상업적 목적을 위한 '지식의 상업화'를 목적으로 한다. 기업의 연구기금은 대부분 순수한 학문적 연구보다는 상업적으로 이용 가능한 연구에 집중되어 있다. 그 결과 지식이 상업적 목적을 이루기 위한 수단으로 전락할 위험성이 존재한다. 한 예로, 2007년 서울대, 전남대, 가톨릭대 임상시험센터가 다국적 담배회사인 필립모리스 인터내셔널의 연구 용역 10억 원을 받았다가 사회적 여론이 나빠지자 철회한 사건이 있다.[51] 대학 교수가 진리에 대한 순수한 탐구 대신에 금전적 목적에 관심하게 될 때 학문의 자유는 어쩔 수 없이 왜곡되고 파괴될 것이다.

(5) 대학 구성원에 의한 침해

학문의 자유는 대학의 내부적 요인들에 의해서도 위협을 받는다. 맥아이버(R. M. MacIver)도 지적했듯이, 오늘날 학문의 자유는 외적 요인보다는 내부적 요인들로 말미암아 교묘하게 위장된 방법을 통해서 더 큰 위협을 받기도 한다.[52] 내부적 요인이 더 위협적인 이유는 교수들이 외부적 위협 요인에 대해서는 일치하여 저항하지만, 내부적인 요인에 의한 간접적인 침해에 대해서는 일치된 태도를 갖지 않는 경우가 많기 때문이다.

내부적 요인으로 우선 과격한 학생운동에 의한 학문의 자유 침해를 들 수 있다. 우리나라에서는 1970년대 정치적 혼란과 1980년대 학원민주화 운동 기간 중에 과격한 학생들에 의해 정치사상적 견해를 달리하는 교수들이 '어용교수'나 '공산주의자'로 낙인찍혀 학문의 자유가 제한되었다. 최근에는 교육내용이나 학점문제를 둘러싸고 학생들이 교수를 위협하거

---

51) 김동광, 「담배회사 돈으로 담배 유해성 연구?」, 〈한겨레21〉 669, 2007년 7월 20일자.

52) 박덕원, 「학문의 자유와 테뉴어」, 부산외국어대학교, 『외대논총』 13, 1995, 458.

나 폭행하는 일까지 발생하고 있다.

과거에도 학생들에 의해서 교수의 학문의 자유가 제약되는 일이 있었다. 1977년 조선대 임영천 교수의 강의내용을 학생들이 문제 삼아 반공법과 긴급조치 위반혐의로 실형을 선고받았다. 그보다 훨씬 오래전인 1947년에는 김재준 목사의 신학 경향에 대해 불만을 품은 신학생 51명이 그의 신학을 '자유주의 신학'이라고 비난하며 총회에 진정서를 제출하는 일도 있었다.

한편, 사립대학의 경우 대학 교수를 임용하는 데 있어서 법적 권한을 지닌 이사회가 전횡적인 인사행정이나 부당한 재임용 거부, 해직의 형태로 학문의 자유를 침해하는 경우도 있다. 민주화된 사회에서는 대학의 외부 세력보다는 이사회나 총장과 같은 대학의 내부 세력에 의해 학문의 자유가 위협당할 가능성이 더 커진다.

4) 학문의 자유의 윤리학적 토대

(1) 학문의 자유가 지닌 윤리적 특성

학문의 자유에서 '자유'가 지니는 윤리적 특성은 크게 세 가지로 나눌 수 있다.

첫째, 학문의 자유는 무제한적이거나 절대적 자유가 아니다. 왜냐하면 학문의 자유란 학자가 좋아하는 대로 말하고 행동할 무조건적 권리를 의미하는 것은 아니기 때문이다.[53] 한 예로, 학문적 연구 결과를 발표하는

---

53) Diekma Anthony, *Academic Freedom & Christian Scholarship*, Grand Rapids: Wm B. Eerdmans Publishing, 2000, 4.

것은 표현의 자유의 한 형태로서 인정되지만 발표 장소나 대상에 따라 보호의 정도가 달라질 수 있다. 그리고 교수가 정치문제와 관련한 주제를 자유롭게 선택하여 강의하고 연구할 수 있으나 강의실에서 학생들을 선동하거나 특정 정당의 선전 행위와 같은 정치운동을 하는 것은 금지되어 있다.

둘째, 학문의 자유는 그 자체를 목적으로 하지 않고 진리탐구를 위한 수단으로서의 의미를 가진다. 진리의 기능에 역행하는 학자에게 학문의 자유란 자유의 남용일 뿐이다. 학문의 자유를 핑계로 학문활동에서 표절이나 사회생활에서 교수의 품위를 떨어뜨리는 비윤리적인 행위가 정당화될 수 없다. 더 나아가 학자는 자신의 연구가 인류사회와 자연생태계에 미칠 영향까지 고려해야 할 의무가 있다. 일찍부터 학문의 자유를 옹호했던 독일연방헌법재판소조차 연구의 자유의 한계를 언급하고 있는데, 여기에는 '연구가 사회에 미치는 효과를 고려할 의무'와 '위험한 연구결과를 알릴 의무'가 속한다.[54]

셋째, 학문의 자유는 적극적 자유다. 지금까지 학문의 자유는 외부의 간섭으로부터 자유로워야 한다는 소극적 의미로 이해되었지만, 학자들이 학문활동을 함으로써 사회에 공헌할 수 있다는 적극적 의미로 해석할 필요가 있다. 그럴 때에만 모든 학문활동과 예술활동이 모험적이고 창조적이고 혁신적으로 추진될 수 있기 때문이다.[55]

일찍이 종교개혁가 마틴 루터가 말했듯이, 그리스도인은 모든 것으로부터 자유로우며 모든 것을 섬긴다. 그리스도인의 자유는 '육체의 기회'를 위한 것이 아니라 사랑에 종노릇하기 위해서다. 그런 관점에서 볼 때,

---

54) 박은정, 「생명공학과 연구윤리: 사람을 대상으로 하는 연구를 중심으로」, 유네스코한국위원회 편, 『과학 연구윤리』, 당대, 2001, 79.

55) 박덕원, 「학문의 자유와 테뉴어」, 452.

학문의 자유란 학자 개인에게 무조건 주어지는 절대적 특권이라기보다는 자유로운 진리탐구를 통해 학생과 사회를 섬기기 위해 주어진 자유라고 할 수 있겠다.

(2) 학문의 자유가 지닌 법적 특성

학문이란 인간 정신의 귀중한 성과요, 인류문화의 집중적 표현이다. 학문의 자유에 대한 사회의 특별한 관심과 배려가 필요한 이유는 학문의 발전이 자유로운 토의와 연구에 달려 있기 때문이다. 그리고 역사 속에서 확인할 수 있듯이 전문적 지식이 없는 일반인이나 종교인이 학문의 진보나 새로운 발견을 반대하거나 박해함으로써 학문의 자유를 제한한 잘못을 범하기도 했기 때문이다.[56]

비록 학문의 자유가 성문법적으로 보장된 자유는 아니더라도 역사 속에서 매우 중요하게 인정되어온 자유임은 틀림없다. 헌법상 권리가 아니라 하더라도 학문의 자유가 선언적 차원에 머물지 않고 효력을 지니려면 반드시 법적 뒷받침을 필요로 한다. 학문의 자유가 헌법에 처음으로 규정된 것은 1849년 독일의 프랑크푸르트 헌법(제152조)이었고, 이후 1919년 바이마르 헌법(제141조)이, 2차 세계대전 후에는 대부분의 국가들이 학문의 자유를 기본권으로 보장하기에 이르렀다.[57]

학문의 자유의 법적 성질에 관해서는 일반적으로 다음 세 가지 설이 있다.[58]

첫째, 제도보장설로서, 학문의 자유가 연구자들 간에 혹은 교수와 학

---

56) 권영성, 『헌법학원론』 개정판, 법문사, 2008, 540.

57) 계희열, 「헌법상 학문의 자유」, 『고시연구』 296, 1998, 15.

58) 손희권, 「학문의 자유에 관한 교육 판례 분석」, 『교육행정학연구』 16, 1998, 237-238.

생들 사이에서 협동적 노력을 통해 이루어진다는 설이다. 대표적으로 독일헌법이 이에 해당된다.

둘째, 개인적 기본권설로서, 학문의 자유를 국가로부터의 자유, 즉 국가에 대한 개인의 주관적 권리로 인식하는 설이다. 국가는 개인의 학문연구에 대해 중립성을 지켜야 한다고 강조하는데, 영국이나 미국, 그리고 일본의 헌법이 이에 해당된다.

셋째, 결합설로서, 국가와 대학의 상호보완적 관계를 고려하여 학문의 자유를 제도적으로 보장함과 동시에 개인적 기본권의 결합으로 보는 설이다. 결합설은 학문의 자유가 학자 개인의 주관적 권리이면서 동시에 대학의 자율권임을 강조한다.

우리나라 헌법에서도 학문의 자유를 제도적으로 보장하고 있다. 22조 1항에서는 "모든 국민은 학문과 예술의 자유를 가진다"고 하였고, 31조 4항에서는 "대학의 자율성은 법률이 정하는 바에 의하여 보장된다"고 했다.

(3) 학문의 자유의 한계

학문의 자유는 교수가 학문활동을 하는 데 절대적으로 중요한 자유이다. 1915년 미국에서 미국대학 교수협의회(AAUP)가 설립되어 선언문을 발표한 이유도 학문의 자유를 수호하기 위함이었다. 하지만 이후 1940년 발표된 '원칙에 관한 성명'에서 볼 수 있듯이, 학문의 자유에는 몇 가지 조건이 따른다.[59]

첫째, 교수의 연구와 발표의 자유를 최대한 보장하면서도 대학 바깥에서 기금을 받고 행하는 연구는 사전에 대학당국의 이해를 얻어야 한다.

---

59) 박덕원, 『대학과 학문의 자유』, 72-74.

둘째, 대학 강의실에서 교수의 강의는 자유이지만 강의 주제와 무관한 토론을 하지 말아야 한다.

셋째, 교수의 특권에는 의무가 따르는데, 예를 들면 학자의 발언은 늘 정확하여 자제력을 발휘하고, 타인의 의견을 존중하며, 자신이 대학의 대변자가 아니라는 것을 염두에 두어야 한다.

그 외에도 교수가 누리는 학문의 자유는 학생들이 누리는 '학습의 자유' 혹은 '학습권'과 충돌할 수 있다. 학생들의 학습권은 학생에게 보장된 헌법적 권리로서 교수의 수업거부나 태만행위로 말미암는 불이익을 당하지 않을 기본권이다.

한편, 교수의 학문의 자유는 그가 속한 대학공동체에 의해서도 제한될 수 있다. 한 예로, 종교법인에 의해 설립된 사립대학의 경우 종교적 건학 이념을 유지하고 발전시키기 위해 학문의 자유에 대해 제한할 수 있다. 물론 그 경우에 대학은 사전에 그러한 내용들에 대해 충분히 고지하고 알릴 필요가 있으며, 규정을 적용하는 데 있어서 적법하고 신중해야 하며, 해당자에게는 충분히 소명할 기회를 제공해야 한다.

우리나라 헌법 제37조 2항에서는 국가의 안전보장, 자유시민적 질서 유지, 그리고 공공복리를 위해 필요한 경우에는 법률에 따라 학문의 자유를 제한할 수 있다고 했다. 이때 헌법 전문에 있는 자유민주적 기본질 서는 학문의 자유를 제한하는 법률적 판단의 근거가 된다. 학문의 자유 가운데 연구의 자유는 내면적인 자유이므로 절대적 자유권에 속한다. 하지만 연구 결과의 발표나 교수(가르침)의 자유, 그리고 집회·결사의 자유는 학문의 자유를 외부적으로 표현하는 것으로서 사회적 영향력이 크기 때문에 최소한의 범위 안에서만 제한할 수 있다고 보고 있다.

대법원 판례에 따르면, 헌법이 보장하는 학문의 자유는 진리의 탐구를 순수한 목적으로 삼는 경우에 한하여 보호받을 수 있는 것이지만, '반

국가단체를 이롭게 할 목적으로 공산주의 관련 서적을 소지하고 있었다면 그것은 학문의 자유의 한계를 넘어선 것'이라 본다. 또, '반국가단체 또는 국외공산계열의 활동을 찬양, 고무, 동조, 기타 이롭게 하는 행위를 할 목적으로 학문 연구활동을 빙자하여 문서, 도서, 기타의 표현물을 제작, 수입, 복사, 운반 또는 발표하는 등의 행위를 하는 경우'도 학문 연구로 볼 수 없다고 한다. 이처럼 우리나라 법원은 분단이라는 특수 상황에서 법을 적용하는데 있어서 학문의 자유의 한계를 결정할 수 있는 기준을 '이적성(利敵性)' 여부에 두고 있다. 문제는 그 기준이 '북한의 주장에 동조한다', 또는 '국가변란을 선전 선동한다'는 식으로 애매모호하게 판시되는 경우가 많다는 점이다.[60]

학문의 자유가 공공의 안녕과 질서에 중대한 영향을 끼친다고 판단될 때에도 법률에 따라 학문의 자유에 대해 어느 정도 제한을 둘 수 있다. 그럼에도 불구하고 학문의 자유에 대한 제한이나 통제는 원칙적으로 최소한의 범위 안에서 학자들의 자율적 통제에 맡겨두는 것이 최상의 방법이다.[61]

5) 한국교회 현실에서 학문의 자유

(1) 한국 교회사에 나타난 학문의 자유 침해

1992년 감리교신학대에서는 변선환과 홍정수 교수가 종교다원주의와

---

60) 김정인, 「학문의 자유와 국가보안법」, 교수노조 외 4개 학술단체, 「국가보안법과 강정구교수 필화사건」 발표, 2005, www.demos.or.kr
61) 허영, 『한국헌법론』 전정2판, 박영사, 2006, 418-419.

포스트모더니즘을 수용했다는 이유로 '출교'형을 받고 해직되었다. 1990
년 11월 24일 가톨릭문화원이 주최한 '기독교 · 불교 · 천주교 대화모임'
에서 변선환 교수가 '불타와 그리스도'라는 제목으로 강연을 하게 되었
다. 여기서 변선환 교수는 개종을 목표로 하는 기독교의 선교가 보편적
이고 다원적인 선교로 바뀌어야 한다고 강조했다. 한편, 홍정수 교수는
1991년 3월 30일 〈크리스찬 신문〉의 부활절 특별기고문에서 포스트모던
신학을 "과학의 지배에서 벗어나 종교언어로서의 독자성을 회복하려는
신학운동"이라 정의했다.[62] 이에 대하여 감리교단은 1991년 10월 특별
총회에서 종교다원주의와 포스트모던신학이 감리교의 신앙과 교리에 위
배된다고 판결했다. 결국 1992년 5월 7일 재판위원회에서 두 교수는 유
일한 구세주를 부인하고, 예수의 부활사건과 육체적 부활을 부인하는 이
단적 신학사상을 가진 자들이라고 정죄되고 출교 판결을 받았다.

한편, 2003년 강남대 이찬수 교수는 종교다원사회에서 종교 간 대화
와 관용을 주제로 한 EBS방송 프로그램 '똘레랑스(제목: "단군상, 이성과 우상
의 경계에서")'에 출현하여 인터뷰를 하고, 대웅전의 본전불 앞에 엎드려 절
을 하게 된다. 이찬수 교수는 타종교에 대한 예의표시로서 불상 앞에서
절을 한 것이었다고 해명했지만, 기독교 단체들이 대학당국에 압력을 넣
음으로써 문제가 되고 말았다. 결국 2006년에 '강의내용과 행동이 기독
교적 창학이념에 적합하지 않다'는 이유로 대학에서 해직당했다. 교원소
청심사위원회나 대법원 모두 이찬수 교수 편을 들어주었지만 대학에 의
해 받아들여지지 않았다.[63]

---

62) 김주덕, 「한국교회 분쟁의 요인분석: 1992년 감리교의 '종교재판'을 중심으로」, 『한국기독교와
역사』 27, 2007, 228.

63) 「현대판 종교재판에 멍드는 사학」시리즈, 〈오마이뉴스〉, 2006년 9월–11월.

(2) 학문의 자유를 위한 교회법과 제도 마련의 필요성

위에서 언급한 변선환과 홍정수, 이찬수 교수의 사건에서 볼 수 있듯이, 비록 헌법이 학문의 자유를 보장하고 있음에도 불구하고 현실 속에서 얼마든지 학문의 자유가 침해될 수 있다. 물론 그 피해는 학자 자신의 개인적 고통만이 아니라 학문의 발전에도 부정적 영향으로 나타난다. 그래서 나라마다 학문의 자유를 보장하기 위해 학문의 주체인 대학 교수의 신분을 보장한다. 말하자면, '법률에 의하지 아니하고서는 교수가 그 신분상의 불리한 처분을 당하지 아니할 권리'를 보장한다. 비록 대학 교수가 잘못으로 징계를 받게 되더라도 '적정한 법의 절차에 의하지 않고서는 개인의 생명이나 자유, 재산을 박탈당하지 아니할 권리'를 지니기 때문이다. 따라서 대학에서 징계권자는 징계사유에 대한 명확한 원인과 증거를 제출하고, 해당 교수에게는 청문의 기회를 제공할 의무가 있다.

그럼에도 불구하고 위의 사건들에서 볼 수 있듯이 교회법이나 일반 법률제도의 엄격성이나 재판제도의 절차상 하자가 발견된다. 재판을 할 때에는 재판관의 자의적인 판단이 아니라 합리적 기준과 정당한 평가가 있어야 한다. 그런데 위의 두 사건 모두 재판과정에서 쟁점이 된 종교다원주의나 포스트모더니즘 신학사상에 대한 충분한 학술적 토론이 없이 몇몇 재판위원과 교계지도자에 의해 판결이 이루어졌다. 그리고 재판위원이 판결의 근거로 제시한 법적 조항도 불분명했다. 이러한 경우에서처럼 종교재단의 교리나 내규가 재판의 법적 근거가 될 때에는 내용의 해석을 둘러싼 갈등이 언제든지 생겨날 가능성이 있다. 재판에서 피고의 변호권은 충분히 보장되어야 함에도 불구하고 피고인에게 충분한 변론의 기회가 주어지지 않은 것도 문제다.[64] 재판부는 판결의 오판 가능성을 인정

---

64) 김주덕, 「한국교회 분쟁의 요인분석: 1992년 감리교의 '종교재판'을 중심으로」, 『한국기독교와

하여 뒤늦게라도 침해된 인권과 신분의 회복을 위한 예비 장치도 마련해 놓아야 한다.[65]

이러한 문제 외에도 더 중요한 문제는 대학 교수가 지니는 절차상의 권리만으로는 교원의 신분보장이 어렵다는 점이다.[66] 예를 들자면 사립학교 교원의 신분보장과 관련해서 '사립학교법'과 '교원지위 향상을 위한 특별법'이 있어 위법하거나 부당하다고 판단되는 경우 해당 교수가 교원소청심사위원회에 소청을 제기할 수 있다. 하지만 교원소청심사위원회의 재결이나 행정법원의 결정 자체는 사립학교법인에 대해서는 아무런 구속력을 지니지 못한다. 왜냐하면 사립학교법인은 학교운영의 자율권을 가지고 있어서 판결을 받아들일 수도 있고 거부할 수도 있기 때문이다. 이런 이유 때문에 부당한 처분을 받은 교수가 권리를 되찾으려면 반드시 민사법원에서 교원지위 확인을 받아야만 하는 어려움이 있다. 사립학교에서 교수의 학문의 자유가 제대로 보장되려면 관련된 법령이나 제도에 대한 보완이 필한 이유다.

(3) 신학과 교회의 바람직한 관계

역사적으로 살펴보면, 신학과 교회는 창조적 긴장 가운데에서 상호 보완적일 때 가장 잘 발전했다. '신학이 없는 교회'나 '교회와 무관한 신학'은 둘 다 불완전하다. 교회와 신학이 상호 생산적인 관계가 되기 위해 신학자는 '연구하는 목회자'로, 목회자는 '목회하는 신학자'의 태도를 지닐

역사』 27, 2007, 230–231.

65) 실제로 가톨릭교회는 2000년에 갈릴레이 갈릴레오나 조르다노 부루노에 대한 잘못된 판결을 시인하며 '참회의 해'로 선포했다.

66) 임재홍, 「사학의 '재임용 남용', 브레이크가 없다.」 오마이뉴스 기획특집, 「현대판 종교재판에 멍드는 사학」⑭, 2006년 11월 21일자.

필요가 있다.[67]

이러한 이유 때문에 교회는 먼저 신학이 하나의 학문활동임을 이해할 필요가 있다. 하나의 학문으로서 신학은 학문성을 필요로 한다. 신학적 진술이 보편타당한 진리로 인정되려면 합리적 논증을 통해 다른 사람들을 설득하거나 이해시킬 수 있어야 한다. 물론 신학의 연구 대상이 하나님이라는 점에서 신학은 일반 학문과 확연히 구분되는 것이 사실이다. 신학은 하나님을 연구 대상으로 삼기 때문에 사물을 객관적으로 다루는 과학자와 달리 인격적 관계에서 학문을 수행한다.[68] 그리고 신학의 연구 대상인 하나님이 인간의 이성을 초월한 존재이기에 신학은 어쩔 수 없이 학문적 한계를 인정해야만 한다. 어떤 학자도 하나님의 진리를 완전히 소유할 수 없기에 신학은 비판적이고 개방적인 태도를 지니게 된다. 그래서 신학은 다른 신학적 입장이나 교회 현실을 비판하게 되는 것이다. 그러다 보니 신학자들은 교리주의자들이나 문자주의자들과 어쩔 수 없는 갈등관계에 놓인다.

한편, 신학은 신앙공동체인 교회와의 관계에서 수행된다는 점에서 일반 학문과 다르다는 점을 기억해야 한다. 신학은 교회를 위해 존재한다. 칼 바르트(K. Barth)에 따르면, 신학의 과제란 하나님에 대한 교회의 이야기가 교회의 존재인 예수 그리스도와 일치하는가를 검증하는 데 있다. 좀 더 구체적으로 표현하면, 신학의 연구과제는 교회의 선포가 성서의 계시와 일치하는지 살피는 데 있다.[69] 그러나 '교회를 위한 신학'이라는 의미가 곧 '교회의 시녀로서의 신학'을 의미하지는 않는다. 신학은 교리를 연구하기도 하지만 교리를 비판하며, 성서를 연구하기도 하지만 문자적으

---

67) 최성수, 「신학과 목회의 관계로 보는 '신학의 학문성'」, 『목회와신학』 194, 2005, 173.
68) 김균진, 「'학문으로서의 신학'의 개념에 대한 연구」, 『신학사상』 45, 1984, 312-313.
69) 앞의 글, 316.

로 해석하는 데 만족하지는 않는다. 신학자는 교회의 현실을 이해해야 하지만, 교회에 아부하는 신학이 되어서는 안 된다. 학문이 진리를 추구하는 일이라면, 신학자는 오로지 진리만을 따르고 진리만을 두려워해야 한다. 진리를 추구하고 따르기 위해 신학은 이데올로기로나 교리주의, 교권주의로부터 해방되어야 한다. 그렇지 않을 경우 신학은 해방적 역할보다는 기득권을 정당화하는 이데올로기적 기능에 머무르고 말 것이다.[70]

6) 맺는 말

학문의 자유는 진리를 탐구하는 학자들의 본질적 권리에 속한다. 하지만 학문의 자유도 다른 모든 자유와 마찬가지로 남용될 위험성을 지니고 있다. 경우에 따라서 학문의 자유를 제한할 수 있다. 하지만 그런 불가피한 상황에서도 학문의 자유에 대한 제한이나 규제의 범위는 최소화되어야 한다. 제한과 규제의 방법 역시 국가 공권력이 아니라 그 분야의 전문 학자들이나 학계의 자율적 제한이어야 한다. 이는 학문이 전문영역이어서 학문의 자유의 남용을 전문가인 학자들이 다른 누구보다 잘 파악할 수 있기 때문이다. 학계는 윤리강령과 같은 자율적 규제의 원칙에 따라 고의로 진리를 왜곡하고 학문의 자유를 남용하는 사람들을 규제할 필요가 있다.

종교와 학문은 둘 다 진리를 추구한다는 점에서 공통적이지만, 신비성을 특징으로 하는 종교와 합리성을 특징으로 하는 학문 사이에는 늘 긴장과 갈등이 존재하기 마련이다. 그리고 이러한 긴장과 갈등 속에서 신

---

70) Jose L. Segundo, *The Liberation of Theology*, NY: Orbis Books, 1976, 39.

학과 교회는 각각 발전할 수 있었다. 교권주의자들에 의한 신학의 자유에 대한 과도한 제한은 학자의 기본권인 학문의 자유를 침해할 뿐만 아니라 교회의 미래를 위해서도 결코 바람직하지 않다. 학문으로서 신학이 전통교리를 되뇌는 과정이 아니라 진리를 탐구하는 일이라면, 학문의 자유는 반드시 보장되어야 한다.

만일 학문공동체인 대학에서 학문의 자유가 결여된다면, 그 책임은 무엇보다 학자와 대학의 구성원들 자신에게 있을 테고, 그것을 회복시켜야 할 책임 역시 그들의 몫이다. 학문의 자유는 다른 권리들과 마찬가지로 헌법이나 대학의 제도를 통해서라기보다는 오히려 학문의 주체인 학자들 자신의 의지와 노력에 좌우된다. 중세에 대학이 설립된 이후 대학은 줄곧 교황과 황제 사이에서 학문의 자유를 지키기 위해 투쟁해야 했다. 학문의 자유란 저절로 주어지는 것이 아니고 오직 그것의 가치를 인식하고 그것을 지키기 위해 투쟁한 사람들의 것이었다.

3.
대학생의 가치관과 대학선교[*]

1) 서론

우리나라에 기독교대학이 설립된 우선적 목적은 선교에 있었다. 구한 말 외국 선교사들은 복음전파를 통해 기독교 가치관을 지닌 인재를 양성 하고 하나님의 나라를 확장하려는 목적으로 우리나라에 고등교육기관을 설립하였다. 실제로 초창기의 기독교대학들은 사회 지도력만 아니라 교 회의 성장과 부흥에도 큰 영향을 미쳤다.[71] 하지만 세월이 흐르면서 기 독교대학에서 선교에 대한 열정은 여러 가지 이유로 말미암아 점점 식어 갔다. 심지어 기독교대학이 선교에 부정적 역할을 하는 일조차 생겨나고 있다. 대학에 입학하기 전 교회에서 열심히 신앙생활을 하던 젊은이들이 기독교대학에 들어오면서 신앙을 잃어버리는 경우까지 있어 기독교인 학부모와 교회 지도자들의 우려가 커지고 있다.

물론, 오늘날 젊은이들과 지식인들이 교회를 떠나거나 안티기독교

---

[*]   이 글은 「기독교대학 선교와 대학생의 가치관에 대한 연구」라는 제목으로 『대학과선교』 19, 2010에 실린 글을 약간 수정했다.

71)   조용훈, 『기독교대학: 한국 기독지성의 현실과 미래』, 한국장로교출판사, 2009, 95-96.

적 입장을 가지게 되는 원인을 기독교대학의 책임만으로 돌릴 수는 없다. 어쩌면 교회와 기독인의 책임이 더 크다. 학원복음화협의회가 조사한 2009년 자료를 보게 되면, 기독교 인구의 감소 원인을 묻는 질문에 대하여 기독 대학생은 기득권층 옹호나 비리연루 등 '기독교 이미지 실추'(28.5%), '독선적인 포교활동'(24.4%), '기독인의 신앙과 실천 사이의 괴리'(15.5%) 순으로 답을 했다. 같은 질문에 비기독 대학생은 '기득권층 옹호나 비리연루'(28.9%), '기독인의 신앙과 실천 사이의 괴리'(22.4%), '독선적인 포교활동'(15.0%) 순서로 답했다.[72]

이런 어려운 상황임에도 불구하고 기독교대학은 설립정신과 정체성을 회복하고 선교적 소명을 다하기 위해 노력해야 한다. 그것이 기독교대학의 설립목적이요 존재이유이기 때문이다. 그런데 '예수천당 불신지옥'을 외치는 노방전도나 캠퍼스 벤치에 쉬고 있는 아무 학생이나 붙잡고 사영리를 전하는 전통적인 전도방법은 자칫 부작용을 불러일으킬 수 있다. 이제 우리는 변화된 캠퍼스 환경과 대학생의 가치관에 상응하는 새로운 선교방법을 구상해야 한다. 그 방법 가운데 하나가 대학생의 가치관을 이해하는 수용자 중심의 선교전략일 것이다.

대학선교를 대학생의 가치관에 기초하여 정립하려는 이 논문의 내용은 크게 세 가지로 구성된다. 먼저, 복음의 수용자요 선교대상인 대학생 가치관의 특징을 살펴보겠다. 가치관은 문화의 핵심으로서 문화형성의 요인이기도 하며 동시에 문화의 영향을 받기도 한다. 그런 다음 대학선교를 위한 구체적 선교전략으로 기독교적 가치관 형성을 위한 인성교육과 대학공동체 형성으로 구분하여 살펴보겠다.

---

72) 학원복음화협의회 편, 『2009 한국 대학생의 의식과 생활에 대한 조사 데이터북』, 학원복음화협의회, 2009, 99.

2) 대학생의 가치관

(1) 대학생의 가치관과 대학문화

일반적으로 가치관이란 인간생활에서 이뤄지는 가치선택을 하는 데 있어서 일관되게 작용하는 가치기준을 가리킨다. 가치관은 거룩함과 속됨, 옳음과 그름, 아름다움과 추함, 그리고 선과 악을 판단하는 기준이 된다. 가치관은 개인의 삶의 방식과 행동에 영향을 미침으로써 삶의 일관성을 유지하도록 만든다. 가치관은 한 인간의 존재됨을 결정하기도 하는데, 이는 어떤 가치를 선택하고 거기에 자신을 헌신하느냐에 의해 그의 운명이 결정되기 때문이다. 그리고 가치관은 개인만 아니라 사회에도 영향을 미친다. 흔히 사회의 위기는 정신적 위기이며, 정신적 위기란 결국 가치관의 붕괴로 이해되기 때문이다.[73] 가치지향적인 존재인 인간이 가치에 따라 판단하고 행동하는 것을 포기하고 본능과 충동에 따라 판단하고 행동할 때 사회는 어쩔 수 없이 혼란과 위기에 빠지게 된다.

한편, 모든 문화는 특정한 가치체계를 중심으로 통합되어 있다는 점에서 가치관과 문화는 깊은 관련이 있다. 문화란 특정한 가치를 공유하는 사람들에 의해 형성되고 유지된다. 그리고 가치관은 공동체 구성원을 정신적으로 묶어줌으로써 문화를 유지하고 발전시키는 데 기여한다. 이처럼 가치관이 문화의 핵심을 구성하고 있기 때문에, 문화창조는 가치관의 창조를 통해서, 문화변혁은 가치관의 변혁을 통해서라야 가능해진다.

거꾸로 문화는 가치관 형성에 영향을 주기도 한다. 이는 특정한 문화권에 속한 구성원의 가치관 형성에 영향을 미치는 규범이 곧 문화이기

---

73) 고범서, 『가치관연구』, 나남, 1992, 32.

때문이다. 정수복은 문화가 구성원의 강제적 규범 역할을 한다는 의미에서 '문법'과 같은 것으로 이해한다.[74] 문화적 문법은 그 문화를 공유하는 구성원들 사이에 당연한 것으로 받아들여져 거의 의식되지 않으면서도 구성원의 행위를 규제한다.

따라서 우리가 대학생의 가치관을 이해한다는 것은 곧 대학생의 문화를 이해한다는 의미가 된다. 대학생 문화란 결국 대학생의 가치관이 겉으로 드러난 행동으로서 대학인의 일상생활에 나타나는 삶의 현실 전체를 의미하는 것이기 때문이다. 따라서 우리가 대학생 문화의 창조와 변혁에 관심을 두고 대학선교의 목표를 대학생에게 두는 한, 반드시 대학생의 가치관을 이해하는 데 관심해야 한다. 이럴 때 대학선교란 대학생들로 하여금 기독교적 가치관을 형성하도록 돕는 일이 된다. 아래에서 우리는 우리 시대 대학생들이 지닌 가치관의 특징을 살펴보도록 하겠다.

(2) 자연주의 가치관

자연주의 가치관이란 일체의 초월적이고 신비적인 초자연을 거부하는 과학주의적 가치관을 가리킨다. 자연주의 가치관에서는 인간의 이성이나 자연의 한계를 넘어선 어떤 존재도 인정하지 않는다. 자연주의 가치관에서는 생명현상조차 오로지 물리화학적으로만 설명될 수 있는 물리적 세계의 한 부분이요 그 산물로 간주한다. 인간존재 역시 전적으로 자연의 산물이며 자연의 일부에 불과하다. 자연주의 가치관에서 진리란 이성으로 설명되고 인간의 감각기관으로 검증될 수 있는 것만 진리로 인정된다. 그 결과 과학적 지식은 인간의 모든 신념과 도덕적 판단까지 결정

---

74) 정수복, 『한국인의 문화적 문법』, 생각의나무, 2007, 47-48.

하게 되며, 인간사의 모든 문제를 해결하는 데 결정적 요소로 생각된다. 지식과 행위의 문제에 대해 오로지 과학적인 접근과 방법에만 타당성을 부여하는 과학주의적 가치관의 영향으로 말미암아 신앙은 기독교대학에서조차 사적인 일로서 이해되어 강의실이나 연구실에서 배제된다.

그런데 학문 연구에서 종교적 신앙과 과학적 학문이 분리된 것은 비교적 최근의 일이다. 중세에 대학이 설립된 이후 줄곧 대학의 학문활동에서 학문과 신앙은 조화를 이루었다. 로저 베이컨이나 쿠사의 니콜라스 같은 중세 과학자들은 물론 코페르니쿠스, 갈릴레이, 케플러, 뉴턴 같은 근대 과학의 개척자들까지도 한결같이 기독교 세계관의 토대 위에서 학문활동을 했다. 케플러를 예로 들면, 그는 물리 자연적인 세계 속에서 수학적인 조화를 발견하고, 거기서 신이 세계를 창조한 질서와 기적을 보았다. 그에게서 수학은 신의 유일하고도 영원한 정신적인 인장(印章)과 같았다. 그는 자연에 대한 연구야말로 수학적인 자연법칙으로 자신을 표현한 신을 인식할 수 있는 좋은 길이라고 보았다.[75]

그러나 과학 실증주의가 등장하면서 학문과 신앙은 점차로 서로 대립하고 갈등하는 관계로 변했다. 그것은 과학 실증주의자들이 종교적 신앙은 주관적이어서 객관성과 보편성을 추구하는 학문활동을 저해한다고 비판했기 때문이다. 그들에게 있어서 과학적 지식이란 객관적 실험과 검증 가능한 경험에서 나오는 반면에, 종교적 신앙은 주관적 체험에서 나오는 것이다. 과학 실증주의가 발전해가면서 학자들은 과학 이외의 다른 학문 분야들을 하찮은 것으로 여기고 심지어 비학문적인 것으로까지 폄하했다.[76] 이러한 자연주의 가치관이 지배하는 대학문화의 영향 아래 대학생들은 종교를 무시하고 신앙을 멀리하는 경향이 있다.

---

75) 김필년, 『동—서문명과 자연과학』, 도서출판 까치, 1992, 104.

76) 신득렬, 『위대한 대화: R. M. Hutchins 연구』, 계명대학교출판부, 2002, 57.

(3) 현세주의 가치관

현세주의란 이상적 삶이나 이념 대신에 현세에서의 행복, 즉 재물이나 권력, 쾌락을 추구하는 데 삶의 우선권을 부여하는 가치관을 뜻한다. 물질적 풍요 외에도 장수, 무병, 가족의 안녕, 일류대 입학, 대기업 취업, 고시합격, 명문가문과 결혼 등이 한국인이 추구하는 현세적 목표들이다.[77]

본래 모든 종교와 철학은 현세에서의 욕구 충족이 결코 최고의 가치가 될 수 없다고 가르친다. 세상에서 먹고 마시고 즐기고 성공하는 것이 행복의 길이 될 수 없다고 가르친다. 그럼에도 불구하고 한국의 전통종교에는 현세와 초월적 영역 사이의 긴장이 없거나 약하여 현세중심적 가치관이 형성되었다. 한국인의 종교적 심성의 심층부를 형성하고 있는 샤머니즘을 보면 현세에서의 무병장수가 종교행위의 중요한 목적이 된다. 불교는 본래 현실 부정에서 출발했으나 기복적인 샤머니즘의 영향을 받아 현세주의적 종교로 변질되었다. 내세관이 분명하지 않은 유교 역시 사후세계보다는 현세에서의 삶에 관심이 높다. 기독교 역시 신앙의 본질에 속하는 종말론이 약해지면서 현실에서의 물질적 축복과 성공을 강조함으로써 점점 더 현세주의적 종교로 변질되고 있다.

요즘 대학생은 과거 대학생에 비해 현세주의적 성향이 강한 편이다. 이런 변화는 대학생의 가치관 변화 연구조사에서도 명확히 드러났다. 한덕웅의 연구조사에 따르면, 1970년대에는 '이상을 추구하기 위한 자기통제'가 1순위였으나 2002년에는 네 번째 순위로 밀려났다.[78] 1970년대에 세 번째로 선호되었던 '명상을 통한 내적생활' 역시 2002년에는 7위

---

77) 정수복, 『한국인의 문화적 문법』, 110.

78) 한덕웅, 「한국인의 인생관으로 본 가치관 변화: 30년간 비교」, 『한국심리학회지』 17, 2003, 55.

로 밀려났다. 1960‒70년대의 대학생을 보면, 현실보다는 이상과 낭만에 더 많이 관심을 두었던 것 같다. 그들의 직업관은 직업적 안정이나 물질적 성공보다는 자아를 실현하는 데 있었다. 그들은 어두운 정치현실에 맞서서 저항의 문화를 만들기도 했는데, 그것은 저들이 현실보다는 이상을 더 중요한 가치로 생각했기 때문에 가능한 일이었다. 하지만 요즘 대학생들은 너무나 현실주의적이어서 순수한 학문 연구는 물론 사회·정치문제에 대해서도 별다른 관심이 없어 보인다.

　다른 연구조사들 역시 비슷한 현상을 보여주고 있다. 이현청의 연구조사에서는 '인생에서 가장 가치있는 것이 무엇인가?' 하는 물음에 성숙한 인격(9.4%), 우정(10.2%), 사랑(12.1%)과 같은 가치보다는 '직업에서의 성공과 성취, 능력 발휘를 통해 인정받는 삶'이라고 대답한 사람이 30.3%나 되었다.[79] 건국대가 2009년 조사한 자료를 보면, 학생들의 직업 선택, 이성교제, 그리고 대학 선택에서 10년 전에 비해 현세주의적 경향이 강해졌음을 알 수 있다. 직업 선택의 경우 2000년에는 '적성'이라고 답한 사람이 60.5%였으나 2009년에는 46%로 감소했다. 반면 '보수'를 선택한 사람이 9.5%에서 15%로 늘었다. 대학선택의 기준도 '취업 전망'이라고 답한 사람이 9.3%에서 14.7%로 늘었다. 이성의 선택에서도 2000년에는 '성격'이라고 답한 사람이 65.1%였지만 2009년에는 40.8%로 급감했다. 대신 이성의 '경제적 능력을 가장 중시한다'고 답한 사람도 1.0%에서 2.6%로 늘었다.[80] 이러한 현세주의적 가치관은 그들이 대학의 학과를 결정할 때 이미 예견된다. 대학생이 택하는 인기학과는 거의 대부분 현세에서의 출세나 물질적 성공과 관련된 학과들임을 알 수 있다. 그러다보니 대학생들에게 기성세대와 다르게 실험적이고 대안적인 대학문화

---

79)　이현청,『한국의 대학생』, 원미사, 1999, 37.

80)　"요즘 대학생 '현실이 중요'", 〈국민일보〉, 2009월 11월 2일자.

를 기대하는 일이 힘들게 되었다.

(4) 물질주의와 소비주의 가치관

일반적으로 물질주의란, 정신적 가치보다는 물질적 풍요를 인생의 행복으로 보는 가치관이다. 물질주의는 돈이 최고이며, 돈이면 무엇이든 할 수 있다는 황금만능주의(배금주의)를 낳는다. 돈이면 안 되는 것이 없다고 생각할 뿐만 아니라 돈을 위해서라면 무엇이든 할 준비가 되어 있다. 일제강점기와 한국전쟁으로 인한 가난과 빈곤의 경험은 유신체제 아래 경제성장 이데올로기를 정당화하면서 물질주의 가치관을 강화시켰다. 오늘날 대학생들 사이에 물질주의적 가치관은 깊이 새겨져 있다. 인간 행복의 조건에 대해 묻는 질문에서 학생들은 탈물질적 가치, 예를 들면 철학이나 종교보다는 물질적 풍요가 훨씬 더 중요한 요소라고 답했다.[81] 물질주의 가치관은 우리나라가 1997년 경제위기를 겪으면서 더 강화된 것으로 알려져 있다.

물질주의는 1980년대의 높은 경제성장의 시대를 지나면서 소비주의를 낳았다. 소비사회에서 사람들은 더 많은 물질 소비가 곧 더 많은 행복이라고 생각한다. 오늘의 대학생들은 1980년대의 높은 경제성장 덕분에 물질적 풍요를 누리고, 1990년대 이후에는 소비의 주체로서 활동하고 있는 소비세대라 하겠다. 소비에 있어 상품이 지닌 가치와 상징이 중요해지면서 대학생들도 경제력의 유무와 상관없이 명품 브랜드를 선호한다. 소비사회에서 대학생들은 자신의 정체성과 개성을 독특한 패션과 헤어스타일, 장신구 같은 상품 소비를 통해 드러내려 한다. 그래서 그들은 경

---

81) 손영호, 「대학생의 가치관 조사 연구」, 『학생생활연구』 18, 1996 , 29–54.

제적으로 가능하기만 하다면, 최신 핸드폰이나 노트북과 같은 전자제품을 사고 싶어 하며, 심지어 자동차 구매에도 관심이 높다. 가지고 싶은 물건을 사기 위해서 밤샘 아르바이트도 마다 않고, 쉽게 돈을 벌 수 있다면 매춘도 나쁘지 않다고 생각한다.

대학생의 물질주의와 소비주의 가치관은 대학문화의 꽃이라고 할 수 있는 대학축제에서도 확인할 수 있다. 대학이 '지성의 전당'이라는 말이 무색할 정도로 대학축제에서 학술관련 행사들은 사라지고 그 대신 먹고 마시고 노는 행사들이 그 자리를 차지했다. 게다가 비싼 돈을 들여 유명 연예인을 초청하지 않으면 아예 학생들을 모을 수 없게 되었다. 특히, 대학 주변의 캠퍼스 타운을 보면 옷집, 미용실, 화장품점, 커피숍, 빵집, 음식점, 구둣가게 등이 즐비하여 대학생의 소비욕구를 충족시키고 소비욕망을 부추기고 있다.

대학생의 소비주의 가치관은 여러 가지 문제를 안고 있다. 우선, 근면과 성실 같은 전통적 미덕들이 소비와 쾌락이라는 현실적 욕구에 밀려나고 있다. 그리고 상품이란 결국 기업의 마케팅에 의해 좌우되는 것이기 때문에, 상품 소비에 기초한 대학생들의 자아정체성은 언제나 불안할 수밖에 없고, 개성은 언제나 획일적일 수밖에 없다. 더 나아가 물질주의적 가치관과 소비주의 문화의 확산은 학생들로 하여금 자신의 내면세계에 대하여 무관심하게 만들고 종교적 가치와 중요성을 점차 약화시켜 탈종교화를 가속화시킨다. 이러한 분위기는 기독교대학에서조차 종교나 인문교양에 대하여 무관심하게 만드는 원인으로 작용한다.

(5) 개인주의 가치관

가족주의가 강한 유교사회의 영향을 받았던 우리는 오랫동안 집단주의 문화 속에 살아왔다. 우리 사회에서는 반개인주의적 종교문화 전통, 민족주의와 사회주의에 의한 억압, 일제강점기 개화파 지식인의 변절, 해방 이후 지식인의 반개인주의 정서, 도시화로 인한 무규범 상황, 동아시아 발전모델, 왜곡된 서구중심주의 비판 등의 요소로 말미암아 개인주의 대신 집단주의 문화가 지배적이었다.[82] 집단주의 문화에서는 개인의 이해보다 집단의 이해를 우선한다. 자신의 정체성을 집단 안에서 찾고, 집단의 목표를 자신의 목표로 동일시한다. 가족, 문중, 그리고 국가라는 이름으로 개인의 자유와 권리를 침해하는 일이 문제되지 않는다. 하지만 우리 사회에도 산업화와 도시화, 정치적 민주화가 이루어지고 정보화시대가 도래하면서 개인주의 가치관 형성의 조건들이 생겨났다.

개인주의란, 개인이 자율적 판단과 행동의 주체가 되는 것으로서, 개인의 선택을 존중하고 개인의 자유를 최고의 가치로 삼는다. 우리는 개인주의를 이기주의와 동일시하거나 사회적 혼란의 원인으로 비난해서는 안 된다. 하지만 우리는 의무가 없는 권리, 책임이 없는 자유, 공동체 없는 개인만 생각하는 개인주의가 지닌 문제점들을 가볍게 생각해서도 안 된다.

오늘의 대학생들은 기성세대에 비해 개인주의적 성향이 훨씬 강한 편이다. 자기만족과 자기계발에 우선적 관심을 가지며, 개인적인 싫고 좋음이 명확하고, 그것을 표현하는 데에도 비교적 솔직하다. 젊은 세대는 개성과 다양성을 존중하며, 탈권위주의적이다. 성균관대 한덕웅 교수가 수행한 '20년간 대학생의 가치관 변화'라는 연구조사에서도 확인되듯이, 요즘의 대학생들은 국가보다는 개인의 행복을 훨씬 중시한다. 1982년 18개 가치항목 순위에서 2위를 차지했던 '나라의 안전'은 92년에는 11위

---

82) 정수복, 『한국인의 문화적 문법』, 404–443.

로 떨어진 데 이어 2002년에는 17위로 추락하였다. 반면에 1992년 4위를 차지했던 '개인의 행복'은 2002년 가장 중요한 가치로 뛰어올랐다.[83] 목원대학의 연구조사에서도 대학에 입학한 이유가 '국가와 민족에 공헌하는 일꾼이 되기 위해서'라고 대답한 비율이 1976년 31.2%에서 1986년에는 16.1%로, 그리고 1996년에는 13.7%로 계속해서 줄어들고 있음을 확인할 수 있다.[84] 1970년대의 대학생들과 달리 지금의 대학생들은 저항하고 투쟁하는 경우에서조차 사회적 정의라는 가치보다는 자아실현이나 개인적 자유의 가치를 목적으로 하는 경우가 많다.

경제위기가 계속되고 취업난이 심화되면서 대학 내 개인주의도 더 심해질 전망이다. 개인주의가 지닌 문제점은 개인의 자유와 가치를 지나치게 강조함으로써 공동체와의 결속이 약화될 수 있다는 점이다. 자기의 생각과 이익만을 강조하는 자기중심주의나 이기주의에 빠질 위험도 커진다. 실제로 개인주의적 가치관으로 말미암아 대학 내 학생 동아리 활동이 약화되었고, 선후배 사이의 관계도 멀어졌다. 심지어 동료 학우들과의 관계도 소원해짐으로써 대학공동체 형성의 과제는 점점 어려워지고 있다.

(6) 감성주의 가치관

한국인은 합리성과 원칙보다는 정서와 감정을 중시하는 경향이 있다. 정(情)과 한(恨)이야말로 한국인의 심리적 특징을 잘 설명하는 개념들이

---

83) 「1982년–2002년 대학생 가치관 '나라 안전'서 '개인 행복' 중시로」, 〈한겨레신문〉, 2003년 4월 8일자.

84) 박영복, 「20년간의 목원대학생들의 가치관 변동에 관한 비교 연구(1976–96)」, 『목원대학교논문집』 33, 1997, 52.

라 할 수 있다.[85] 대학생의 감성주의에 영향을 준 요소 가운데에는 컬러 TV, 컴퓨터, 비디오 등과 같은 다양한 영상매체를 들 수 있다. 영상매체를 통해 형성되는 영상문화는 감성적 특징을 강화하는 경향이 있다. 활자가 논리성과 합리성의 매체라면 영상은 감각과 감성의 매체라고 할 수 있다. 영상매체는 이미지와 외양(外樣)을 중시하는데, 그 결과 대학생들은 논리적 심사숙고가 아니라 감각적 판단에 따라 행동하며, 미래의 득실보다는 당장의 싫고 좋음을 기준으로 삼는다. 그리고 자기절제 대신에 자기표현을 강조하고, 감성의 억제가 아니라 감성의 표출을 중요하게 생각한다.[86] 관찰하고 분석하고 종합하여 합리적으로 따지는 일보다 직관과 느낌에 따라 판단한다. 어떤 일이든지 재미와 즐거움을 추구하는데, 수업에서도 좋은 수업이란 재미있는 수업이며 채플마저도 재미를 주지 않으면 학생들로부터 외면을 받는다. 이들의 독서문화도 고전으로 알려진 무거운 작품들이나 복잡한 이론서적들보다는 아무 데서나 부담 없이 볼 수 있는 쉽고 가벼운 책들을 중심으로 형성된다. 책의 내용보다도 표지나 책의 디자인에 더 관심을 기울인다. TV 프로그램도 교양이나 다큐멘터리보다는 쇼프로나 코미디를 더 좋아한다.

감성주의 가치관은 윤리관에도 영향을 미친다. 오늘날 대학생의 윤리적 판단기준이 되는 것은 개인의 감정, 즉 기분 좋음과 기분 나쁨이다. 감성세대는 무엇이 옳고 그른가를 따지기보다는 무엇이 좋고 무엇이 싫은가를 따진다. 그들에게 도덕적 악이란 기분 나쁜 일이며, 도덕적 선이란 기분 좋은 일이다. 그런 의미에서 대학생들의 윤리관은 도덕적 쾌락주의와 가깝다고 하겠다. 쾌락주의는 모든 형태의 고통을 피하는 것과 쾌락의 추구를 목적으로 하기 때문에 육체적 욕구를 억압하려는 금욕주

---

85) 정수복, 『한국인의 문화적 문법』, 115-116.
86) 김창남, 「90년대 한국 신세대 대중문화의 특성과 한계」, 『현대사회』 43, 1996, 53.

의 윤리관을 거부한다. 대신에 육체적 욕망과 표현을 당연하게 생각하고
장려한다.

(7) 개방적 성윤리

일찍이 1960년대 미국에서 성혁명이 일어난 이후 성 문화는 우리 사
회에서도 점점 더 개방적으로 변해가고 있다. 과거에는 성이 지나치게
억압되고 악마시되었다면, 지금은 성이 지나치게 개방되고 우상시되는
것 같다. 낮과 밤, 그리고 공적 영역과 사적 영역 사이에 존재하는 이중
적 성 문화 역시 개선되지 않고 있다. 이런 상황에서 인터넷이 급속하게
보급되면서 성의식의 변화만이 아니라 성에 대한 왜곡된 생각이나 표현
도 심각한 사회문제가 되고 있다. 학원복음화협회의 최근 자료에 따르
면, 인터넷이나 책을 통해 포르노그래피를 경험한 사람은 기독 대학생이
나 비기독 대학생의 구분 없이 70% 이상이나 되었다고 한다.[87]

대학생 성의식 변화에 있어 가장 뚜렷한 점은 혼전성관계에 대한 개방
적 태도다. 청주대에서 실시한 한 연구조사를 보면, 혼전순결에 대해 묻
는 질문에 '꼭 지킬 필요는 없다'고 대답한 사람이 39.7%, '지키지 않아
도 된다'고 응답한 사람이 28.9%나 되어 70% 남짓의 학생들이 혼전순
결에 대해 개방적 태도를 지니고 있음을 알 수 있다.[88] 기독교대학인 연
세대가 2006년 연구조사에서도 혼전성관계를 묻는 질문에 39%는 '결혼
과 성관계를 연결시킬 필요가 없다'고 답했고, 36%는 '결혼할 사이라면
혼전순결을 꼭 지키지 않아도 된다'고 답했다.[89] 같은 기독교대학인 한남

---

87) 학원복음화협회 편, 『2009 한국 대학생의 의식과 생활에 대한 조사 데이터북』, 108.

88) 손영호, 「대학생의 가치관 조사 연구」, 청주대학생생활연구소, 『학생생활연구』 18, 1996 , 48.

89) 한인철 외, 「기독교 이해 과목의 효율적 운영에 관한 연구」, 『대학과선교』 13, 2007, 209.

대에서 2003년 실시한 조사에서도 '혼전순결을 무조건 지켜야 한다'고 응답한 학생은 전체 응답자의 27.6%에 머물렀다. 혼전동거에 대한 질문에서도 결혼(36.4%)이나 사랑(34.1%)을 전제로 70%나 되는 대학생들이 동거를 찬성하고 있다.[90]

성 해방은 단순히 성 가치관 문제와만 관계된 것이 아니라 결혼이나 가정에 대한 가치관은 물론 일반 도덕의 가치관과도 관련된 것으로서 사회적으로나 기독교윤리적으로 깊이 관심해야 할 이슈다. 주목할 사실은 성윤리에 있어서는 기독교인 대학생이나 비기독교인 대학생 사이에 크게 차별성이 나타나지 않는다는 점이다. 기독교가 비기독인 성윤리교육에 앞서 기독인 성윤리교육에 우선적으로 관심할 필요가 있음을 알 수 있다.

3) 기독교대학의 선교적 과제

(1) 수용자 중심의 대학선교 신학과 전략

예수님께서 제자들에게 '가서 모든 민족을 제자로 삼으라(마 28:19)'고 하셨을 때, 선교란 이미 다른 민족이나 다른 문화권과의 만남을 전제로 하고 있다. 그런데 다른 문화권과의 만남에선 어쩔 수 없이 긴장과 갈등이 생겨나기 마련이고, 그것을 해소하기 위한 의사소통 문제가 중요한 선교적 과제로 대두될 수밖에 없다. 전달되어야 할 복음의 내용만큼이나 중요한 것이 복음을 전달하는 방법의 문제다. 테오 순더마이어(T. Sundermeier)가 주장했듯이, 복음을 전한다는 것은 우편물 집배원이 단지

---

90) 한남대 학생상담센터, 「2003학년도 한남대학교 성의식 및 성폭력 실태조사 보고서」, 2003년 11월, 7-8.

편지를 배달하듯이 하나의 소식을 전달하는 것이 아니라, 그 소식을 받는 사람과 맺는 사랑의 관계까지 의미한다.[91] 따라서 선교에 대한 이해는 전달되어야 할 텍스트에 대한 이해만이 아니라, 그 소식을 받아들이며 그 소식의 일부가 되는 수신자에 대한 이해까지 전제하는 해석학적 작업이다. 이러한 선교 이해를 우리는 '수용자 중심의 선교'라고 표현할 수 있다.

이와 달리 전통적 선교신학은 선교자 혹은 전달자 중심의 관점에서 전개되었다고 볼 수 있다. 복음을 갖지 못한 이방인들에게 복음을 제공하는 복음의 전달자 혹은 공급자의 관점으로 선교 과정을 이해하고 선교신학을 정립했다. 그런데 이러한 선교신학에 기초한 선교활동은 종종 '잘 준비한 선물이지만 주소가 잘못되어 되돌아온 소포' 같은 결과를 가져왔다.[92]

이런 결과는 대개 수용자에 대한 이해가 부족에서 생겨난 것이다. 특별히 우리가 관심하고 있는 기독교대학에서 학생들 사이에 일어난 변화를 충분히 감지하지 못한 결과다. 전통적 선교신학이 기반으로 갖고 있던 권위주의적 인간관계, 독점적 정보구조, 엄숙주의가 대학생들 사이에서 빠르게 해체되고 있다. 선교 대상인 학생들의 능동성이 커지고, 그들 사이의 이질성까지 커지면서 선교신학은 단순히 피선교인들의 집단적 특성을 분석하여 분류하고 그들이 선호하는 복음의 양태를 분류하는 작업만으로 충분하지 않게 되었다. 게다가 위에서 살펴본 것처럼 대학생들은 점점 더 종교와 신앙에 무관심한 세속주의적인 가치관의 영향으로 탈종교화되고 있다. 그리고 기타 여러 가지 이유에서 기독교에 대한 이미

---

91) 박승인, 「다문화 사회에 직면한 기독교 선교를 위한 신학적 해석학의 과제」, 『대학과선교』 14, 2008, 191.

92) 박양식, 「대두하는 문화 속의 대학선교」, 『대학과선교』 9, 2005, 15.

지는 지속적으로 나빠지고 있어 선교활동의 어려움은 더 커지고 있다.

이런 곤란한 상황에서 효과적인 대학선교 전략을 마련하는 데 있어서 우선적으로 고려해야 할 것은 수용자인 대학생을 이해하고 그것을 전제하여 선교 전략을 마련하는 수용자 중심의 선교다. 이러한 수용자 중심 선교에는 다음과 같은 특징이 있다.[93]

① 선교자는 전문능력을 유지할 필요가 있다.
② 선교자가 아니라 수용자가 주도성을 갖는다.
③ 수용자의 욕망은 인정된다.
④ 수용자의 욕망뿐만 아니라 희망 역시 무시되거나 억압되지 않는다.
⑤ 선교자의 탁월한 윤리성이 요청된다.

변화하는 시대의 가치관을 고려한 대학 선교 전략으로 반신환은 다음 일곱 가지 프로그램을 제안한다.[94]

① 고정관념에 도전하는 젊은이들을 위한 프로그램.
② 감성적인 세대에게 감동을 줄 수 있는 프로그램.
③ 학생들이 능동적으로 참여할 수 있는 프로그램.
④ 지식을 포함하면서도 그것을 넘어설 수 있는 총체적 영성 프로그램.
⑤ 모든 선교 활동 및 프로그램에서 느낄 수 있는 재미와 느낌.
⑥ 공동체의 형성.
⑦ 이미지보다는 실재를 경험할 수 있는 프로그램.

---

93) 조용훈 외, 「기독교대학 복음화의 신학과 전략」, 『대학과선교』 13, 2007, 112–113.
94) 반신환, 「정보사회의 대학선교」, 『대학과 선교』 5, 2003, 248–250.

(2) 기독교적 가치관 형성을 위한 인성교육의 강조

가치관은 일생을 통해 개인의 생각과 행동에 영향을 미쳐 그의 인생을 결정할 뿐만 아니라 그가 속한 사회공동체에도 영향을 미친다. 따라서 대학교육은 무엇보다 학생들의 가치관 형성을 위한 교육이어야 하며, 특별히 기독교대학은 기독교적 가치관 형성을 위한 인성교육에 관심할 필요가 있다. 그럼에도 불구하고 오늘날 일반 대학은 물론 기독교대학에서 조차 인성교육은 직업교육이나 전문교육에 밀려 그 중요성이 약화되고 있다. 인성교육과 관련된 과목 수는 지속적으로 줄고 있고, 교수법 역시 강의에 치우쳐 있어 효과적인 인성교육이 이루어지고 있지 않다. 교육내용에 있어서도 포스트모더니즘의 영향 아래 가치관 문제에 대해서 중립적 태도를 가지려 하기 때문에 기독교적 정체성이 약화되고 있다. 그 결과 대학생들이 대학에 와서도, 그리고 대학을 졸업할 때에도 인생의 의미와 목적, 방향을 찾지 못하고 방황한다. 다양한 가치관 속에서 무엇이 바람직한 가치관인지 구분할 수조차 없게 되었다. 일반적으로 기독교대학은 예수 그리스도의 정신을 교육이념으로 삼으며, 기독교적 가치관을 지닌 지도자를 양성하는 데 교육목표를 두고 있다. 우리나라 대부분의 일반 대학들이 홍익인간의 보편적 이념에 기초하여 정보화나 세계화를 교육목표로 내세우고 있다. 이와 달리 기독교대학은 예수 그리스도의 정신과 기독교적 가치를 강조하며 봉사하는 지도자상을 교육목표로 내세움으로써 뚜렷하게 기독교 정체성을 드러낼 뿐만 아니라 일반 대학에 비해 가치관 교육에 있어서 선도적 역할을 할 수 있다.

현재 기독교대학의 교과과정 가운데 기독교와 직접적으로 관련된 과목은 크게 두 가지다. 하나는 교양필수 과목으로서 대학채플이고, 다른 하나는 교양선택 과목으로서 기독교 과목들이다. 전자가 교회당과 예배라는 맥락에서 이루어지는 것이라면, 후자는 강의실과 수업이라는 맥락에서 이루어진다. 전자가 선포적 기능을 한다면 후자는 교육적 기능을 하고, 전자가 기독교적 인격형성에 초점을 두고 있다면 후자는 기독교적 학문형성에 초점을 두고 있는 것으로 구분해서 이해할 수 있다.[95] 그러나 둘 다 기독교 정신에 기초하여 전인형성에 관심한다는 점에서 공통점을 가지고 있어 채플과 기독교과목 수업의 만족도를 높이는 일이 기독교대학의 중요한 선교적 과제가 되고 있다.

대학생의 기독교적 가치관 형성을 위한 교양교육에서 대학 교수의 중요성은 아무리 강조해도 지나치지 않을 것이다. 이는 대학생의 가치관 형성을 위한 성품교육은 가르침의 내용이나 테크닉에서 오는 것이 아니고 가르치는 사람의 인격과 성품에서 나오기 때문이다. 실제로 대학생을 대상으로 한 연구조사에 따르면 교수에 대한 기대 사항이 남학생의 경우 교수의 이해와 관심(31.8%)이나 인격적 모범(10.9%)이 충실한 강의(14.6%)나 연구(7.7%)보다 더 중요하다고 답했다. 여학생 역시 교수의 이해와 관심, 그리고 교수의 인격적 모범에 대한 기대가 높다는 사실을 확인할 수 있다.[96]

그런데 성품교육이란 가르치는 사람의 정체성이 가르침 속에 묻어나올 때 가능하다. 파커 파머(P. Palmer)의 주장대로 "훌륭한 가르침은 테크닉이 아니라 교사의 정체성과 성실성에서 나온다."[97] 그런 이유에서 학생들의 전인형성을 목표로 하는 기독 교수는 로고스(logos)나 파토스(pathos)만이 아니라 에토스(ethos)도 필요하다. 진리에 대해서는 겸손하고, 강의에는 성

---

95) 강영선, 「기독교 교양과목을 통한 선교」, 한국기독교대학교목회, 『대학과 선교』 창간호, 2000, 34.

96) 손영호, 「대학생의 가치관 조사연구」, 청주대학생생활연구소, 『학생생활연구』 18, 1996, 29-54.

97) 파커 팔머, 이종인 역, 『가르칠 수 있는 용기』, 한문화, 2005, 27.

실하며, 학생들에게는 친절한 태도가 요청되는 이유다.

　가치관 형성 교육에 있어서 교목실의 상담활동도 기독교대학에서 매우 중요한 과제가 된다. 왜냐하면, 대학생들은 자신의 정체성에 대한 물음만이 아니라 미래에 대한 진로나 성격문제, 이성문제, 학업문제, 경제문제 등 여러 가지 문제로 고민하고 있기 때문이다. 오늘날 학생들은 자신에 대한 불확실성, 사회에 대한 불신, 그리고 미래에 대한 불안으로 고통을 당하고 있다.[98] 이런 상황 속에서 상담 활동은 서로 다른 문화를 전제하고 대화를 통해 이해를 추구하고 공감대를 넓히는 과정이어야 한다.

(3) 대학공동체의 건설

　가치관을 형성하는 데 공동체의 역할은 대단히 중요하다. 가치관은 공동체에 의해 만들어지고, 공동체는 가치관의 영향 아래 있기 때문이다. 대학선교에 있어서 공동체 형성의 중요성은 아무리 강조해도 모자랄 것이다. 하지만 오늘날 대학사회에서 공동체는 여러 가지 이유에서 급격하게 해체되고 있다. 위에서 언급했던 포스트모던적 세계관이나 사이버 문화, 혹은 개인주의 가치관이 대학에서 공동체를 형성하는 것을 어렵게 만들고 있다.

　학자들 가운데에는 대학생들이 인터넷 미니홈피나 블로그, 싸이월드, 카카오톡을 통해 새로운 형태의 공동체, 즉 사이버 공동체를 창조한다고 보기도 한다. 사이버 공간에서는 비슷한 생각이나 취향을 가진 사람들의 공동체 형성이 용이하고, 시간이나 장소의 구애받음이 없이 소통이 이루어진다. 또한 비슷한 관심과 전문분야를 가진 사람들 간에 서로 관심을

---

98)　구완서, 「대학선교와 인간이해」, 『대학과 선교』 13, 2007, 166.

주고받을 수 있어 새로운 형태의 공동체 문화가 쉽게 만들어진다.

하지만 그렇게 만들어진 사이버 공동체가 지닌 한계를 무시하거나 간과해선 안 된다. 사이버 공동체는 컴퓨터를 끄면(log-off) 바로 해체되는 일시적인 성격이 강하고, 인간관계를 파편화·단편화시키며, 개인주의를 더욱 심화시킴으로써 공동체 문화를 위협할 수도 있기 때문이다. 그리고 얼굴과 얼굴의 직접적 접촉이 결여된 사이버 공간에서는 인간관계의 기초가 되는 친밀성과 상호개방성이 피상화될 가능성이 크다.[99] 게다가 사이버 공간에서만 이루어지는 교류는 인격 사이의 교류가 아닌 속성과 이미지들의 교류에만 머물 수 있다.[100] 그래서 학자들 가운데에는 사이버 공동체가 '의사공동체(pseudo-community)'라고 비판하기도 한다. 이는 진정한 의미에서의 '우리 의식'이 없이 사회적 결속의 외양만을 지니기 때문이다.

기독교적 가치관 형성에 중요한 역할을 하는 대학공동체를 건설하기 위해서는 몇 가지 과제를 해결해나가야 한다.

우선, 학생공동체를 활성화해야 한다. 대학생들의 동아리활동은 학생들 사이의 관계성을 증진하고 그룹 활동을 통해 리더십 훈련을 시킬 수 있다는 점에서 매우 중요하다. 특별히 선교적 관점에서 볼 때, 동아리활동은 복음전도에 효율적인 방법으로 알려져 있다. 한 연구조사에 따르면, 기독교 동아리를 통해 기독교인이 되는 비율은 채플이나 성경수업을 통해 기독교인이 되는 것보다 조금 높은 것으로 나타났다.[101]

또한, 학생-교수 공동체를 형성하는 것이 중요하다. 대학에서 교수의

99) 추병완, 『정보윤리교육론』, 울력, 2005, 60.

100) 한규석, 「사이버 문화: 그 심리적 특성과 실상」, 정보통신윤리위원회 편, 『정보사회윤리학』, 이한출판사, 2005, 347.

101) 김은수, 『문화와 선교』, 전주대출판부, 2008, 124.

연구를 강조하고 교수들이 학교행정이나 다른 일로 바빠지면서 자칫 학생들은 무관심의 영역으로 내버려질 수 있다. 대학마다 지도교수제도를 두고 있지만 대부분 유명무실하다. 말하자면 요즘의 대학생들은 가정에서 떠나 있으며 그렇다고 대학에서 돌봄을 받는 것도 아닌 데다가 자율적으로 살아갈 만큼 충분히 성숙한 것도 아니어서 '방치되어 있다'고 볼 수 있다.

이런 분위기 가운데에서도 한동대학교는 팀제도와 담임교수제를 통해 교수-학생공동체를 만드는 일에 모범이 되고 있다.[102] 교수는 30여 명으로 구성되는 팀의 멘토 역할을 하면서 매 학기 학생들을 개별 면담하고 학사문제는 물론 신앙지도와 인생상담을 한다. 이 프로그램을 통해 학생들은 선후배는 물론 교수들과 인격적이며 신앙적인 공동체를 만들게 된다. 최근 들어 대학공동체 형성의 중요성을 인식하게 된 대학들 가운데에는 인성교육과 교양교육의 중요성을 염두에 두고 교양교육을 전담하는 학부교양대학을 운영하거나, 아예 학생들이 일정기간 동안 기숙사 생활을 하며 공동체교육을 받을 수 있는 거주 교양대학(residential college)을 만들기도 한다. 대표적으로 서울여대의 경우 학교 안에 있는 '바롬인성센터'에서 1학년은 3주, 2학년은 1주 동안 각각 생활공동체를 형성하여 인성교육을 받는다.

4) 맺는 말

오늘의 대학생들은 기성세대와는 다른 문화와 가치관을 가지고 있다.

---

102) 한윤식, 「기독교대학으로서의 한동대학교, 그 가능성과 구현방안」, 『통합연구』 41, 2003, 238.

대학생의 문화는 기성세대와는 다른 가치관에 의해 형성되었고, 그렇게 형성된 문화는 구성원의 가치관을 끊임없이 변화시킨다. 우리는 오늘의 대학생들의 가치관의 특징을 자연주의, 현세주의, 물질주의와 소비주의, 개인주의, 감성주의, 그리고 개방적 성의식 등으로 정리했다. 이러한 가치관들은 거의 세속주의적 특징을 지니고 있어서 종교나 신앙에 대해 부정적 태도를 지니고 있다. 자연주의는 신앙을 주관적이라고 봄으로써 객관성과 보편성을 추구하는 학문활동에 장애가 된다고 본다. 현세주의는 이상보다는 현실, 내세보다는 현실세계에만 관심을 두게 한다. 물질주의와 소비주의는 내면적 가치에 무관심하게 만들고 물질소비에서 구원을 추구한다. 개인주의는 건강한 가치관 형성에 필요한 공동체를 위협하며 쉽게 이기주의로 전락한다. 감성주의나 개방적 성의식은 삶의 진지함을 약화시키고 윤리적 쾌락주의에 빠진다.

기독교대학의 선교전략은 이러한 현실인식에서부터 출발해야 한다. 대학생들의 문화와 가치관을 무조건 정죄하고 비난하기보다는 수용하고 이해할 필요가 있다. 그것은 피선교자와의 소통을 위해 수용자 중심의 선교신학이 일관되게 주장하는 방법이기도 하다. 여기에서 더 나아가 수용자 중심의 선교전략은 세속적 가치관을 변혁시키기 위해 건강한 기독교 가치관의 형성에 힘써야 한다. 이를 실현하는 구체적인 방법으로 기독교대학에서는 인성교육을 강화하고, 교수와 학생, 그리고 학생들 사이의 건강한 대학공동체 형성을 위해 노력해야 한다.

III

신앙문화와 목회윤리

1.
한국교회의 신앙문화와 윤리적 과제

1) 서론

　최근 한국교회에 대한 대내외적 비난의 목소리가 커지고 있다. 이러한 현실 상황을 반성하고 극복하기 위한 노력으로 교회 안팎에서 학술모임도 활발하다.[1] 한국교회의 위기담론이 기우나 과장이 아니라는 구체적 증거는 적지 않다. 우선, 교회 내적으로 성장의 한계에 도달해 있다. 1995년을 정점으로 서서히 하락하는 추세가 뚜렷하다.[2] 불교, 가톨릭, 기독교 가운데 이탈자가 가장 많은 종교가 기독교로 알려져 있다. 우려할 사항은 교회 이탈자 가운데서도 특히 젊은 층, 남성, 고학력자 비율이 높다는 점이다. 장차 한국교회가 미래사회에 대한 영향력과 지도력을 잃

---

1)　2011년 상반기만 해도 각종 포럼과 세미나가 열렸다. 미래목회포럼,「시대 상황과 교회의 역할, 그 해답을 찾다」(2011년 5월 11일); 한국기독교학술원,「한국교회를 진단한다」, 39회 학술원공개세미나(2011년 5월 23일) 등.

2)　개신교인 숫자가 1985년 전체 인구 가운데 16.1%(648만 명)에서 1995년에는 전체 인구의 19.7%(876만 명)로 늘었으나 이후 점차 하락하다가, 마침내 2005년에는 전체 인구의 18.3%(861만 명)으로 감소했다. 정종훈,「한국교회 목회자들의 문제와 그 해결을 위한 방안 모색」, 정종훈 외,『위기의 한국교회, 진단과 대안』, 동연, 2010, 51 참조.

게 될 것으로 예견된다.

한편, 한국교회는 대외적으로도 신뢰를 잃고 있다. 연일 매스컴에 등
장하는 교회 안팎의 비도덕적 사건들(교회세습, 교회분규, 감리교 및 한기총의 지도
력 갈등, 목회자의 헌금유용과 스캔들, 교단정치의 금권선거, 공격적 선교방식 등)은 교회에 대
한 부정적인 이미지를 확산시키고 있다. 안티기독교운동이 온라인과 오
프라인에서 젊은이들 사이에 급속히 퍼져가고, 이에 동조하는 사람들이
점차 많아지고 있다. 오늘날 젊은이들과 지식인 사이에 각인된 한국교회
이미지는 반지성적인 데다 독선적인 기득권세력이다. 한국교회는 사회문
제의 해결자가 아니라 사회발전의 장애요소로 인식되고 있다. 한국교회
에 대한 이러한 부정적 사회인식은 교회의 선교활동을 더욱 어렵게 만들
고 있다. 이 글은 한국교회 위기의 원인을 잘못된 신앙문화(반지성적 신앙문화
와 교회의 문화지체)에서 찾고, 그에 대한 대안(성찰적 신앙, 도덕적 탁월성, 문화소통과
문화변혁)을 탐색하는 데 그 목적을 두고 있다.

2) 한국교회의 반지성적 신앙문화

(1) 근본주의 신학 풍토

한국교회의 반지성적 신앙문화의 뿌리는 근본주의 신학에 있다. 일반
적으로, 근본주의 신학이란 20세기 초 미국에서 등장한 신학 사조로서
성경무오설, 예수의 동정녀 탄생, 예수의 대속적 죽음, 육체적 부활, 그
리고 재림 교리를 절대화하는 신학 경향이다. 문화적 차원에서 근본주의
신학은 과학기술 발전에 대해 긍정적인 현대주의(modernism)나 인간 이성
의 역할에 대해 긍정적인 자유주의(liberalism)에 대해 공격적이고 전투적인

태도를 지닌다. 미국의 근본주의 신학운동을 연구했던 마크 놀(M. Noll)의 평가에 따르면, 근본주의 신학은 세속화된 사회에서 기독교 신앙을 유지하는 데 어느 정도 공헌하긴 했지만, 지성사적인 면에서 본다면 그야말로 '재앙(스캔들)'이라 할 정도였다고 한다.[3] 왜냐하면, 일반인의 눈으로 볼 때에는 현대문명을 악마화하는 근본주의자들의 태도가 비상식적으로 비추어졌기 때문이다. 실제로 1920년대 미국에서 진화론 논쟁을 둘러싸고 근본주의 신학운동을 주도했던 미국 남부 기독교인들의 교육수준은 상대적으로 낮았다. 한 조사를 보면, 미국 남부의 근본주의적 기독교인들의 9%만이 대학교육을 마쳤고, 37%는 고등학교 교육조차 마치지 못했다.[4] 그만큼 근본주의자들의 지적 수준이 낮았다고 볼 수 있다.

그런데 여기서 간과해서는 안 될 사실이 있다. 한국에 선교사로 왔던 미국 장로교 선교사 가운데 이러한 근본주의 신학의 영향을 받은 젊은 목사들이 적지 않았다. 근본주의 신학 분위기에서 성장하고 교육받은 이들 선교사의 영향을 받은 한국교회에 근본주의 신학이 자리잡게 된 것은 자연스런 귀결이었다.[5] 근본주의 신학과 한국교회의 반지성적 신앙문화의 상관성을 우리는 다음 몇 가지 사실에서 확인할 수 있다.

첫째, 근본주의 신학의 성서문자주의는 성서에 대한 합리적 이해나 토론을 불가능하게 만들었다. 한 예로서, 장로교회의 경우 1934년 제23회 총회에서는 김영주 목사가 모세의 창세기 저작설을 부인한 일과 김춘배 목사의 교회 안에서 여권(女權)에 대한 진보적 해석이 문제가 되었다. 김영주 목사에 대해서는 "신조 제1조에 위반하는 자이므로 우리 교회의

---

3)   마크 A. 놀, 이승학 역, 『복음주의 지성의 스캔들』, 엠마오, 1996, 41.

4)   조지 마스덴, 홍치모 역, 『미국의 근본주의와 복음주의 이해』, 성광문화사, 1992, 139, 각주 32 참조.

5)   김경빈, 「한국에 온 미국 개신교 선교사들의 신앙유형과 그 사상적 배경」, 『교회 민족 역사』솔내 민경배 박사 고희기념 논문집, 2004, 95.

교역자 됨을 거절함이 가하다"고 결의했으며, 김춘배 목사의 여권 해석에 대해서는 "성경에 여자 교권이 전연 용허되어 있지 않음에도 불구하고, 여권운동이 대두하는 현 시대사조에 영합하기 위하여 성경을 시대사조에 맞도록 자유롭게 해석하는 교역자들은 권징조례 제6장 제42, 43조에 의하여 처리함이 가하다"고 결의했다. 결국 해당자인 김영주 목사와 김춘배 목사는 자신의 견해를 취소하는 석명서(釋明書)를 발표해야만 했다.[6] 이러한 학문적 분위기 속에서 개방적이고 진취적인 신학사상이 발전할 수 없었고, 그것은 거꾸로 한국교회 신앙의 반지성적 풍토를 고착화시켰다.

둘째, 기독인 과학자들 가운데 진행되고 있는 창조과학운동 역시 근본주의 신학을 배경으로 하고 있다. 1920년대 미국에서는 현대주의자들과 근본주의자들 사이의 갈등이 '창조론과 진화론 논쟁'이라는 형태로 진행되었다. 1925년 '원숭이 재판'[7]에서 볼 수 있듯이 창조과학자들은 진화론에 맞서 신앙적 열정을 가지고 싸웠지만 결과적으로 지성사회로부터 소외되는 결과를 가져왔다. 그도 그럴 것이 문자주의 성서해석을 고집했던 창조과학자들은 창조의 하루가 24시간이고, 그럴 경우 지구의 나이는 기껏해야 수천 년을 넘지 않는다고 주장했기 때문이다. 창조과학자들은 종(種)의 진화도 엄격히 배제했는데, 이는 하나님께서 모든 종을 '종류별'로 창조했다는 성서의 표현을 문자 그대로 믿었기 때문이다. 창조과학자들은 성서가 신앙과 생활의 모든 영역에서 권위를 가질 뿐만 아니라, 심

---

6) 김인수, 『한국기독교회사』, 한국장로교출판사, 1994, 264-265.

7) 피고인 이름을 따서 '스코우프스 재판'이라고도 불림. 미국 테네시 주 데이튼 시의 한 공립학교 체육교사인 스코우프스가 수업 중에 진화론을 가르치자 기독교인 부모들이 그를 고소함으로써 법정 싸움이 시작되었다. 재판 결과 스코우프스는 유죄판결과 벌금형을 선고받음으로써 근본주의자들이 승리했다. 하지만, 재판 이후 근본주의 기독교인들에 대해 무식하며 독선적이라는 부정적인 사회 이미지가 형성되고 말았다.

지어 과학적 진술에서조차도 오류가 없다고 주장했다. 창조과학운동의 지도자 가운데 하나인 헨리 모리스(H. Morris)는 성경을 가리켜 '창조과학의 교과서'라고까지 주장했다.[8]

하지만, 이런 창조과학자들의 주장들은 미국의 주류 교회들에서조차 받아들여지지 않고 있다. 한 예로, 미국 장로교 총회(PCUSA)는 194차 총회(1982)에서 창조과학자들의 근본주의적 성서해석에 대해 다음과 같이 비판했다.

> '창조론' 혹은 '창조과학'을 타당한 과학으로 설정하려는 노력에도 불구하고, 그것은 (…) 특정한 종교적 도그마에 근거한 가르침이라는 것을 확인한다. 성서 본문의 해석에 관한 근본주의적 관점 — 거기에서는 모든 말씀이 항상 문자 그대로 받아들여지고, 도덕적, 종교적, 정치적, 역사적 혹은 과학적인 모든 문제들에 대해서 절대적인 권위가 된다 — 은 개신교회, 로마가톨릭교회, 그리고 유대교 주류의 성서학자들과 신학교들에 의해서 분명하게 유지되고 있는 성서해석의 관점과 갈등한다.[9]

말하자면, 창조과학자들은 성서를 과학이론서로 이해할 뿐만 아니라 문자적 해석을 고수함으로써 현대 과학이론과 대화할 수 있는 가능성마저 차단했다.

셋째, 근본주의자들의 사고방식은 이분법적이며, 그들이 즐겨 사용하는 논리는 흑백론에 가깝다. 진화론 논쟁에서 보았듯이, 이들은 '창조냐 진화냐' 하는 식으로 문제를 지나치게 단순화한다. 이분법적 사고방식에 따라 율법과 은혜, 신앙과 윤리, 구약과 신약, 복음과 문화라는 방식으로

---

8)   조지 마스덴, 『미국의 근본주의와 복음주의의 이해』, 186.

9)   천사무엘, 『성경과 과학의 대화』, 글누리, 2008, 47 재인용.

둘 사이의 관계를 분리시키고, 선택의 대상으로 만들어버린다. 그렇게 함으로써 현실세계 문제들의 복잡성을 간과하며, 역설과 모순 관계 속에 존재하는 종교적 진리를 곡해하는 결과를 가져왔다. 리차드 홉스테터(R. Hofstadter)는 이러한 근본주의적 사고방식을 가리켜 '마니교적'이라 비판한다. 왜냐하면, 마니교도들은 세계를 절대선과 절대악의 전투장으로 이분법적으로 나누면서, 세상과의 관계에서 일체의 타협을 거부하는 배타적 태도를 가졌기 때문이다.[10]

신학적 근본주의자들이 지닌 이러한 이분법적 사고방식과 단순논리는 우리나라 신학자들에 대한 교회재판에서 그대로 나타났다. 예를 들어, 1992년 감리교신학대에서는 종교다원주의와 포스트모더니즘을 수용하고 가르쳤다는 이유로 변선환 교수와 홍정수 교수를 해직시켰다. 한편, 2003년 강남대 이찬수 교수는 종교다원사회에서 종교 간 대화와 관용을 주제로 한 EBS방송 프로그램 '똘레랑스(제목: "단군상, 이성과 우상의 경계에서")'에 출현하여 인터뷰를 하고, 대웅전 본전불 앞에 엎드려 절을 한 일이 문제되었다. 여기서 드러났던 문제는 판결의 옳고 그름에 있다기보다는 신학자들의 학문적 견해에 대한 판단 과정에 작동한 이분법적 사고와 단순논리에 있다. 신학자의 학문적 견해에 대한 종교재판은 전문 신학자들에 의해서 합리적 검증과정을 거쳤어야 함에도 불구하고, 교회의 정서를 더 중시하는 교단 권력자들에 의해 결정되고 말았다. 그만큼 한국교회가 신앙에 대한 학문적 성찰을 하기 어려운 분위기라는 의미다.

한국교회 근본주의자들의 단순논리는 공산주의 이데올로기에 대한 견해나 태도에도 잘 나타난다. 1920년대 사회주의자들과 갈등관계에 있던 한국교회는 한국전쟁이 진행되면서 반공주의자들의 집결지요, 공산주의

---

10) 조지 마스덴, 『미국의 근본주의와 복음주의의 이해』, 208.

비판의 선봉이 되었다. 공산주의는 점차 기독교인 사이에서 '사탄론'으로 신학화되고 교리화되었다.[11] 공산주의자들은 공공연히 종말론적 적그리스도인 사탄으로 묘사되었다. 하지만, 1990년대 이후 세계는 바야흐로 탈냉전의 시대로 바뀌었다. 반공주의는 더 이상 금기(taboo)가 아니다. 그럼에도 불구하고, 정치사회적 보수주의와 신학적 근본주의에 영향을 받는 한국교회에서는 오히려 반공주의가 더 강화되고 있다. 2000년대 들어 한국교회가 앞장서 시청 앞에서 대형 태극기를 내걸고 친미반공집회를 열었다. 이런 모습은 한국교회가 이데올로기적으로 편향되어 있을 뿐만 아니라, 기독교 신앙이 지닌 이데올로기 비판의 예언자적 기능의 상실을 보여준다.

(2) 감성주의 신앙문화

우리나라 기독교인들의 종교적 열심은 다른 나라에 유례가 없을 정도로 특별하다. 새벽예배부터 저녁예배까지, 거기다 각종 기도회나 성경공부, 구역 모임에 적극적이다. 헌금생활이나 전도활동에도 헌신적이다. 그런데 신앙을 종교적 감정주의(religious emotionalism)와 구분하지 않다 보니, 신앙생활에서 영적 무아경(엑스타시)을 중시하는 신비주의나 은사주의 경향이 강하다. 대부분의 신자들이 방언, 예언, 신유, 축귀, 직통계시와 같은 은사 체험이나 종교적 신비 경험을 신앙의 핵심요소로 생각한다. 지금도 수많은 기도원에서는 이러한 신비주의나 은사주의 신앙 문화가 자라나고 있다.

물론, 건강한 신앙에는 반드시 신비적 요소가 존재한다. 만일 인간의

---

11) 강인철, 「한국 개신교 반공주의의 형성과 재생산」, 『역사비평』 70, 2005, 46.

이성과 지식으로 모든 것이 해명될 수 있다면, 그것은 신앙이 아니라 과학일 것이다. 문제는 은사가 신앙생활의 유일한 목적이라 생각하며, 은사를 기준 삼아 신앙인의 성숙도를 평가할 때 생겨난다. 하지만, 고린도전서 12장을 보면 은사는 직분이나 사역의 관점에서 설명되고 있다. 즉, 은사란 그 자체가 목적이 아니라 공동체를 섬기는 데 필요한 수단일 뿐이다.

> 은사는 여러 가지지만, 그것을 주시는 분은 같은 성령이십니다 (…) 각 사람에게 성령을 나타내 주시는 것은 공동 이익을 위한 것입니다(고전 12:4-7).

그럼에도 불구하고 적지 않은 신앙인들이 은사를 구하면서도 그것을 통해 공동체를 섬기는 데에는 관심을 두지 않는다. 그리고 신앙생활에서 신비주의적인 요소를 지나치게 강조하다 보니 교회 밖 일반인에게 기독교 신앙은 광신적으로 보이기까지 한다.

한국교회의 이러한 감성적 신앙문화는 샤머니즘의 영향과 관련되어 있다. 샤머니즘에서는 합리성을 넘어선 신바람이나 무아지경의 엑스터시를 강조한다. 한국 샤머니즘 연구 김태곤의 지적대로, 샤머니즘은 "높은 정신적 이상이나 세계적 구원의 이상보다는 자연 그대로의 감성적 정념(情念)에서 눈앞의 현실 그대로 생활상의 당면한 과제를 초월적인 신력(神力)에 의존하여 해결해나가려는" 종교이다.[12]

한편, 한국교회의 감성주의 신앙은 정(情)과 한(恨)을 특징으로 하는 한국인의 독특한 심리 구조와도 관련되어 있다. 한국인은 이성적 논쟁과 합리적 설득보다는 인정에 호소하며, 원칙보다는 상황을 중시한다. 결과

---

12) 김태곤, 「한국의 무교」, 『한국종교』, 원광대출판부, 1973, 32.

적으로, 신앙생활에서도 반지성적이며 비합리적 행태가 자주 나타나게 된다.[13] 그래서 부흥사나 목회자들 가운데에는 이성을 신앙생활에 백해 무익하며, 좋은 목회자가 되려면 신학을 멀리해야 한다고까지 설교하는 사람도 있다.

물론, 신앙이란 교리에 대한 지적 이해 그 이상이다. 신앙을 인간의 이성의 한계에 가두어 두려고 해서도 안 된다. 하지만 신앙생활에서 신비 체험이나 감성 측면만을 강조하게 될 때 신앙인의 성찰하는 힘이나 비판하는 능력이 부족해지면서 자칫 광신적이거나 맹목적인 신앙인으로 변질될 수 있다. 한국교회는 덮어놓고 믿을 것을 강조하는데, 그 결과 교회에서 윤리의식, 역사의식, 그리고 사회의식과 같은 지성적 요소들이 실종되고 있다. 물론, 교회 안에 성경공부나 성경 세미나와 같은 교육과정이 없는 것이 아니다. 하지만 그러한 학습프로그램들이 특정한 신학적 전제에 기초하고, 교리적 틀 안에서 순환론적 논리구조로 진행되기 때문에 외부의 비판에 취약하다. 겉으로는 신앙심이 깊어 보여도 비판과 성찰을 통해 형성된 신앙이 아니기 때문에 사이비 종교나 이단에 쉽게 현혹되며, 세속의 지성 사회와 논쟁에서 경쟁력을 갖기도 어렵다. 가톨릭 교회가 지성적이라고 이미지화 되는 반면에 기독교는 반지성적으로 이미지화 되는 점은 우려할 일이다.

(3) 개인주의적 신앙과 윤리

신앙의 사사화(私事化)란 종교가 사회 안에서 공공적 역할을 포기하고, 개인의 내면생활만 추구하게 되는 것을 말한다. 사회나 국가야 어찌되

---

13) 정수복, 『한국인의 문화적 문법』, 생각의나무, 2007, 116.

든, 나만 혹은 내 영혼만 잘되면 그만이라는 생각이 지배하게 된다. 이런 신앙은 쉽게 기복주의로 흘러가게 된다. 실제 우리나라 교회의 적지 않은 신자들의 기도 내용은 '내 영혼'이나 '우리 가정', 기껏해야 '우리 교회'라는 범주를 크게 벗어나지 못한다. 그러다 보니 한국교회는 사회정의나 환경문제, 세계평화나 인권 같은 사회의 공적 이슈에 대해 무지하거나 무감각하다.

신앙의 공공성을 상실한 개인주의 신앙은 기껏해야 개교회주의로 발전할 뿐이다. 개교회주의는 온통 개교회의 양적 성장을 추구하는 데에만 관심한다. 교회가 지닌 인적 자원이나 물적 자원을 사용하는 데 있어서 개교회의 유지나 확장에 최우선권을 부여한다. 이러한 개교회주의는 교회가 '지역교회(local church)'일 뿐만 아니라 동시에 '보편적 교회(catholic church)'라는 기독교의 기본 진리에 역행한다. 개교회주의는 필연적으로 반에큐메니칼 특징을 갖게 되며, 교회의 연합운동에도 소극적이다. 하나의 보편적 교회를 유지하면서 사회문제에 대해 공통의 입장을 표명하는 가톨릭교회와는 달리 개교회중심적 교회론을 가지고 있는 기독교는 사회적 신뢰성과 영향력을 확보하기가 어렵다. 교파 간 분열과 무분별한 교회 간의 경쟁은 기독교 전체에 대한 신뢰도만 약화시킬 뿐이다.

개교회주의는 교인들을 개교회에만 묶어놓으려 한다. 그러다 보니 신앙생활을 종교생활, 정확히 표현하면 교회생활로 제한시킴으로써 교인들로 하여금 이 세상 한복판에서 복음을 증거하고 하나님의 나라를 만들어가는 일에 무관심하게 만든다. 토마스 머튼(T. Merton)이 옳게 주장한 대로, 지금 이 시대에 필요한 그리스도인은 "내적 성찰에만 몰두하거나 개인적 삶이나 기도에서만 그리스도를 본받는 이들이 아니고, 정치적 시련과 당면한 모든 사회적 책임에서도 그리스도를 따르는 이들이다."[14]

---

14) 성석환, 『지역공동체를 세우는 문화선교』, 두란노, 2011, 176 재인용.

한편, 개인주의 신앙문화는 신자들의 윤리관을 개인주의적으로 만든다. 근본주의자들의 윤리관에서 확인할 수 있듯이 한국교회 대부분의 교회들 역시 개인의 도덕성, 예를 들면, 술, 담배, 낙태, 동성애, 도박과 같은 이슈들에만 관심한다.[15] 문제는 이와 같은 개인주의 윤리관은 개인적 윤리문제에 관심하느라 사회의 구조악이나 제도적 불의를 간과한다는 사실이다. 교회 안에 만연되어 있는 남성우월주의, 지역주의, 교권주의, 집단적 이기주의, 국수주의와 같은 집단의 도덕성에 대해서는 관심 밖이다. 그뿐만 아니라 우리 사회의 공적 이슈가 되고 있는 각종 사회 · 정치 경제 · 환경 문제들에 대해서도 무관심하거나 무지하다. 그 결과 한국교회는 점차 공적 담론에서 제외되고 사회적 영향력을 상실해가고 있다.

우리 사회는 지금 '공정 사회'를 정책기조로 삼고, 마이클 샌델의 『정의란 무엇인가』라는 책이 베스트셀러가 될 정도로 사회정의와 사회문제에 대한 관심이 높지만, 정작 교회는 여전히 개인의 내면세계와 신비적 종교관에 사로잡혀 있다. 교회의 사회적 역할에 대한 청년이나 지식인들의 기대를 저버리고 있다. 3.1운동이 좌절되면서 한국교회가 내세중심의 신비주의 신앙관으로 기울던 1920년대의 모습을 재현하고 있다. 당시에 수많은 지식인들이 교회를 떠나 사회주의 운동으로 전향했던 것처럼, 지금도 교회에 실망한 수많은 지식인과 젊은이들이 교회를 떠나가고 있다.[16]

---

15) 청교도적 신앙배경을 가진 선교사들이 술과 담배를 금했으며, 이후 1920년대에는 항일운동의 한 가지 전략으로 절제운동이 일어났다. 당시 절제운동은 국채보상운동(1907)의 연속으로서 아편 금지와 더불어 금주금연을 핵심 내용으로 삼고 있었다. 서정민, 『한국교회 사회운동사』, 이레서원, 1995, 117–125 참조.

16) 한 예로 1922년 1월 〈동아일보〉의 사설은 당시 내면화의 길을 걷던 한국교회를 향해 이렇게 비판했다. "제군아 세계를 動하라. 사회를 근본으로부터 혁신하고 인생의 모든 불의에 斧鉞을 가하라. 제군은 교단을 下하라. 街頭에 出하라. 불의와 포악에 淚하는 민중, 곧 참 人子를 위하여 생명의 불을 投하고 심판의 불을 擧하라." 이만열, 『한국기독교사특강』, 성경읽기사, 1989, 169 재

(4) 교회의 정치화

한국교회가 양적 성장에 성공하면서 정치권력에 대한 욕망도 커졌다. 그동안 한국교회는 정교분리 원칙을 거론하면서 정치권력에 대해 일정한 거리를 두었다. 군사독재에 침묵하고, 민주주의 훼손과 인권 침해에 대해서도 모른 척했다. 하지만 기독교 장로였던 김영삼 정권 때부터 다시 현실 정치에 관심을 보이기 시작했다. 2000년대 들어 한국교회는 정권교체를 위해 적극적으로 대통령선거에 참여했고, 입법활동에도 관심하여 사학법을 재개정하기까지 했다. 그뿐만 아니라 계속되는 실패에도 불구하고 기독교 정당의 창당을 통해 정치세력화를 시도하였다. 지난 몇 년간 한기총이 언론을 통해 입장을 표명한 보도 내용 가운데 53.88%가 정치적 이슈라는 사실에서 알 수 있듯이, 한국교회는 오늘날 지나치다 싶을 정도로 정치에 관심하고 있다.[17]

이러한 한국교회의 정치행보는 정치적 반대세력과 타종교의 반발을 불러오고 있다. 기독당 창당 시도에 맞서 통일교가 가정당 창당을 추진했다. 게다가 일부 기독교 정치인과 지자체 단체장의 사려깊지 못한 언행으로 말미암아 '종교편향'과 '정교분리 원칙의 훼손'이라는 사회적 논란까지 불러왔다. 교회의 과도한 정치적 관심과 정권참여는 교회 내적으로 정치적 진보진영과 보수진영, 정치참여 지지층과 정치참여 반대층 사이에 분열의 원인을 제공하고 있다. 정치권력에 대한 교회의 과도한 관심은 필연적으로 '교회의 정치화'라는 부작용을 불러오고 있다.

현실 정치에 대한 참여를 신학적으로 정당화하려는 일부 교회지도자들의 생각과는 달리 대다수의 국민들은 교회의 과도한 정치행보가 종

인용.

17) 백종국, "'한기총'식 정치와 한국교회의 미래", 〈뉴스앤조이〉, 2007년 7월 6일자.

교의 본질로부터 벗어난 일이라고 생각한다. 교회에 대한 사회의 기대가 무엇인지는 2004년 실시된 '한국인의 종교와 종교의식' 조사 통계에 잘 나타나 있다. 이 조사를 살펴보면, 종교단체의 바람직한 정치참여 범위를 묻는 물음에 '종교자체에만 전념하는 것이 좋다'고 응답한 비율이 49.4%였다. 그리고 '사회문화 분야 활동까지는 좋으나 정치 분야 활동은 반대한다'는 응답은 30.9%나 되었다.[18] 같은 해 총선을 앞두고 실시된 기독교 인터넷 신문인 〈뉴스앤조이〉와 포털사이트인 〈갓피플〉의 조사에 따르면, 기독당 출현에 대한 반대가 86%나 되었다.[19]

상황이 이럼에도 불구하고 한국교회가 계속해서 지나친 정치적 관심과 참여를 시도한다면 일반 사회는 교회를 '또 하나의 이익집단', 그것도 기득권층이나 대변하는 불의한 종교집단으로 인식할 것이다. 이런 우려는 이명박 정부를 '강부자정권', '고소영내각'이라고 비난하는 데서도 충분히 읽을 수 있다. 교회와 정권의 지나친 정치적 결탁은 교회의 순수성을 훼손하고 정치의 종교화를 불러올 수 있다.

(5) 도덕적 탁월성 상실

최근 들어 한국교회의 도덕성이 여론의 도마에 오르고 있다. 평신도들은 말할 것도 없이 목회자나 장로 같은 교회지도자들까지 일반 법정에 호소하는 일이 많아지고 있다. 교회가 내부 문제를 해결하지 못해 세상 법정에 서는 일도 비일비재하다. 2003년 말, 서울의 유명한 대형 교회 목사가 일반 법정에서 담당판사로부터 설교에 가까운 훈계를 들어야 하는

---

18) 김성건, 『기독교와 사회학의 접점』, 프리칭아카데미, 2009, 201.

19) 이진구, 「최근 한국사회의 종교정당 출현과 그 의미」, 『종교문화비평』 15, 2009, 85.

일까지 발생했다.

> 교회가 스스로 돈과 출세라고 하는 싸움의 대상을 만들어내고, 교회가
> 이를 얻고자 하는 신도들의 싸움터가 된다면, 왜 교회가 있는가 하는 물음
> 에 답할 수 없을 것입니다. (…) 복음을 전파하는 것은 교회의 직분입니다.
> 문제는 전도의 방법인데, 아마도 대부분의 교회에서 말과 행사를 통해서
> 만 전도하는 것으로 보입니다. (…) [20]

 국내 기독교인과 지도자들만이 아니라 해외에 나가 사역하는 선교사
들까지 현지 여론의 도마에 오르내리고 있다. 유력 텔레비전 방송사들은
기독교의 문제점을 파헤치는 프로그램을 기획하고, 온라인상에는 안티
기독교 사이트가 등장하여 반기독교 운동을 펼치고 있다. 문제는 일반인
들이 그것을 '지나치다'고 생각하지 않는다는 점이다.
 기독교의 도덕적 탁월성의 추락은 여러 가지 모습으로 나타나고 있다.
우선, 목회자에 의한 교회 재정의 유용과 성 스캔들이다. 비록 소수이기
는 하지만 대형교회 목회자들 가운데에는 교회 재정을 쌈짓돈처럼 사용
하거나 선교비를 유용하여 고발당하는 일이 발생하고 있다. 유명 목사가
여성을 성적으로 희롱하거나 폭행하여 교회를 사임하는 일도 생겨나고
있다. 교회를 사유화하여 아들에게 목회직을 세습하는 일, 담임목사직의
매매까지 생겨났다. 대형교회와 소형교회, 그리고 도시교회와 지방교회
사이의 양극화도 사회적 양극화 못지않게 기독교 내부의 갈등 원인이 되
고 있다. 감리교는 감독선출 문제로, 한기총은 회장의 금권선거 문제로
오랫동안 법적 다툼을 벌였다. 교회가 개교회중심주의에 사로잡히고, 종

---

20) 〈뉴스앤조이〉, 2003년 11월 19일자.

교가 시장상황이 되면서 교회 간, 목회자 간에 비윤리적인 교인쟁탈전이 일어나면서 교회의 권위가 심각히 훼손되고 있다.

지금 한국교회는 사회의 '소금과 빛'의 역할을 하지 못하고 있으며, '산 위의 동네'가 되지 못하고 있다. 도덕성의 붕괴로 인해 사회적 신뢰가 약해지면서 선교에 걸림돌이 되고 있다. 더 이상 교회에 기대를 걸지 않고, 오히려 교회가 사회 발전의 장애물이라 생각하는 사람조차 생겨나고 있다. 안티기독교운동을 벌이는 사람들이 외치는 '교회타도'나 그런 극단적 행태에 암묵적으로 동의하는 현실 사회는 그런 비판적 사회 여론을 반영하고 있다.

3) 한국교회의 문화지체 현상

일반적으로, '문화지체(cultural lag)'란 정신문명이 물질문명이 발전하는 속도를 따라잡지 못해 생겨난 사회적 부조화 현상을 가리킨다. 현실적으로 변화해가고 있는 문화현상을 수용하지 못하거나 따라잡지 못함으로써 시대 흐름에 뒤처지는 사회집단들을 설명할 때에도 이 개념을 사용한다. 이 개념은 현재 한국교회의 상황에도 적용될 수 있다.

선교 초기 한국교회는 문화의 선도자 역할을 비교적 잘 감당했다. 전근대적인 유교문화의 폐해를 극복하고, 잘못된 사회적 관행들을 타파하며, 변화된 근대사회와 소통할 수 있는 새로운 문화를 창조하는 데 크게 기여했다. 근대적 시민의식, 문맹퇴치, 여성평등, 한글보급, 구습타파, 사회개혁 활동을 통해 한국교회는 새로운 문화의 진원지가 되었다.[21]

---

21) 이만열, 『한국기독교사 특강』, 성경읽기사, 1987, 94-124.

하지만 130여 년이 지난 지금 한국교회는 건강한 기독교 문화 창조를 통해 세속문화를 변혁시키는 것은 고사하고, 현실문화와 소통하며, 현실문화를 따라잡는 일조차 버거워하고 있다. 이른바 문화지체 현상이 목격되고 있다. 오늘날 젊은이들과 지성사회에 비친 한국교회는 진부하고, 전근대적이며, 퇴행적이다. 결과적으로 선교 초기 한국사회의 희망을 교회에서 발견하고 밀물처럼 교회로 몰려들던 지식인들과 젊은이들이 이제는 썰물처럼 교회로부터 빠져나가고 있다. 아래에서 우리는 한국교회의 문화지체 현상이 얼마나 심각한지 살펴보겠다.

(1) 권위주의 리더십

권위주의란 서열적 사회관계와 그것을 반영하는 수직적 인간관계를 가리킨다. 권위주의 리더십에서는 인품이나 능력과 관계없이 상급자나 연장자가 하급자나 나이 어린 사람에게 무조건 명령하고 지배하는 상명하복이 당연시된다. 유교문화의 영향 아래 있었던 조선시대만이 아니라 군사문화의 영향을 받았던 1970-80년대까지 권위주의 리더십이 지배적이었다. 국가기구는 물론 기업과 학교, 심지어 종교 조직에 이르기까지 위계적 질서와 그에 따른 지배-복종 관계가 당연시되었다. 물론, 교회에서조차 권위주의 리더십이 정당화되었던 것은 유교문화의 영향 때문만은 아니고, 기독교가 본래 가지고 있었던 군주적 유일신론에 가까운 가부장적 하나님 이해도 영향을 미쳤을 것이다.[22]

최근 들어 우리 사회는 점점 탈권위주의 문화로 발전해가고 있다. 민주화 이후 시대에 태어나고 성장한 젊은이들에 의해서 민주적이고 수평

---

22) 양명수, 「한국 기독교의 특징에 관한 신학적, 철학적 고찰」, 『한국기독교신학논총』 49, 2007, 230-237.

적인 인간관계와 조직문화가 형성되고 있다. 특히, 노무현 정권의 등장 이후 이러한 탈권위주의 특징은 점점 더 뚜렷해지고 있다. 이제 우리 사회에서 신분이나 나이에 근거한 전통적 권위는 힘을 잃고, 대신 합리적 근거에 기초한 민주적 형태의 권위가 힘을 얻어가고 있다.

그럼에도 불구하고 한국교회 안에는 여전히 '카리스마'라는 이름으로 포장된 전근대적 권위주의 문화가 목사와 교인, 담임목사와 부교역자, 그리고 남성교인과 여성교인 사이를 지배-복종의 관계로 만들어놓고 있다. 설교자들은 '순종'의 가치를 왜곡하여 목사에 대한 절대적 복종으로 해석한다. 봉사와 섬김을 위한 장로나 집사라는 직제가 서열로 인식되어 선거가 있을 때마다 부작용이 속출하고 있다. 집사와 권사의 직분이 독자적 의미와 권위를 갖는 직분이 아니라 장로가 되기 위한 전 단계 정도로만 인식되고 있다. 권위주의 문화 속에서는 대화나 토론이 불가능하기 때문에 합리적이고 민주적이어야 할 의사결정 구조도 왜곡되고 만다. 민주주의적 대의제 정신에 따라 형성된 당회가 교인들의 여론을 제대로 반영하지 못하게 됨으로써 교회는 내부 구성원 사이의 소통부재로 인해 심각한 갈등을 겪기도 한다. 교인의 다수를 차지하는 여성의 지도력은 인정받지 못하고, 청년들의 소외도 문제되고 있다. 이처럼 시대를 역행하는 한국교회의 권위주의 리더십은 교회 리더십에 대한 교인들의 불만을 불러일으키고, 마침내 교회의 성장과 발전에도 부정적인 영향을 미치고 있다.

(2) 여성 차별과 배제

유교문화의 영향 아래 권위주의는 가부장제도와 결합하여 여성차별을 정당화하였다. 조선시대의 삼종지도(三從之道)의 윤리관이나 내외(內外)법에서 알 수 있듯이, 여성은 모든 남성, 즉 아버지와 남편과 아들에게 순종하고 의지해야 하는 존재였다. 하지만, 최근 들어 우리 사회는 '알파걸'[23]의 등장에서 확인할 수 있듯이, 여성들의 사회적 진출과 영향력이 날로 증대하고 있다. 대학입학시험은 물론 사법고시 합격자의 절반 이상이 여성이며, 의료전문직이나 기업의 임직원, 심지어 신학대학원 진학에 있어서도 여성 합격자 수가 크게 증가하고 있으며, 어떤 영역에서는 남성을 압도하고 있다.

그럼에도 불구하고 아직까지 한국교회는 남성우월주의 문화를 극복하지 못하고 있다. 한 예로, 총신대 채플에서 (2003년 11월) '기저귀 발언'이 공공연히 등장할 정도로 여성에 대한 차별과 편견이 심하다.[24] 여성목사 안수에 대해서도 여전히 부정적이어서 여성안수를 시행하는 교단이 10여 개에 머물고 있으며, 여성이 안수를 받더라도 사역지를 찾지 못하고 있다. 여성 사역자가 사역지를 찾는 경우에도 대부분 부교역자나 파트타임 사역에 머무르고 있다. 대부분의 여성 목회자들이 독자적인 리더십을 갖지 못한 채 보조자의 역할에 머물고 있다.

한편, 여성에 대한 차별적 인식은 교역자 사이에서만 아니라 평신도 사이에서도 크게 다르지 않다. 대부분의 여신도들은 교회의 의사결정 과정에서 소외된 채 기껏해야 예배당 청소나 음식준비에 동원되고 있다. 최근 들어 여성 장로를 선출하는 교회가 늘어나고 있다고는 하지만 여전

---

23) 알파걸(Alpha Girl)이란 학업, 운동, 리더십 모든 면에 있어서 남성을 능가하는 높은 성취욕과 자신감을 가진 여성을 가리키는 용어이다. 댄 킨들러의 저서 『새로운 여자의 탄생-알파걸』에서 처음으로 사용된 용어인데, 비슷한 의미를 지닌 단어들에는 일본의 '하나코상', 우리나라의 '골드미스' 등이 있다. 위키백과: www.wikipedia.org 참조.

24) 당시 예장(합동) 총회장이었던 임태득 목사는 총신대학 채플시간에 "여자가 목사안수 받는 것은 택도 없다. 여자가 기저귀 차고 어디 강단에 올라와."라는 발언을 함으로써 학교는 물론 교계와 사회로부터 비난을 받았다.

히 여성 평신도에게는 보이지 않는 '유리 천장'이 존재한다.

(3) 현세적 물질주의와 기복신앙

현세적 물질주의란 현세에서의 물질적 성공과 행복을 인생의 최고 목표로 생각하는 가치관을 가리킨다. 현세적 물질주의가 추구하는 구체적 삶의 목표는 돈, 명예, 지위, 장수, 가족의 안녕 등으로서 대부분 물질주의적이며 성공지향적인 가치들이다. 현세적 물질주의가 지배적인 사회에서는 현세에서의 출세나 부자되는 법에 대한 관심으로 가득하기 마련이다. 실제로 최근 우리 사회에서는 성공학 강좌가 인기를 끌고, 처세법에 대한 책들이 베스트셀러가 되고 있다. 이런 현상은 외적 가치 대신 내면적 가치, 현세 대신 내세를 강조하는 종교들이 약화되면서 생겨난 전형적인 세속화 현상이다.

현세적 물질주의는 나쁜 일을 피하고 복을 구하는 샤머니즘만 아니라 현실주의적 유교와도 맞닿아 있다. 정치사회적으로는 '잘 살아보세'라는 구호 아래 진행된 근대화 및 산업화 과정에서 생긴 경제성장 제일주의와 관련되어 있으며 신학적으로는 1970년대 미국에서 생겨난 교회성장학과 관련되어 있다. 교회성장학에서는 교회의 양적 성장이라는 목표 자체가 모든 수단을 정당화하고 합리화하는 신학 이데올로기로서 기능한다.

기복종교화된 교회는 구원을 물질적 풍요나 사회적 성공과 동일시하게 된다. 예수님께서 선포했던 산상수훈의 복의 개념과는 너무 다른 복을 설교하게 된다. 디트리히 본회퍼가 비판했던 '값싼 은총', '싸구려 복음'이 오늘날 한국교회에 널리 퍼져 있다. 브루스 윌킨슨의 『야베스의 기도』가 주기도문만큼이나 영향력을 가지며, 조엘 오스틴의 『긍정의 힘』이나 『잘되는 나』와 같은 책들이 베스트셀러가 되고 있는 독서 현실은 번영

신학, 성공신학에 사로잡힌 한국교회의 모습을 보여준다.

주목할 점은 한국교회의 평신도만 아니라 목회자까지도 현세적 성공에 관심이 많다는 사실이다. 목회적 성공이 교회의 크기나 교인 숫자로 판단되고, 심지어 목회자의 영성 수준이 교회의 크기로 평가되고 있다. 그래서 목회자들은 교인들의 내면적 성숙보다 교회의 양적 성장에 더 많이 관심하고 있다. '선교'라는 이름으로 포장된 각종 이벤트나 프로그램을 통해 교인들을 성장 드라이브 정책에 내몰기도 한다.

하지만 물질주의 한계를 경험하면서 템플스테이나 요가, 명상 같은 종교적이거나 유사종교적인 데 관심하는 사람들이 늘고 있다. 세속화 한 켠에서 새로운 형태의 종교운동이 일어나고 있는 것이다. 그럼에도 불구하고 현세적 물질주의에 사로잡힌 한국교회는 이 같은 새로운 흐름을 읽어내지 못하는 것 같다. 그나마 가톨릭이나 불교가 피정과 침묵수련, 그리고 템플스테이 같은 프로그램을 통해 종교적 욕구를 채워주면서 성장해가고 있다.

(4) 교회의 연고주의 문화

연고주의란 혈연, 지연, 학연을 통해 연줄망을 만들고 그 안에 속하는 사람들 사이에 배타적 특혜를 주고받는 문화현상을 가리킨다. 우리 사회에서 연줄은 출세나 성공에 개인의 능력과 실력보다 더 큰 영향력을 발휘한다. 미국의 정치학자 존 알포드(J. Alford)가 지적했듯이, 한국에서는

> 무엇을 얼마나 아느냐가 아니라, 누구를 어떻게 아느냐가 훨씬 더 중요하다.[25]

---

25) 정수복, 『한국인의 문화적 문법』, 137 재인용.

물론, 연고주의는 개인에게 소속감과 심리적 안정감을 준다. 하지만 연고주의가 폐쇄적이거나 차별적으로 작동할 때에 사회의 공공성을 파괴하고 건강한 공동체 형성을 불가능하게 만든다. 이는 연고주의가 연고 관계가 밀접한 내(內)집단과 그렇지 않은 외(外)집단을 구별하고, 둘 사이에 이중적 규범을 적용하기 때문이다. 내집단의 '우리' 사이에 적용하는 윤리적 규범과 외집단의 '그들' 사이에 적용하는 윤리적 규범이 차별적으로 적용된다. 말하자면, 내집단 구성원에게는 특혜를 베푸는 반면에 외집단 구성원에게는 불이익을 주곤 한다. 결과적으로, 보편주의에 기초한 합리적인 사회정의 실현이나 공익의 추구가 불가능하게 된다.

다행스럽게도 우리 사회는 각종 형태의 연고주의를 극복하려고 부단히 애를 쓰고 있다. 기업은 신입 사원을 뽑을 때 출신지역이나 출신학교에 대해 묻지 않는다. 정치가들조차 지역주의를 타파하려고 많은 노력을 기울이고 있다. 특히, 한동안 국민적 인기를 끌었던 방송 프로그램 가운데 하나인 '슈퍼스타 K', '위대한 탄생', '나가수', 그리고 그와 유사한 오디션 프로그램들에는 오직 실력과 능력만으로 평가받는 사회에 대한 국민의 열망이 그대로 반영되어 있다. 이런 현상은 이명박 정부 시절 '고소영 내각'과 같은 연고주의 문화에 대한 사회적 도전이라 하겠다.

하지만 유감스럽게도 연고주의 문화는 사회만 아니라 교회 안에도 공고하게 자리를 잡고 있다. 목회자 청빙과정에서 지연이나 학연이 중요한 요소로 작동하고 있으며, 혈연에 따라 목사직의 세습이 이루어지고 있다. 아직도 대부분의 교단에서 교단정치는 연고주의에 기대어 이루어지고 있다. 이런 모습들은 한국교회가 일반사회의 변화나 발전에 비해 얼마나 뒤떨어지고 있는가를 여실히 보여주는 사례이다.

(5) 온정주의와 치리의 실종

일반적으로, 온정주의란 합리적 판단과 비판 대신에 인정과 의리에 끌려 행동하게 되는 문화현상을 가리킨다. 온정주의는 합리적 인간관계보다는 정서적 인간관계를 중시하기 때문에 감정중립적인 인간관계를 피한다. 원칙에 기초하여 합리적으로 논쟁하고 따지는 일을 부담스러워하며, 그 결과 비합리적이고 반지성적 문화가 형성되기 쉽다.

이러한 온정주의 문화와 유교의 관계성은 깊다.[26] 유교는 사회질서나 정치체제의 변화보다는 안정을 추구하는 경향이 강하고, 차이와 갈등보다는 조화와 합의를 강조하는 정서가 크기 때문이다. 유교는 갈등이나 대립을 최소화하되, 그 해결은 소리 없이, 조용히 할 것을 주문한다. 그리고 합리적 토론보다는 양보와 배려를 강조한다.

하지만, 젊은세대는 기성세대와 달리 갈등을 회피하려 하지 않고, 따지는 것도 마다하지 않는다. 기성세대보다 자기주장이 분명하고 감정표현도 확실하다. 정의감이 분명해서 선배나 교수, 상급자에 대해서도 자기 생각을 분명히 표현할 줄 안다. 자기 생각이나 감정 표현을 기피했던 기성세대가 이런 젊은 세대를 볼 때 '버릇없다'고 생각하게 되면서 세대 간 갈등이 표출되기도 한다.

한국교회 안에는 아직도 합리주의보다는 온정주의 문화가 지배적이다. 한 예로, 교회 안에서 목사의 스캔들이나 재정유용 문제가 발생하면 교회는 그것을 합리적으로 해결하려 하기보다는 덮고 넘어가기에 급급하다. '좋은 게 좋은 거다', '은혜롭게 해결하자'고 하면서 문제를 덮으려다가 더 큰 문제로 확대되기도 한다. 심지어 문제를 제기하고 따지는 사

---

26) 정수복, 『한국인의 문화적 문법』, 149-150.

람들을 '교회 파괴자', '이단', '사탄'이라고 정죄하기까지 한다. 사태의 옳고 그름을 따지기보다는 교회의 안정에 더 많은 가치를 두는 온정주의 문화 때문이다.

한국교회 안에 온정주의 문화가 자리잡은 결과 장로교의 표지(marks) 가운데 하나인 '권징과 치리'가 실종되고 말았다. 종교개혁자들은 교회의 참된 표지로서 하나님 말씀의 순수한 선포와 순종, 세례와 성찬의 바른 집행, 그리고 권징과 치리의 바른 행사를 언급했다. 여기서 교회의 치리란, 복음의 거룩함을 지키고, 신앙공동체의 윤리적 탁월성을 실현하기 위한 신앙공동체 구성원의 자율적인 자기정화 기능이다. 물론, 치리의 목적은 잘못을 범한 교인을 교회로부터 영구히 추방하는 데 있다기보다는 잘못을 깨닫고 회개하여 구원을 얻게 하기 위함이다. 교회의 치리는 잘못에 대한 심판이지만, 동시에 회개하는 죄인에 대한 사랑의 행위다. 더불어 교회의 치리는 교회 구성원들로 하여금 도덕적 탁월성에 대한 경각심을 일깨운다(딤전 5:20; 갈 6:1). 교회의 치리와 권징은 일반 법정이 판단하기 어려운 신앙적 순수성과 신자들의 도덕적 탁월성을 유지시켜줌으로써 사회적 신뢰와 공신력을 얻게 만든다.

(6) 종교적 배타주의와 공격적 선교 방식

우리 시대의 시대정신인 포스트모더니즘은 전체주의와 집단주의로 표현되는 모더니즘에 대한 비판과 반성에서 생겨났다. 포스트모더니즘은 모더니즘의 특징인 이성, 과학, 그리고 진보신화를 비판한다. 나아가 차이를 인정하고, 다름을 당연시하며, 다원주의 가치와 삶의 태도를 적극적으로 수용한다. 심지어 진리, 종교, 그리고 윤리의 절대성까지 인정하지 않으려 한다.

우리나라의 종교문화는 본래부터 다원주의적 특징을 지닌다. 석가탄 신일과 개천절, 그리고 성탄절을 공휴일로 지정했다. 다양한 종교들 사이에 조화와 포용의 태도가 일상화되었다. 그래서 다양한 종교가 공존하면서도 종교 갈등이 사회문제로 부각된 적이 거의 없었다. 하지만, 최근 들어 기독교가 우리 사회의 영향력 있는 종교가 되면서 여러 가지 형태의 종교 갈등이 발생하고 있다. '예수천당, 불신지옥'이란 구호로 대변되는 한국교회의 공격적 선교방식은 타종교인만 아니라 무종교인으로부터도 비난을 받는다. 배타적 종교관으로 인해 생겨난 제주도 원명선원의 화강암 불상 750기 훼손 사건(1998), 서울 봉은사 땅밟기 사건(2010), 서울 조계사 법당에서 확성기로 '불교에는 구원이 없다'며 일으킨 소란 사건(2011) 등은 종교 간 갈등의 불씨가 되었다.

포스트모더니즘과 다문화사회의 영향을 받은 요즘의 젊은이들과 지성인들은 개방적인 종교관을 선호한다. 지역교회조차 특정 교단에 속한 교회보다는 교단으로부터 자유로운 초교파교회를 더 선호하는 경향을 보이고 있다. 그러다보니 기독교의 배타적 종교관이나 독선적 선교 행위대해 비판적이다. 기독교보다 가톨릭에 더 매력을 느끼는 이유 가운데하나가 가톨릭이 개신교보다 더 관용적이고 포용적인 종교관을 가지고있기 때문이라는 조사보고도 있다.[27]

---

27) 조성돈·정재영 편, 『그들은 왜 가톨릭 교회로 갔을까?』, 예영커뮤니케이션, 2007, 43-48. 가톨릭은 1962-65년에 열렸던 제2차 바티칸 공의회에서 기존의 '교회 밖에는 구원이 없다'던 입장에서 '교회 밖에도 구원이 있고, 갈라진 교회(개신교)를 통해서도 구원을 얻을 수 있다'는 입장으로 바뀌었다.

4) 새로운 신앙문화 형성을 위한 과제

(1) 성찰적 신앙과 도덕적 탁월성

한국 기독교가 반지성주의적 신앙문화와 그로 인해 생겨나는 폐해들을 극복하려면 성찰적 신앙문화를 형성해야 한다. 본래 기독교 신앙은 이성의 역할을 무시하거나 경시하지 않는 신앙, 즉 '이해를 추구하는 신앙'이다. 중세 가톨릭교회에 대항해서 루터가 종교개혁을 일으키고 라틴어 성서를 독일어로 번역한 것도 가톨릭의 성직주의에 의한 성서해석권 독점이나 성물숭배 같은 미신적 신앙에 맞서서 합리적인 신앙생활을 가능하게 하려는 데 있었다.

일찍이 아우구스티누스는 "나는 이해하기 위해서 믿는다. 그리고 나는 더 잘 믿기 위해서 이해한다"[28]는 말을 했다. 이러한 지성적인 신학전통을 이어받은 안셀무스(Anselm of Canterbury)는 기독교 신앙의 특징을 "이해를 추구하는 신앙"이라고 표현했다. 그에게 바른 신앙이란, 개인적이고 주관적인 하나님 체험임과 동시에 그 체험을 이성적으로 해명할 수 있는 이해력이기도 했다. 온전한 기독교 신앙이란 마음으로 신뢰하고, 의지를 통해 헌신할 뿐 아니라, 지적 이해를 추구하는 신앙이다. 왜냐하면, 자신의 신앙 체험이나 믿는 바에 대한 비판적 성찰이 없는 맹목적이고 관습적 신앙은 신자를 자칫 미신과 광신의 위험에 빠뜨릴 수 있기 때문이다. '덮어놓고 믿는 믿음'은 칭찬이 아니라 비난을 받을 일이다. 왜냐하면, 성서는 그리스도인이 자신의 지식 영역에서도 새롭게 된 존재이기를 요구하기 때문이다(골 3:10). 그리고 소망에 관한 이유를 묻는 사람들에게

---

28) 조용훈, 『기독교대학: 한국 기독 지성의 현실과 미래』, 한국장로교출판사, 2009, 223 재인용.

설득력 있게 대답할 수 있는 훈련된 지성의 소유자가 되기를 요구한다(벧전 3:15). 모든 신자들은 자신이 믿는 진리에 대해 숙고하고 성찰하는 '신학자', 즉 '민속신학(folk theology)'을 넘어선 성찰하는 신앙인이 되어야 한다.[29]

물론, 인간의 이성은 죄로 인해 심각할 정도로 왜곡되고 부패해 있다. 따라서 이성을 통해 하나님의 구원 지식을 얻을 수 없으며, 신령한 영적 세계를 이해할 수도 없다. 그럼에도 불구하고 세상적인 일에 있어서 이성은 여전히 중요하며 유용하다. 이성은 하나님의 선물로서 문화위임 (cultural mandate)을 완수하는데 유익한 수단이기 때문이다.

한편, 기독교 신앙은 도덕성과 밀접히 관련되어 있다. 그리스도인은 이 세상 속에서 '소금과 빛'(마 5:13-14)이요, '산 위의 동네'(마 5:14)가 되도록 부름을 받았다. 그리스도인과 교회의 도덕적 탁월성은 불신자들에게는 복음의 신빙성과 교회의 신뢰성을 높임으로써 효과적인 선교를 가능하게 한다(마 5:16). 사도행전에는 예루살렘 교회의 폭발적 성장이 성령의 역사와 더불어 신자들의 탁월한 도덕성과 관련되어 있음을 보여준다(행 2장과 4장). 기독교 초기 사상가 가운데 한 사람인 아리스티데스(Aristides)가 주후 125년경에 기독교인을 변호하기 위해 로마황제 하드리안에게 썼던 글을 보면 당시 신자들이 도덕적으로 얼마나 뛰어난 삶을 살았는지 알 수 있다.

> 그들은 참으로 인류애와 친절함 속에서 살아갑니다. 그들 가운데서 거짓이라고는 찾아볼 수 없으며, 서로를 사랑합니다. 그들은 과부를 멸시하지 않으며, 고아를 슬프게 하지 않습니다. 사람들은 자신에게 공정히 배분

---

29) 스탠리 그랜츠·로저 올슨, 이영훈 역, 『신학으로의 초대』, IVP, 1999, 28-39.

된 것조차 자신만의 소유로 여기지 않습니다. 낯선 사람을 만나면 집으로 맞아들여 그들의 형제처럼 그를 즐겁게 합니다. 그들 중 가난한 사람이 죽으면 그 죽음을 발견한 사람이 누구나 자신의 능력에 따라 그를 장례해줍니다. 그리고 만일 그들의 동료 중 누구나 그들의 메시야의 이름 때문에 옥에 갇히거나 박해받는다는 사실을 들으면 그들 모두는 그의 곤궁을 보살피며 그가 구출할 가능성이 있다면 그를 구출해줍니다. 그들 가운데 가난하고 궁핍한 사람이 있으면 그들의 일용품이 풍부하지 않음에도 불구하고 2-3일씩 금식하면서 그들의 일용할 양식을 가지고 가난한 사람을 돕습니다.[30]

선교 초기 한국교회가 폭발적으로 성장한 배경도 이와 크게 다르지 않다. 기독교인의 도덕적 탁월성이 복음에 대한 신뢰를 높였고, 그것은 다시금 선교에 긍정적 영향을 미쳤다. 기독교인의 근검절약, 술담배에 대한 금욕적 태도, 도박이나 축첩 금지, 노동윤리, 건강한 가정생활은 불신자들에게도 본이 되었다.

우리 시대가 아무리 세속화되었다고 할지라도 모든 종교생활에 대해 부정적인 것은 아니다. 최근 통계청의 한 조사에 따르면, 지난 10년간 실질적 성장이 가장 많은 종교가 가톨릭이고, 다음엔 불교였다. 하지만 기독교는 마이너스 성장을 한 것으로 나타났다. 다른 조사를 보면, 각 종교의 신자들 가운데 자기 종교에 불만을 품고 떠나간 신도가 가장 많은 종교가 기독교이고, 다음이 불교, 그리고 가톨릭 순이었다. 문제는 젊은층과 고학력자일수록 기독교에서 떠나가는 비율이 높았다는 점이다. 이런 통계를 보면, 이제 한국 기독교는 단순히 '인기 없는 종교'가 아니라 '문

---

30) 마틴 헹엘, 이정희 역, 『초대교회의 사회경제사상』, 대한기독교서회, 1992, 76 재인용.

제 많은 종교'로 인식되고 있음을 알 수 있다. 오늘날 한국 기독교는 밖에서는 비난을 받고, 안에서는 불만이 가득한 종교로 변해가고 있다.

실추된 그리스도인과 교회의 명예나 도덕적 탁월성을 회복하기 위해 무엇보다 먼저 필요한 것은 왜곡된 이신칭의(以信稱義) 신학을 바로잡는 일이다. 이신칭의란 말 그대로 '믿음으로 의롭게 된다'는 신학사상이다. 이신칭의 사상은 신약성서에서는 율법 종교인 유대교에 대한 바울의 생각에서 생겨났다. 역사적으로는 각종 선행이나 고행을 통해 구원을 확보하려는 중세 가톨릭 신학에 대한 종교개혁자들의 개혁신학을 통해 구체화되었다. 종교개혁자들에게 '믿음으로만 의롭게 된다'는 말은 신앙생활에 어떠한 윤리행위도 무의미하거나 무가치하다는 뜻은 결코 아니었다. 이신칭의란 인간의 윤리적 행위가 '구원의 조건이 될 수 없다'는 뜻이었지, '신앙생활에 있어 윤리가 아무 짝에도 쓸모없다'는 말은 결코 아니었다. 이신칭의 신앙을 곡해하는 대표적인 사례가 부흥사들에 의해 인용되는 십자가에 달린 강도 이야기다(눅 23:39~43). 잘 아는 대로, 예수님께서 십자가에 달리셨을 때 한 강도는 뒤늦게 회개하며 구원을 요청했다. 물론, 예수께서 그 강도를 향해 구원을 약속한 것은 말할 것도 없다. 예수님의 약속이었으니 그 강도는 틀림없이 구원을 받았을 것이다. 그렇다고 우리가 그 강도를 모범으로 알고 살아도 된다는 의미는 아니다. 평생 죄만 지으며 살다 죽기 바로 직전에 회개하면 된다는 생각이 이신칭의 신앙의 의미는 결코 아닐 것이다. 곡해된 이신칭의 신학은 복음을 참회와 순종이 없는 '값싼 은총'(본회퍼)으로 변질시킨다. 종교개혁자들이 강조한 '율법의 제3사용'이나 성화 사상은 신앙생활에서 도덕생활의 중요성을 강조한다. 그런 점에서, 이신칭의(justification) 신학은 성화(santification)의 신학과 조화를 이루어야 한다.

(2) 문화의 소통 및 변혁자로서 신앙공동체

그리스도인과 교회에게는 크게 두 가지의 하나님의 명령이 주어져 있다. 하나는 하나님께서 창조 때에 명령하신 '문화명령(cultural mandate)'이다 (창 1:28). 다른 하나는 예수님께서 승천하시기 전 제자들에게 주신 '대 사명(the Great Commission)'이다(마 28:19). 이 둘은 똑같은 하나님의 명령임에도 불구하고 오늘날 한국교회는 선교의 사명에 대해서는 힘주어 강조하면서도 문화위임, 즉 문화를 변혁하고 새롭게 창조하는 일은 무시하거나 간과한다.

교회가 문화적 사명을 중요하게 다루어야 하는 이유는 여러 가지다. 먼저, 교회가 복음을 제대로 전하기 위해서는 복음이라는 씨앗이 뿌려지는 토양이라 할 수 있는 문화에 관심하지 않을 수 없기 때문이다. 똑같은 씨앗이 뿌려지더라도 그것을 수용하는 땅의 상태에 따라 수확이 달라진다. 그런 배경에서 선교자는 복음(씨앗)만 아니라 문화(토양)에 대해서도 관심해야 한다. 다음으로, 복음은 문화라는 옷을 입고 표현되기 때문이다. 어떤 복음도 문화와 상관없이 순수한 형태로 표현되거나 전수될 수 없다. 복음이 문화의 내용이라면, 문화는 복음의 표현이다. 둘은 뗄레야 뗄 수 없는 관계다. 마지막으로, 복음이 추구하는 최종 목표가 일상생활의 변화, 즉 문화의 변혁이기 때문이다. 문화란 구시대의 유물이나 박물관에 진열되어 있는 것이 아니라 우리의 일상생활 그 자체다. 복음이 궁극적으로 추구하는 것은 바로 일상의 삶을 기독교적으로 바꾸는 일이기에 필연적으로 문화의 변혁에 관심하게 된다.

교회가 맡겨진 문화위임을 제대로 감당하려면 무엇보다 먼저 문화(세상)와 소통하는 법을 배워야 한다. 예수님께서 성육신하신 이유도 바로 문화(세상)와 소통하기 위함이었다. 바울은 그리스도의 복음을 전하는 데 있어 문화적 소통의 중요성을 누구보다 잘 알고 있었다. 바울은 효과적인 복음 선포를 위해 수용자의 종교적·문화적 현실을 고려하여 유대인에게는 유대인처럼, 헬라인에게는 헬라인처럼 행동했다(고전 9:20–22).

교회가 세상 사람들과 소통하는 방법은 무엇일까? 그것은 바로 세상 사람들에게 익숙한 언어를 사용하는 일이다. 그리스도인이 교회 문을 나서서 세상을 향할 때에는 자기 혼자나 교회 공동체만 알아들을 수 있는 '방언'을 말해선 안 된다. 교회 바깥 사람들도 알아들을 수 있는 언어를 사용해야 한다. 한편, 하나님을 거역하는 것이나 드러내놓고 반대하는 것이 아니라면 세상의 게임규칙과 질서를 지킬 필요가 있다. 하나님의 창조질서는 평안한 신앙생활을 위해 마땅히 지켜야 할 게임규칙과 같다. 예수님께서도 가이사의 세계를 인정하셨고, '가이사의 것은 가이사에게 바치라'고 하셨다(막 12:17). 바울 역시 평화로운 신앙생활을 위해 세상권세에 복종하고 세속정치인을 위해 기도할 것을 권면했다(롬 13:1–7; 딤전 2:2).

한편, 세속문화를 기독교적으로 변화시키는 데에도 힘써야 한다. 교회가 문화를 변혁한다고 했을 때 그 방법은 교회가 세상의 문화를 강압적으로 변혁시키려는 방법이라기보다는 삶의 모범을 보이고 대안적 삶을 보여주는 방법이다. 스탠리 하우어워스(S. Hauerwas)는 이것을 '사회적 증인(social witness)으로서 교회'라고 표현했다.[31] 스탠리 하우어워스와 윌리엄 윌리몬(W. Willimon)은 사회적 증인인 교회의 역할에 관하여 다음과 같이 말한다.

> 우리가 제시해야 할 가장 창조적인 사회 전략은 바로 교회다. 우리는 세상이 사회적 강제력이나 통치 행위를 통해서는 결코 이룰 수 없는 삶의

---

31) 스탠리 하우어워스, 문시영 역, 『교회됨』, 북코리아, 2010, 7.

방식을 교회를 통해 세상에 보여준다.[32]

두 사람은 칼 바르트의 표현을 인용하면서 교회의 존재 목적이 '대안적 사회의 제시' 혹은 '대항문화의 구현'이라고 한다.

> (교회가) 존재하는 목적은 (…) (세상의) 방식과는 철저히 다르며, 또 약속으로 충만하기에 그 방식과 모순되기까지 한 새로운 표징을 이 세상 속에 드러내는 데 있다.[33]

세상은 교회가 그들과는 다른 삶을 살아주기를 기대한다. 자신들보다 더 도덕적으로 탁월하기를 기대한다. 그러지 못할 때 그들은 교회를 '밖에 버려져 사람들에게 짓밟히는 소금'처럼 대한다(마 5:13). 오늘날 사람들이 교회를 '개독교'라 하고, 목사를 '먹사'라고까지 비난하는 이유는 바로 교회가 맛 잃은 소금과 같이 되었기 때문이다. 교회가 세상과 다르지 않고, 거꾸로 세상을 닮아가고 있기 때문이다.

5) 맺는 말

오늘날 한국교회는 교회 내외적으로 어려움에 빠져있다. 내적으로는 구성원들의 불만이 높고 이탈자가 늘면서 교회의 성장이 지체되거나 후퇴하고 있다. 외적으로는 교회의 사회적 신뢰도가 약해지면서 영향력이

---

32) 스탠리 하우어워스 · 윌리엄 윌리몬, 김기철 역, 『하나님의 나그네 된 백성』, 복있는사람, 2008, 125.

33) 앞의 책, 125–226 재인용.

줄어들고 있으며 심지어 사회의 공격과 비난의 대상이 되고 있다.

이런 현실을 극복하려면 무엇보다 먼저 부끄러운 현실에 대한 회개가 필요하다. 1907년 한국교회의 대부흥운동의 역사에서도 확인할 수 있듯이, 교회의 성장과 부흥은 회개운동과 밀접히 관련된다. 그런데 참된 회개란 단순히 입술로 잘못을 고백하고, 눈물을 흘리는 행위로 그치는 것이 아니라 삶의 변화로 이어져야 한다. 회개는 열매로 증명되어야 한다. 참된 회개는 잘못을 깨닫는 인식적 행위나, 뉘우치는 감정적 행위를 넘어 삶을 바꾸려는 실천 의지적인 것이다. 막연히 죄를 지었다는 추상적인 생각이 아니라 구체적인 잘못에 대한 실제적 교정이다. 종교적 이벤트나 프로그램으로 기획된 회개는 공허한 외침으로 머무를 위험이 있다. 참된 회개는 삶의 변화, 즉 신앙의 윤리성을 회복하는 것이다. 구체적으로, 신앙의 성찰적 차원과 도덕적 탁월성을 회복하는 데 힘쓰는 동시에 세상(문화)과 소통하며, 더 나아가 세상을 변혁시킬 수 있는 영적 능력을 갖추도록 힘써야 한다.

2.
목회자의 성적 탈선 문제와 목회윤리[*]

1) 서론

오늘날 목회자에 의해 교회 안에서 벌어지는 불륜이나 성폭력, 성추행 문제는 더 이상 감출 수 없는 한국교회의 그림자다. 미국교회의 통계이기는 하지만 약 10% 정도의 목사가 교회의 여신도들과 성관계를 맺고 있으며, 25 - 35%는 여신도들과 부적절한 관계를 맺고 있다고 한다.[34] 한국교회의 경우, 한국여성신학자협의회 기독교여성상담소가 1998년 7월부터 2003년 6월까지 총 91건의 성폭력 사건을 상담했는데, 그 가운데 84건이 목회자에 의한 강간, 성추행, 그리고 성희롱 사건이었다고 한다.[35] 과거에는 종교인의 성적 탈선 문제라 하더라도 주로 사이비 교주나 이단종파에서의 문제였지만, 지금은 공신력 있는 교단이나 유명교회

---

* 이 글은「목회자의 성적 탈선과 목회윤리적 과제」라는 제목으로『신학사상』124, 2004에 실렸던 글을 약간 수정했다.

34) Joe E. Trull & James E. Carter, *Ministerial Ethics: Being A Good Minister In A Not–So–Good World*, Nashville: Broadman & Holman, 1993, 81.

35) 기독교여성상담소, 「기독교인을 위한 성폭력 예방지침서」, 한국여신학자협의회, 2003, 13.

의 문제가 되었다. 게다가 교계는 물론 사회적으로도 널리 이름이 알려져 있는 유명 목사에 의해서도 생겨나고 있다는 점에서 문제가 더 심각하다.

그럼에도 불구하고 한국교회 안에서 이 문제를 논의하거나 해결하는데에는 몇 가지 장애요인이 존재한다. 먼저, 교회 안에서 성 문제를 논의하거나 목회자의 윤리문제를 이야기하는 것이 일종의 금기이기 때문이다. 성에 대해 이중적인 태도를 가진 유교문화에서 공개적인 논의가 금기시되었다. 목회자의 성적 탈선행위가 밝혀진다 하더라도 교회법상 처리하기가 매우 까다롭다. 관련 여신도는 교인들로부터 비난을 받을 위험이 높으며, 노회나 총회 재판국에서 문제를 다루려고 해도 사실관계를 증명하기가 어렵기 때문이다. 그럼에도 불구하고 이 문제를 교회 안에서 자율적으로 해결하고 정화하지 않으면, 결국 사회가 타율적으로 간섭하게 된다. 실제로 언론매체가 목사의 성적 탈선을 고발하기 시작하면서 전체 한국교회의 이미지에도 부정적인 영향을 주고 있다.

목회자의 성적 탈선의 결과는 개인적이나 교회적으로 너무나 비극적이고 고통스럽다. 먼저, 목회자 자신이 하나님 앞에 간음죄를 범한 자가되며, 한 번의 실수로 평생 사역하던 교회를 사임하거나 아예 목사직을 그만두어야 할 경우도 있다. 그리고 목회자 자신의 가정이 파괴되어 부끄러운 남편, 존경받지 못하는 아버지가 되고 만다. 둘째, 관계된 상대방과 상대방의 가정을 파괴하고 깊은 상처를 남기게 된다. 셋째, 목회자가 사역하던 교회에 위기가 찾아온다. 교인들이 더 이상 목회자를 신뢰하거나 존경하지 않게 되면서 신앙적 혼란에 빠지게 된다. 어떤 경우에는 사건이 공개되면서 여전히 목사를 지지하는 교인들과 징계를 외치는 반대교인들 사이에 갈등이 생겨 교회가 분열의 위기에 내몰린다. 마지막으로, 목사에 대한 사회적 신뢰를 떨어뜨려 교회는 세상 사람들의 웃음거리가 되고 교회의 선교활동은 막히고 만다.

2) 성적 탈선의 심리적 배경

(1) 목회자의 스트레스와 탈진

급변하는 사회 속 현대인은 정도의 차이는 있을지 몰라도 예외 없이 스트레스를 받으며 살고 있다. 업적중심의 문화, 무한경쟁의 시대에서 생존하기 위해 사람들은 어쩔 수 없이 계속되는 긴장 가운데 살게 된다. 그 결과 몸과 마음이 쉴 수 없게 되며, 내적 평안을 잃고 만다. 많은 사람들이 스트레스로 말미암은 만성 피로감에 고통을 당하고 있다.

목회직은 다른 직업에 비해 스트레스가 심한 직업이라 할 수 있다. 목회자는 가정과 교회, 그리고 사회에서조차 완벽하고 모범적이어야 한다는 '슈퍼맨 콤플렉스'를 가지고 있다. 어항 속의 물고기처럼 목회자 개인과 가정의 사생활이 노출되어 있어서 심리적 부담감이 크다. 이른 새벽 예배부터 밤늦은 철야기도회까지 쉴 틈 없는 목회 일정과 하루종일 사람들에 둘러싸여 있는 목회환경도 스트레스의 원인이 된다. 성취지향적 목회자일수록 심리적 압박감은 더욱 커질 것이다. 헨리 나우엔(H. Nouwen)의 지적처럼, 목회자가 수면 부족으로 인한 육체적 피로, 동기 부족으로 인한 정신적 피로, 그리고 공급 부족으로 인한 영적 피로가 총체적으로 덮쳐 올 때 무력감에 빠지거나 심하면 우울증에 걸릴 수 있다.[36]

쉬어야 할 시간에 충분히 쉬지 못하고 풀어야 할 긴장을 제대로 풀지

---

36) 헨리 나우엔, 윤종석 역, 『친밀함』, 도서출판 두란노, 2001, 121.

못하면, 결국 탈진상태에 이르고 만다. 목회자의 육체적 탈진은 마침내 정신적 탈진과 영적 탈진으로 이어지고, 그것은 결국 도덕적 통제력을 약화시키거나 무기력하게 만든다. 그 결과 성적 유혹이 왔을 때 그것에 저항할 수 있는 도덕적 능력을 잃어버리고 만다.

(2) 중년의 남성 심리

중년기의 남성은 신체적 변화나 사회적 지위의 변동으로 말미암아 심리적으로 위축될 수 있다. 목회에 성공한 목사라 하더라도 어느 정도 목표를 달성했다고 생각한 후에는 허탈감을 느낄 수 있다. 이에 대해 리처드 엑슬리(R. Exley)는 "수많은 사람들이 자신이 상상했던 것보다 더 많은 것을 성취하였다. 그리고 중년에 그들 사역의 정점에 이르러서 그들은 처절하게도 자신들이 행복하지 못하다는 사실을 발견하게 된다. 이러한 현상은 목회에 있어서 얼마든지 있을 수 있는 일이며, 이 일로 인하여 종종 중년기에 성적 방종이 생기게 된다"[37]고 분석한다.

한편, 남성들은 40세가 넘으면 이른바 사추기(思秋期)에 들어간다. 칼 융(C. Jung)은 이 시기를 '제2의 사춘기'로 표현했다.[38] 이 시기에 이르면 사춘기 때처럼 이유 없는 불만이 생기고, 새로운 인간관계와 로맨틱한 삶을 그리워하게 된다. 수십 년간 계속된 결혼생활에 대한 권태감이 커지면서 그런 유혹도 커지기 마련이다. 시간이 지나면서 목회적 일상생활은 점점 단조롭고 공허해진다. 나름대로 열심히 노력한 결과 교회는 안정되었는지 모르지만, 자녀 문제나 집안 문제로 아내와의 갈등이 커질 수도 있다. 이런 상황에서 만난 새로운 이성과의 관계는 자신의 삶을 훨

---

37) 팀 라헤이, 황승균 역, 『목회자가 타락하면』, 도서출판 생명의 샘, 1992, 61 재인용.

38) 임경수, 『중년 리모델링』, 예영커뮤니케이션, 2002, 24.

씬 더 활기찬 것으로 만들어준다고 느끼게 된다.

팀 라헤이(Tim LaHaye)의 관찰에 의하면, 목회자를 성적 탈선으로 이끄는 것은 성적 욕망이 아니라 감정적인 요인이라고 한다.[39] 말하자면, 목회자가 여교역자나 여신도와 함께 일하거나 상담하는 사이에 자신도 모르게 생겨나는 감정적인 결합이 직접적인 원인이 된다는 것이다. 둘 사이에서 느끼는 친근감, 아름다움, 친절, 관심 같은 감정들이 여기에 포함된다. 여신도는 목사를 다정하고 자애로운 이상적인 사람으로 생각하게 되며, 목회자는 자신의 설교를 좋아하고 격려하는 여신도에 대해 편안함을 느끼게 된다. 모든 성적 탈선의 행위들은 이처럼 오랫동안 감정적 교류가 있은 후에 생겨나는 것이지 우연한 순간에 충동적으로 일어나는 것은 아니다.

일반적으로 사회에서 성공한 사람들, 특히 전문직에 종사하거나 수입이 많은 사람일수록 성적 탈선에 빠질 위험이 더 크다고 한다.[40] 목회에서도 성공적인 목회자가 그렇지 않은 목회자에 비해 성적 탈선에 대한 유혹을 더 많이 받게 되는데, 여기에는 대형 교회 목회자나 유명 부흥강사들처럼 잘 알려진 사람들이 포함된다. 이는 성공한 사람들일수록 자신의 남성다움과 성공적 이미지, 그리고 성적 능력을 확인하거나 과시하려는 심리적 경향이 강하기 때문이다. 게다가 목회자 자신이 남을 '구원하고 치유하는 사람'이라는 과대망상적 자의식을 가지게 될 때 그러한 유혹은 더욱 커진다.[41]

---

39) 팀 라헤이, 『목회자가 타락하면』, 47.

40) 임경수, 『중년 리모델링』, 51.

41) Stanley J. Grenz & Roy D. Bell, *Betrayal of Trust: Sexual Misconduct in the Pastorate*, Downers Grove: Inter Varsity Press, 1995, 132.

3) 성적 탈선의 사회 문화적 배경

(1) 가부장적 성 역할 이데올로기와 성차별주의

목회자의 성적 탈선 문제는 개인의 심리적·도덕적 문제일 뿐만 아니라 동시에 사회문화적인 문제이다. 이는 목회자의 성적 탈선이나 성폭력이 가부장적 성 역할 이데올로기와 밀접히 관련되어 있기 때문이다. 가부장적 성 역할 이데올로기는 성별 분업에서 남자가 여자보다 더 중요한 역할을 한다고 믿는다. 그래서 여성에 대한 차별과 소외를 당연하게 생각한다.[42] 성차별주의가 문화나 종교에 의해 확대되고 재생산되는 과정에서 여성은 성적인 대상물로 인식되며, 여성에 대한 언어적이고 육체적인 공격과 폭력이 강화된다.[43]

성차별적 문화에서는 남성의 외도에 대해서는 너그러우면서도 여성의 외도에 대해서는 대단히 엄격하다. 모든 성적 탈선이 남녀가 동시에 관계된 것인데도 불구하고 여자들에게만 성적 순결과 정조를 강요한다. 유감스럽게도 기독교를 포함한 대부분의 종교들은 그러한 가부장적 이데올로기를 신학적으로 정당화하는 역할을 해왔다. 기독교의 역사를 살펴보더라도, 고대로부터 근대에 이르기까지 여성은 죄악시되거나 열등한 존재로 여겨졌다. 그래서 오랫동안 여성이 교회에서 설교하거나 가르치는 것이 금지되었다.[44] 한국기독교에서는 유교적 가부장제와 남성 우월주의 영향으로 여성차별이 더 극단적으로 왜곡되었다고 볼 수 있다. 여성안수문제에 대한 태도만 보더라도 한국교회의 남성 우월주의가 얼마

---

42) 이원규, 『한국 사회 문제와 교회공동체』, 대한기독교서회, 2002, 124.

43) 강남순, 『페미니즘과 기독교』, 대한기독교서회, 1998, 17.

44) 정용석, 「기독교 역사와 여성」, 이화여자대학교, 『여성신학논집』 3, 2003, 1–48.

나 큰지 쉽게 알 수 있다.

이런 가부장적 사회나 교회 분위기에서는 남성 우월주의나 남성 권위주의를 당연하게 여긴다. 그 결과 여성경시사상이 생겨나고 여성의 지배나 착취를 '보호'라는 이름으로 미화하게 된다. 같은 이유에서 목회자와 관련한 성적 탈선 문제가 발생했을 때에도 목회자가 아닌 상대방에게 우선적으로 혐의를 둔다. 사람들 가운데에는 목회자의 유혹이 있더라도 상대 여성이 저항했다면 문제를 피할 수 있을 것이라 생각하지만, 위에서 살핀 것과 같은 가부장적 권위주의 구조에서는 그런 행동이 불가능하다. 왜냐하면, 대부분의 여성들에게 목회자는 '영적 아버지'와 같은 절대적인 존재로 내면화되었기 때문이다. 실제로 목회자의 성적 탈선 가운데 많은 경우가 '순종 이데올로기'를 내면화한 여성들을 심리적으로 교묘히 이용하여 이루어지고 있다. 이처럼 목회자가 종교적 특수성이나 자신의 우월한 권위를 남용하여 여신도나 고용된 여자 목회자에게 성행위를 강제했을 때에는 '성폭력'이라는 범죄행위로 규정할 수 있다.[45]

요약하면, 목회자의 성적 탈선 문제는 개인의 심리적·도덕적 문제이면서 동시에 가부장적 사회문화에서 발생하는 사회 구조적 문제이기도 하다. 따라서 이 문제를 극복하려면 목회자 개인의 성윤리적 책임의식을 강화하는 것뿐만 아니라, 여성 비하와 차별이 당연시되는 가부장적 사회 구조를 바꾸는 데에도 관심을 두어야 한다. 그러려면 먼저, 교회 안에서 성 차별적인 성서 해석이나 관습을 바꾸도록 노력해야 한다.

---

45) 한국여신학자협의회 기독교여성상담소, 『기독교인을 위한 성폭력 예방 지침서』, 2003, 11.

(2) 성 개방과 일탈의 사회 분위기

과거 우리 문화는 성 담론을 금기시 했다. 중세기에는 인간이 지니고 있는 자연스런 성적 충동까지 억압하고 억제하도록 교육했다. 심지어 아우구스티누스 같은 뛰어난 신학자조차 성적 행동이 인간의 타락과 밀접히 관련되어 있다고 보면서 성행위가 원죄를 다음 세대로 전달하는 통로라고 생각할 정도였다.[46] 이후 청교도 신학과 문화에서도 기독교는 성윤리에 대해 보수적인 태도를 지녔다.

하지만, 1960년대 중반에 피임약이 등장함으로써 성 혁명은 빠른 속도로 진행되었다. 성 혁명 이후 우리 시대의 문화는 성에 대해 지나치게 개방적이고 지나칠 정도로 환상을 심어주고 있다. 성적 순결이 사람들을 억압하고 구속하는 이데올로기라고 비난하는가 하면, '성적 쾌락이야말로 곧 행복'이라고까지 외친다. 게다가 자본주의의 메커니즘인 상업광고들은 모든 상품판매에서 성을 이용하고 있다. 더 나아가 성 자체가 상품화되어 인터넷상에 음란물이 범람하고 각종 외설 잡지와 영상물이 넘쳐나고 있다.

사람들에게 인기를 끄는 드라마나 영화를 보게 되면, 성적 탈선이 정당화되고 심지어 미화되기도 한다. 젊은이들의 혼전 동거나 결혼한 부부들의 외도와 불륜이 자연스러운 일처럼, 때로는 아름다운 사랑처럼 로맨틱하게 묘사되고 있다. 그 결과 성에 대한 전통적인 가치관과 윤리관은 혼란스러워졌다. 심지어 도덕적으로 더 확고하고 높은 수준의 판단기준이 요청되는 목회자들마저 분명한 입장을 갖고 있지 못한 것 같다. '남들도 다 하는 일인데'라고 생각하는 도덕통계학이나, '상황에 따라서 허용

---

46) 스탠리 그렌즈, 남정우 역, 『성 윤리학』, 살림출판사, 2003, 22.

될 수 있다'는 상황윤리적 윤리관이 퍼져있기 때문이다. 목회자의 성 윤리 원칙과 규범이 보다 더 분명하게 확립되어야 할 시점이다.

4) 목회윤리적 과제들

(1) 목회윤리의 필요성

1990년대 이후 나타나는 한국교회 성장의 지체에는 여러 가지 원인이 있겠으나, 그중 하나를 한국교회의 사회적 공신력 약화에서 찾을 수 있다. 한국교회가 사회로부터 존경을 받지 못하는 핵심원인은 무엇보다 교회 지도자들의 영적 · 도덕적 신뢰 상실에서 찾아야 할 것이다. 직업별 정직과 윤리성을 평가하는 각종 설문조사에서 기독교 목사가 가톨릭 신부에 미치지 못하는 점이나, 기독교 목사에 대한 신뢰도가 다른 전문 직종 종사자에 비해 그리 높은 편이 아니라는 사실도 오늘날 한국교회의 목회윤리 현실을 잘 보여준다고 하겠다.

특히, 최근에 불거져나오는 대형교회 목회자들의 교회 세습과 성적 탈선 문제가 한국교회에 대한 부정적 이미지를 더 강화시키고 있다. 1970 - 80년대 교회의 고도성장기를 거치면서 쏟아져나온 무자격 목사들을 양산한 신학교육 시스템이나 '꿩 잡는 게 매'라는 식으로 과정과 절차를 무시한 성장제일주의 목회철학은 이러한 목회윤리적 무규범 상황을 초래한 중요 원인이다.[47] 지금이야말로 한국교회가 목회윤리를 중요하게 생각하고 심각히 다루어야 할 때다.

---

47) 조용훈, 「목회자의 영성과 윤리」, 한남대 기독교문화연구소, 『기독교문화연구』 5, 2000, 121-122.

(2) 목회자의 정체성

목회직은 전문직(profession)이며 동시에 소명(calling)이다. 최근 들어 정보 및 지식의 가치가 중요해지면서 전문적 지식과 높은 수준의 교육 및 훈련을 받은 전문직의 사회 경제적 의미가 커지고 있다. 일반적으로 전문직이란, "고도의 전문직 교육을 거쳐 일정한 자격 또는 면허를 획득함으로써 독점적으로 전문적 지식과 기술을 사용할 수 있는 직업"[48]을 가리킨다. 전문직이 다른 직업과 다른 점은 아래와 같다.[49]

첫째, 전문직은 서비스의 제공이나 아이디어의 생산을 주로 하기 때문에 고객에 대한 봉사를 목적으로 한다.

둘째, 전문직은 특정 분야에 대한 체계적 지식을 기초로 수행된다.

셋째, 전문직은 전문 조직이나 동업 조합을 만들어서 자신들의 직업 활동을 자율적으로 규제한다.

넷째, 전문직 종사자들은 상당한 의사 결정의 자율성을 지닌다.

다섯째, 전문직 종사자들은 직업 활동의 성격과 전통으로 인해 사회적 존경의 대상이 되고 권위를 지닌다.

'목회를 전문직으로 볼 것인가?'에 대한 학문적 논쟁이 있긴 하지만,[50] 목회자 역시 다른 전문직 종사자들처럼 전문적 교육을 받고, 목회와 관련한 분야에서 전문적 지식을 활용하며, 또 그것을 통해 권위를 인정받는다는 점에서는 전문직이라 볼 수 있다. 그런데 전문직 종사자가 자율성과 권위를 인정받는 이유는 그가 다른 직업인보다 더 큰 사회봉사와

---

48) 임희섭, 『한국의 사회변동과 가치관』, 나남출판사, 1994, 177.

49) 조현석, 「전문직 직업윤리」, 직업윤리연구회편, 『현대사회와 직업윤리』, 형설출판사, 1992, 211.

50) 노영상, 「한국교회와 목회윤리의 모색」, 한국기독교윤리학회, 『새 세기의 한국교회와 기독교윤리』, 한들출판사, 2000, 166.

더 높은 윤리의식을 지니고 있을 것이라고 기대되기 때문이다. 전문직 종사자에 대한 사회적 특혜는 사회적 공익에 대한 봉사 및 책임성을 전제한다. 따라서 전문직 종사자로서 목회자는 다른 사람보다 더 높은 윤리적 책임의식을 지녀야만 한다.

목회직은 의료인이나 법률가처럼 오랜 기간의 교육과 훈련을 통해 자격증을 지닌 전문직이지만 더 근본적으로는 소명이다. 소명자로서 목회자는 자신의 원함이나 의지를 통해서가 아니라 위로부터의 부르심을 통해 목사가 된다. 부름받은 사람에게 목회는 자신의 감정의 변화에 따라 해도 좋고 하지 않아도 좋은 것이 아니다. 그리고 목회직에 대한 성공 여부는 다른 전문직처럼 사회적 평가에 달려 있는 것이 아니라 하나님의 판단에 달려 있다. 부르심을 받은 제자로서 목회자는 신앙적 탁월성만 아니라 도덕적 수월성도 지녀야 한다. 예수님의 말씀대로 제자의 삶은 바리새인이나 율법학자보다 '더 나은' 삶이어야 한다(마 5:20). 소금과 빛이 되는 삶이어야 한다(마 5:13-14).

성적 탈선의 유혹에 넘어지는 목회자 대부분은 목회직에 대한 분명한 정체성을 갖지 않은 경우가 많다. 말하자면, 그는 한 남성으로서의 사적 존재로서 자신을 생각하지, 교회의 대표로서의 공적 존재임을 망각한다. 한 남성으로서 한 여인을 사랑할 수 있는 권리만 생각할 뿐, 자신의 가정을 돌보고, 모든 교인의 영적 지도자이며, 동시에 사회에 대한 교회의 대표자라는 공적 신분을 생각하지 않는다. 바꿔 말하면, 그는 교회의 지도자로서의 책임보다는 자기중심적인 행복 추구에 더 많은 가치를 두고 있다.[51] 스텐리 그렌즈(S. Grenz)의 표현에 따르면, 그러한 행위는 '아가페에

---

51) 게이로드 노이스, 박근원 역, 『목회윤리: 전문화 목회를 위한 윤리형성』, 도서출판 진흥, 1992, 117.

대한 에로스의 승리'다.[52]

물론, 목사도 한 인간으로서 배우자 외에 다른 사람과 로맨틱한 연애를 꿈꿀 수도 있을 것이다. 그러나 전문직으로서 목회자는 사회적 의무와 책임을 지는 공인이다. 더욱이 소명자로서 목회자는 사회나 법정에 대해서만 책임을 지는 것이 아니라 자신의 마음 깊은 곳까지 살피시는 하나님 앞에서까지 책임을 져야하는 존재다. 목회자의 성적 탈선은 자신의 직업과 소명에 대한 정체성이 약해진 결과 개인적 행복을 위해 교회와 사회, 그리고 하나님의 기대를 무너뜨리는 무책임한 행위이다.

(3) 목회자의 성 윤리

오늘날 자본주의 영향 아래 성에 대한 사람들의 관심은 점점 높아지는 반면에 성에 대한 왜곡과 오해가 만연해 있어서 성서에 기초한 바른 성 이해와 성 윤리는 목회자에게 꼭 필요한 사항이다. 성은 하나님의 창조질서 가운데 하나로서 하나님께서 인간에게 주신 최고의 축복이요, 선물이다. 성은 아름다울 뿐만 아니라 거룩한 것이다. 성은 '일치의 신비'로서 두 인격을 한 몸으로 만든다(엡 5:22-23). 그래서 예언자 호세아는 하나님과 이스라엘 백성 사이의 관계를 혼인관계로 묘사하기도 했다. 헨리 나우엔(H. Nouwen)은 성행위가 온전한 사랑과 자기 헌신의 표현이라는 점에서 '종교적 행위'라고까지 말한다.[53] 비슷한 이유에서 리차드 포스터(R. Forster) 역시 성이 영성으로부터 분리된 것을 '우리 시대의 비극 가운데 하나'라고 안타까워 한다.[54]

---

52) 스탠리 그렌즈, 『성 윤리학』, 194.

53) 헨리 나우엔, 『친밀함』, 42.

54) 리처드 포스터, 김영호 역, 『돈 · 섹스 · 권력』, 도서출판 두란노, 1989, 105.

비록 우리 시대의 세속적 성문화가 성과 결혼을 분리하고 있긴 하지만, 기독교윤리에서는 성을 결혼생활과 밀접히 관련시켜 이해한다. 결혼은 하나님 안에서 한 남성과 한 여성이 맺는 계약이다. 성행위는 이러한 계약의 상징이며, 서로 복종하고 헌신하겠다는 징표이기 때문에 오직 결혼 계약 안에서만 성행위가 즐거운 축제가 될 수 있다.[55] 따라서 배우자 이외의 다른 사람과 성관계를 갖는 것은 계약을 위반하는 일이 된다. 그것은 파트너 모두의 자존심을 황폐화시키며, 죄책감을 만들어내고, 서로에 대한 신뢰와 개방성을 단절시킨다.[56]

성서는 혼인의 거룩함과 가정의 행복을 보호하기 위해서 성적 순결을 강조했다. 구약시대에는 간음죄를 범한 사람을 돌로 쳐 죽이거나(신 22:24), 불로 태워 죽였으며(레 20:14; 21:9), 바벨론 포로기 이후에는 계약 공동체에서 추방하는 엄한 형벌을 내렸다.[57] 예수님은 간음의 행위를 더 심화 해석하여 "여자를 보고 음욕을 품는 자마다 마음에 이미 간음하였다"(마 5:27)고까지 말씀하셨다. 예루살렘이 로마의 하드리안 황제에 의해 완전히 파괴된 후, 유대인들은 생존을 위해 적과 어느 정도 타협해야 했는데, 그때에도 정당화될 수 없는 죄 가운데 하나가 간음이었다.[58] 성서와 유대인들이 이처럼 간음죄를 엄격하게 다룬 것은 간음이 자신의 영혼만 아니라(잠 6:32), 관련된 상대방과 그 가족 전체의 삶을 파괴함으로써 공동체의 존립을 위태롭게 하는 행위로 판단했기 때문이다. 그런 배경에서 성서는 교회 지도자가 '한 아내의 남편'(딤전 3:2)이어야 하며, 정절에 대해

55) 스탠리 그렌즈, 『성 윤리학』, 172.

56) 앞의 책, 186–187.

57) 박요한 영식, 『십계명: 출애 20:1–17; 신명 5:6–21의 삶의 자리와 적용 범위』, 가톨릭대학교출판부, 2002, 134.

58) 윌리엄 비클레이, 이희숙 역, 『오늘을 위한 십계명』, 컨콜디아사, 1993, 107.

'믿는 자에게 본이 될 것'을 강조한다(딤전 4:12). 그리고 혼인을 소중히 생각하고 잠자리를 더럽히지 말 것을 요구한다(히 13:4).

이상의 관점에서 볼 때, 목회자의 성적 탈선은 자신을 불러주신 하나님께 대한 죄악이며, 사랑에 충실하기로 서약한 아내와 가족에 대한 배신행위이며, 더 나아가 상대방과 그 가족을 파괴하는 악행이며, 자신을 신뢰하고 존경하고 따르는 교회에 대한 무책임한 행위다. 실제로 요셉은 간음죄가 자기를 믿고 일을 맡겨준 보디발 장군과의 관계만 아니라, 하나님과의 관계를 파괴하는 심각한 죄임을 알고 있었다(창 39:9).

(4) 목회상담적 차원

일찍이 지그문트 프로이트(S. Freud)는 성욕을 인간이 가진 가장 기본적인 본능으로 간주했으며 성욕을 억압할 때 신경증에 걸릴 수 있다고 보았다. 제 아무리 경건한 목회자라도 남성이며 성적인 존재이기에 성적 욕망을 가지고 있다. 하나님께서 결혼이란 제도를 허락하신 이유 가운데 하나도 절제할 수 없는 정욕을 해소하기 위함이었다(고전 7:9).

그런데 목사들 가운데에는 통제할 수 없을 정도로 성욕이 지나친 사람이 있을 수 있다. 역기능적인 가정에서 성장하면서 애정이 결핍되었다거나, 다른 사람에 비해 성적 충동에 약한 성격 장애를 가지고 있다거나, 혹은 무분별한 성적 행위를 통해 자신의 존재 근거를 확인하려는 성 중독증의 요소를 가진 목사들의 경우다. 이런 사람은 목사가 되기 이전에, 아니면 되고 난 이후라도 치료를 받아야만 한다.

'청년의사 인터넷중독 치료센터'는 일반적으로 다음과 같은 증상이 나타날 때 성 중독증을 의심해보라고 권한다.[59]

---

59) www.netmentalhealth.fromdoctor.com

① 통제가 되지 않는 성행위.

② 성행위로 인한 의학적, 법적, 대인관계상의 문제 발생.

③ 자기 파괴적인 혹은 고위험의 성 행동을 지속적으로 추구함.

④ 성행위를 중단할 수 없는 경우의 발생.

⑤ 일차 극복기제로서의 성적 환상이나 성적 강박.

⑥ 성적 활동을 증가시키고 싶은 욕구.

⑦ 성행위와 관련된 기분의 심한 변화.

⑧ 성적인 문제로 보내는 시간의 증가.

⑨ 사회적, 직업적, 혹은 여가활동에서 성행위의 개입.

성 중독증은 다른 중독과 마찬가지로 중독자 스스로의 힘으로는 해결할 수 없기 때문에 치료적인 접근이 필요하다. 하지만, 성 중독증은 알코올 중독이나 마약 중독과는 달리 흔적이 남지 않아서 쉽게 노출이 되지 않으며, 그래서 치료의 기회를 놓치게 되는 경우가 많다. 게다가 인터넷 상에서 쉽게 음란물을 접할 수 있기 때문에 치료의 기회는 그만큼 줄어들게 된다. 목회자 자신이 성 중독증 의심이 가면, 정신과 의사의 전문적인 상담을 받거나 내적 치유과정을 받을 필요가 있다. 치료받지 않고 방치해두었을 경우, 목회자가 자기도 모르는 사이에 오랫동안 수많은 피해자를 만들어낼 수 있기 때문이다.

(5) 영성적 차원

목회가 '하나의 직업'이 되는 것을 극복할 수 있는 힘은 영성(spirituality)에 있다. 런던(H. B. London)의 지적대로, 목회자의 영성 생활이 약해지거나 형식화되면 쉽게 성적 유혹에 넘어가고 만다. 런던은 성적 타락으로 인

해 실패한 목회자의 영성 생활에 공통적으로 나타나는 특징을 다음과 같이 정리하고 있다.[60]

> 매일 경건의 시간을 통해 하나님과 가까워지려는 노력과 훈련을 게을리한다. 육체적으로나 정신적으로 탈진해 있다. 내면의 공허함을 채우기 위해 음란물과 같은 것에 관심하게 되고, 마침내 성 윤리적 무감각을 초래하게 된다.

많은 여신도를 상대하게 되는 목회직은 성적 유혹에 노출되어 있는 직업이다. 그렇기 때문에 목회자는 다른 어떤 직업인보다 더 예민하게 자신의 삶을 돌아볼 수 있어야 한다. 죄의 유혹이 많지만, 죄가 자신을 지배하지 못하도록 훈련해야 한다(롬 6:14; 고전 9:25-27).

모든 고대의 영성가들이나 수도자들이 그토록 간절히 기도한 제목 중의 하나가 성적 유혹을 극복하는 것이었다. 그들이 기거하는 사막이나 수도원에 여자들이 없었음에도 불구하고 그들은 성적 유혹으로부터 괴롭힘을 당했다.[61] 그것은 성적 유혹이 여자의 문제가 아니라 이미 인간의 내면에 자리잡고 있는 성적 탐심, 즉 정욕의 문제였기 때문이다.

성적 유혹을 극복하기 위해서는 먼저, 자신이 성적인 존재임을 인정하는 것이 필요하다. 말하자면, 목회자도 성적 충동을 느끼며 언제든지 성적 유혹에 넘어갈 수 있는 나약한 인간임을 인정하라는 말이다. 목회자는 성적 문제를 초월해 있는 중성적 존재나, 성적 유혹으로부터 면제받은 천사가 아니다. 그럼에도 불구하고 목회자들 가운데에는 '위대한 설교자'나 '훌륭한 목회자'라는 교인들의 칭찬과 격려 때문에 자신의 한계

---

60) H. B. 런던, 「목회자여, 당신의 가정을 지켜라」, 『목회와 신학』, 1999, 180.
61) 베네딕타 와드 편역, 조영숙 역, 『사막교부들의 지혜』, 도서출판 은성, 1994, 48-85.

나 무능력을 잊기 쉽다. 그런 목회자들은 어떤 유혹도 쉽게 물리치고 또 이길 수 있다고 착각하게 된다. 다른 실패한 사람들의 경우를 비판하면서도 자신에게는 절대 그런 일이 일어나지 않으리라고 장담한다. 목회자는 항상 "선 줄로 생각하는 자는 넘어질까 조심하라"(고전 10:12)는 말씀을 새겨야 할 것이다.

(6) 목회적 차원

인간이 가지고 있는 본능적 욕구들이 여럿 있는데, 그중에 가장 다루기 까다로운 것이 성욕이다. 왜냐하면, 성욕은 다른 어떤 욕구보다 충동적이어서 순간적으로 이성을 마비시키기 때문이다.[62] 따라서 성적 유혹을 극복할 수 있는 가장 좋은 방법은 그런 상황을 사전에 예방하는 것이다. 성적 탈선은 어느 한 순간에 이루어지는 것이 아니라 상당한 시간 동안 서서히 진행되는 것이기 때문에 반드시 초기에 문제를 바로잡아야 한다.

목회자의 성적 탈선과 관계된 상대방은 대개 친밀한 관계 속에 있던 여신도나 여교역자인 경우가 많다. 모든 이성 간의 관계는 그것이 성직자와 신도 사이의 관계라 하더라도 성적 차원이 존재한다. 따라서 이들과 상담이나 교육, 혹은 회의를 하더라도 가능하면 개방적 공간에서, 단 둘이 있는 경우를 피하는 것이 좋다. 그리고 상담에는 감정의 이입이 일어날 수 있기 때문에 특별히 유의할 필요가 있다. 그리고 안수기도를 해야 할 경우 민감한 부분에 손을 얹는 것을 피해야 한다.

그리고 목회자 자신이 남성임을 의식하고, 교인들에게도 그런 사실

---

62) 오정현, 「목회를 침몰시키는 성적 유혹의 덫」, 『목회와 신학』, 1998, 47.

을 교육하는 것이 필요하다. 흔히 여신도들은 목회자를 '하나님의 종'이나 '영적 아버지'로만 생각하지 성적 욕망을 지닌 '남성'으로 생각하지 않게 되어 목회자에 대해 경계심을 풀고 방어기제가 느슨해질 수 있다. 그런 상황에서 목회자나 여신도가 서로의 감정을 통제하지 못하게 될 경우 우려할 만한 일이 발생하게 된다. 여교역자나 여신도 자신들도 목회자로 하여금 성적 감정을 유발하지 않도록 스스로의 행동을 삼가고 조심하도록 교육받아야 한다.

한편, 목회자가 자신의 고민을 솔직하게 나눌 수 있는 동역자나, 자신의 영적 상태를 점검하고 조언을 해줄 수 있는 영적 멘토를 두는 것도 필요하다. 이들 지지그룹은 목회자가 성적인 유혹을 이길 수 있도록 도울 수 있으며, 문제가 발생했을 때 이를 극복하고 새로운 삶을 살 수 있는 힘과 지혜를 줄 것이다.

(7) 목회자와 가정

성적 탈선에 빠지는 목회자들은 대부분 일 중독증에 걸려 있거나 목회에 탈진해 있거나 가정이 행복하지 못하거나 부부관계가 원만치 않은 경우가 많다고 한다. 그리고 목회자가 아내로부터 인격적으로 존경받지 못하거나 아내에 대한 열등감 때문에 성적 탈선의 유혹에 빠지는 경우도 있다고 한다.[63] 안에서 충족되지 못한 욕구를 해소하기 위해 밖에서 대리만족을 얻으려하기 때문이다.

목회자의 성적 욕구나 탈진의 회복은 가정 안에서 이루어져야 한다. 간혹, 목회자들 가운데에는 사람들의 시선으로부터 자유로운 해외여행

---

63) 반신환, 『사모상담 · 기독교상담』, 한남대학교출판부, 2003, 176.

을 통해 재충전을 시도하기도 하는데, 자칫 또 다른 성적 유혹에 빠지는 계기가 되기도 한다. 현명한 목회자 사모는 남편의 성적 욕구를 이해하고 배려해 줄 수 있어야 한다. 성에 대해 무지하거나 성에 대한 잘못된 생각을 갖고 있게 되면, 성적 요구를 하는 남편을 정죄하게 되며, 그것은 거꾸로 남편으로 하여금 가정 바깥에서 성적 만족을 찾도록 내모는 꼴이 되고 만다. 목회자의 가정에서 남편과 아내가 정서적으로 그리고 성적으로 친밀해지는 것이야말로 남편의 성적 탈선을 막는 가장 효과적인 길이다. 남편의 목회 활동에서 외로움과 힘듦을 함께 느끼고, 더 나아가 남편이 유혹에 빠져들 때 감시하고 비판하는 역할을 통해 진정한 의미의 '조력자'가 될 수 있다.

한편, 목회자들도 자신들의 일 중독증이 자신만이 아니라 아내와 자녀들을 파괴한다는 사실을 깨달아야 한다.[64] 일 중독증으로 말미암는 탈진과 성적 유혹을 극복하기 위해서 목회자는 가능한 대로 식구들과 함께하며 쉬는 시간을 많이 갖도록 노력해야 한다. 탈진되었다고 생각될 때에는 해결책으로 가정 밖이 아니라 가정 안에서 회복하고 재충전하도록 해야 한다.

(8) 교회법적 차원

전문직 종사자들은 윤리적 문제가 발생해도 업무의 성격상 그 집단 바깥의 사람들이 판단하기 어려운 경우가 많아 대개는 자신들의 집단 안에 윤리강령을 두고 자율적으로 문제를 해결한다. 그럼에도 불구하고 한국교회는 대부분의 교단헌법에 성적 탈선과 같은 문제에 관한 명확한 치리

---

64) 앞의 책, 182.

규정을 두고 있지 못하다.[65] 그 결과 교계의 자정능력이 상실되어 문제가 발생해도 속수무책인 경우가 많다. 게다가 남성중심적인 사회분위기와 선교적 이유로 모든 것을 '은혜스럽게' 해결하려고만 하는 한국교회의 온정주의 풍토 역시 문제해결을 어렵게 만든다.

법이 있다고 해도 그것을 운용하고 적용하는 사람 또한 중요하다. 간혹, 교인들 가운데 목회자의 성적 탈선 문제를 인식하고 문제를 제기해도 증거가 불확실할 경우 오히려 문제를 제기한 사람이 피해를 입게 된다. 노회에 치리를 요청하지만 증거 불충분을 명분 삼아 목회자에게 유리한 판결이 내려지기도 한다. 그 결과 목회자를 감싸는 교인들과 치리를 주장하는 교인들 간에 갈등이 생겨나 교회가 분열되는 경우도 있다. 교단 내에서 영향력 있는 목사가 당사자일 경우 치리가 쉽지 않으며, 치리를 하더라도 교인과 더불어 교단을 탈퇴하는 경우도 있다.

이런 문제들을 최소화하기 위해서는 목회자의 윤리강령을 만들고, 성적 탈선과 같은 문제를 처리하기 위한 구체적인 교회법 조항을 두고, 이런 문제들을 신속히 처리할 수 있는 제도와 절차를 마련해야 한다. 그리고 종교 권력자들을 감시하고 사건을 공론화함으로써 경각심을 불러일으킬 수 있는 기독교 언론 및 교단 언론의 역할도 중요하다. 물론, 교계 실력자들의 재정적 · 정치적 영향력 아래 있는 교계언론이 그런 일을 할 수 있을 것인지는 의문스럽다.

비록 실수로 성적 문제를 일으킨 목사라 하더라도 특정한 조건 아래서 회복될 수 있는 기회가 주어져야 한다. 간음죄를 범한 목회자라 하더라도 죄를 청산하고 새 삶을 살아간다면 목회사역을 다시 할 수 있도록 허용되어야 한다. 다만, 어떤 치리를 받고 얼마간의 유예기간이 필요한

---

65) 「목회자 성문제 양지에서 논하자」, 〈뉴스앤조이〉, 2003년 6월 19일자.

지는 좀 더 연구가 필요하다. 팀 라헤이의 주장대로, 여기에는 성적 탈선을 한 목회자의 인격적 진실성에 대한 검토와 부정한 성관계의 기간, 그리고 관계된 여성의 수에 대한 광범위한 조사가 이루어져야 할 것이다.[66] 그는 성적으로 죄를 범한 목회자가 사역을 새로 시작하려고 할 때 그 회복과정 절차를 다음과 같이 제안하고 있다.[67]

첫째, 회개의 진실성을 확인하라.

둘째, 영적 생활의 성숙을 도와라.

셋째, 목회자의 결혼 생활을 도와라.

넷째, 목회자의 일자리를 찾아라.

다섯째, 최소 2년에서 5년 정도의 유예 기간을 정하라.

여섯째, 목회로의 복귀가 결정되면 공적 사역회복과 재임 예배를 마련하라.

일곱째, 담임 목회보다는 부교역자나 기독교기관 사역, 혹은 목회자가 부족한 농촌교회 같은 데서 사역하도록 하라.

여덟째, 자신을 감독하고 지도해줄 사람을 구하라.

5) 맺는 말

목회자와 관련한 성적 문제가 부인할 수 없는 현실이며, 그냥 덮어둘 수도 없는 한국교회의 문제가 되고 있다. 목회자의 성적 탈선 문제가 일반 언론을 통해 보도되고 사회문제화되면서 기독교에 대한 신뢰도가 떨어지고 동시에 선교에 장애 요인이 되고 있다. 그럼에도 불구하고 목회

---

66) 팀 라헤이, 『목회자가 타락하면』, 195–199.

67) 앞의 책, 211–227.

자의 성적 타락에 대한 문제는 성 담론을 금기시하고, 선교에 방해가 되지 않도록 모든 것을 은혜롭게 해결하려고만 하는 교회문화로 인해 축소되거나 은폐되고 있다. 그 결과 상처는 깊어지고 문제는 커져만 간다. 지금이야말로 목회자의 목회윤리가 시급히 정립되고 실천되어야 할 시점이다.

전문직으로서 목회직은 업무의 전문성과 사회적 기여, 그리고 높은 도덕성에 기초하여 윤리문제에서 자율성을 부여받는다. 전문직 종사자들은 조직체를 구성해서 자체적으로 윤리강령을 만들고, 그것에 따라 문제가 발생했을 때 자율적으로 해결해나간다. 그 점에 비추어서 한국교회도 빠른 시일 안에 목회자의 성적 탈선 문제를 조사하고, 치리하고, 회복하는 과정에 대한 교회법적 근거들을 만들어야 한다. 교계 안에서 자율적으로 정화되고 처리되지 않으면 결국 사회가 간섭하고 개입하게 될 것이기 때문이다. 그뿐만 아니라, 장래의 목회자를 양성하는 신학교에서 목회윤리, 특히 목회자의 성 윤리에 대한 교육을 강화할 필요가 있다.목회자의 권한과 책임을 이해하며, 성적 유혹에 노출된 목회환경 속에서 자신의 감정과 성적 욕구들을 어떻게 처리해야 할 것인지 배우고 훈련시켜야 한다.[68]

한편, 소명으로서 목회직은 신앙적 탁월성만이 아니라 도덕적 수월성도 요구받는다. 목회자는 종교 행사와 관련한 전문지식과 전문적 업무 때문에 존경받는 것이 아니라, 인격적이고 영적인 지도자이기 때문에 권위를 인정받는다. 때문에 그는 다른 사람들보다 더 깊은 영성과 더 높은 도덕성을 지녀야만 한다. 특히, 목회환경은 성적 유혹에 더 많이 노출이 되어 있기에 목회자 자신이 영적으로 깨어 있어야 한다. 요셉 같은 신

---

68) Marie M. Fortune, *Is Nothing Sacred? When Sex Invades the Pastoral Relationship*, San Francisco: Harper & Row, 1989, 106.

앙의 거목도 성적 유혹을 받았고, 다윗 같은 훌륭한 지도자도 성적 유혹에 쓰러지고 말았다. '나는 결코 성적 문제를 일으키지 않을 것'이라거나 '쉽게 성적 유혹을 극복할 수 있을 것'이라고 자만해서는 안 된다. 예수님께서 가르쳐주신 기도대로 '시험에 들지 말기'를 늘 기도하면서, 모든 목회자의 모범이신 예수님께서 여성들을 대하신 것처럼 교회의 여신도들을 대할 수 있어야겠다.

3.
목회자의 도덕적 리더십[*]

1) 서론

1990년대 이후 한국교회는 교회성장의 정체, 교회에 대한 사회의 부정적 인식의 확산 그리고 그에 따른 대사회적 영향력 감소와 같은 심각한 위기 상황 속에 놓여 있다. 이러한 위기를 불러온 원인 가운데 하나는 교회 지도자, 특히 목회자의 지도력 상실이다. 그런데 목회자가 지도력을 잃어 가는 핵심적인 이유는 목회자의 권위와 목회자에 대한 신뢰가 상실되고 있기 때문이다. 얼마 전 교회성장연구소가 불신자 1,500명을 대상으로 한 설문조사에 의하면, 목회자를 '신뢰한다'는 사람이 10%도 안되는 반면에 '신뢰하지 않는다'는 사람은 46%에 달했다.[69]

목회자의 권위와 신뢰 상실에는 여러 가지 원인이 있다. 우선, 교회 외적인 면에서 과학기술의 발전에 따른 세속화가 진행되면서 종교가 점점 더 주변화되기 때문이다. 신앙이란 기껏해야 개인적이고 사적인 것

---

* 이 글은 「한국교회의 새로운 지도력과 목회윤리」라는 제목으로 『한국기독교신학논총』 9, 2004에 실린 글의 제목과 내용을 약간 수정했다.

69) 〈뉴스앤조이〉, 2004년 7월 22일자, 14면.

294   사회 이슈와 한국교회

으로서, 공적인 영역에서 제외되고 있다. 그리고 사회의 전문화가 가속화되면서 과거 종교인에게 속했던 일들이 이제는 세속적 전문가의 영역에 귀속되고 있다. 그 결과, 목회자는 교인의 결혼식이나 장례식의 집례와 같은 점점 사적이고 내면적인 일 이외에는 불필요한 존재가 되어가고 있다. 그 외에도 사회의 변화에 따라 나이나 지위, 직급에 따른 전통적인 권위들이 합리주의 및 업적중심주의 가치관에 의해 크게 약화되고 있다.[70] 한편, 교회 내적인 면에서 목회자의 도덕성 상실이 원인이 되고 있다. 목회자의 성적 탈선, 금전문제, 교회세습, 권한의 남용 같은 문제들이 이슈가 되면서 자연스레 목회자의 지도력이 도전을 받고 있다.

본래 지도자의 도덕성은 리더십의 중요한 특징일 뿐만 아니라 그 자체가 리더십의 한 유형을 결정한다. 도덕성에 기초한 리더십을 '도덕적 리더십'이라 한다.[71] 피터 드러커(P. Drucker)는 훌륭한 리더의 조건으로 책임감과 더불어 신뢰의 확보를 든다. 신뢰란 지도자의 언행이 일치하고 있다는 데에 대한 확신을 주는 것으로서, 인격적 성실성과 일관성에서 생겨난다.[72] 지도자에 대한 신뢰와 존경이 있을 때 영향력은 자연스럽게 증가하게 된다. 하지만 지도자가 아무리 통찰력이나 판단력, 그리고 추진력을 지니고 있다 하더라도 도덕적 신뢰를 상실하면 영향력이 줄어들 수밖에 없다. 그런 의미에서 지도자의 도덕성은 리더십의 전제가 된다.

아래에서 우리는 목회자의 권위와 신뢰를 회복하여 목회지도력을 형성하기 위한 목회윤리의 과제에 대해 다루게 될 것이다. 지도력의 근원이 되는 권위의 토대를 전문성과 소명의 관점에서 살펴보겠다. 그런 다음에 목

---

70) 최상진 외, 「권위에 대한 한국인의 의식체계: 권위, 권위주의와 체면의 구조에 대한 토착심리학적 접근」, 『한국심리학회지:사회문제』 6, 2000, 72.

71) 서성교, 『하버드 리더십 노트』, 원앤원북스, 2003, 194.

72) 피터 드러커, 이재규 역, 『프로페셔널의 조건』, 청림출판, 2001, 284-285.

회윤리의 방법론적 틀을 목회자 개인의 인격적 차원과 제도적 차원의 관점에서 살펴보게 될 것이다.

2) 지도력과 권위의 토대

(1) 권위의 유형들

권위란 지도력을 행사하는 데 사용되는 '적합한 힘'으로서, 지도력 형성의 필수 불가결한 요소다. 사실, 지도력이란 추종자들이 지도자의 권위를 인정하고 따를 때에만 가능하다. 예수님이 지도력을 행사할 수 있었던 것도 권위가 있었기 때문이다.

> 예수께서 이 말씀을 마치시니, 무리가 그의 가르침에 놀랐다. 예수께서는 그들의 율법학자들과는 달리, 권위 있게 가르치셨기 때문이다(마 7:28-29).

만약 지도자의 권위 행사가 비합법적이거나 비도덕적일 경우 권위주의로 전락하게 되고, 지도자는 지도력을 의심받게 된다. 그러기에 잭슨 캐롤(J. W. Carroll)이 지적한 것처럼, 우리의 물음은 "권위가 있어야 하느냐 아니냐 또는 지도자가 있어야 하느냐 마느냐 하는 것이 아니라, '어떤 종류의 권위인가?' 하는 물음과 '어떤 종류의 지도자인가?'" 하는 물음에 있다.[73]

---

73) 잭슨 캐롤, 김남석 역, 『목회지도력』, 도서출판 진흥, 1995, 39.

지도력의 토대인 권위의 조건은 무엇인가? 이러한 물음에 대해 막스 베버(M. Weber)는 다음 세 가지로 나누어 설명했다.[74]

첫째, '합리적 근거'로서 입법화된 법규와 그 법규 아래에서 명령 권한을 갖게 된 자들이 지닌 권리의 합법성에 기초한다. 여기서 피지배자의 복종은 목적합리성이나 가치합리성에 기초한 비인격적 질서에 바쳐진다. 이러한 지배형태는 주로 관료주의 체제, 즉 근대화된 자본주의나 민주주의 사회에 나타난다.

둘째, '전통적 근거'로서 전통에 따른 권력자들의 신분적 정당성에 기초한다. 여기서 피지배자의 복종은 전통의 범위 안에서 구속을 받는 수령(首領)에게 바쳐진다. 이때 권위 행사자는 상급자가 아닌 개인적 수령으로, 행정간부는 관리가 아닌 가신(家臣)으로, 피지배자는 결사체의 성원이 아닌 신민(臣民)으로 이해된다. 이러한 권위형태는 주로 가부장제, 가산제(Patrimonialismus)나 술탄제(Sultanismus), 그리고 신분적 지배 형태에 나타난다.

셋째, '카리스마적 근거'로서 한 개인이 계시하거나 제정한 규범적 유형 혹은 질서의 신성함과 영웅성, 모범성에 대한 헌신에 기초한다. 이것은 합법적 권위나 전통적 권위와는 달리 철저하게 지도자 개인의 능력에 의존한다. 카리스마적 권위는 대체로 위기 상황과 같은 비일상적 상황에서 등장하는데, 시간이 지나면서 승계의 문제가 제기될 때 전통적인 지배 형태나 합리적인 지배 형태로 변하거나 그 양자를 결합한 지배 형태로 변하게 된다.

베버가 제시한 이러한 권위와 지배 유형들은 각 시대마다 순수한 형태로 나타나기보다는 상호 결합되어 나타나는 경우가 많다. 21세기에는 전통적 권위가 점점 더 설득력을 잃어가는 대신에 합리성, 능력, 그리고 법

---

74) 막스 베버, 「지배와 정당성」, 임영일 외, 『막스 베버 선집』, 도서출판 까치, 1991, 155-206.

적 정당성에 기초한 합법적 권위가 점점 더 설득력을 얻게 될 것이다. 물론, 사회적 혼란과 위기 상황 속에서는 간혹 카리스마적 권위에 대한 요청도 생겨날 것으로 전망된다.

목회지도력에 적용해볼 때 합법적 권위가 '전문가로서의 목회자'의 모습에서 요구되는 전문 지식과 기술에 기초한 합리적 권위에 상응한다면, 카리스마적 권위는 '소명자로서의 목회자'의 모습에서 요구되는 탁월한 영성과 헌신성에 기초한 권위에 상응하는 것으로 보인다. 아래에서 우리는 이점을 좀 더 논의하고자 한다.

(2) 전문가로서 목회자의 권위

오늘날 지식이 세분화되고 전문적 지식의 사회적 의미가 커감에 따라 전문직 종류가 다양해지고 전문직 종사자의 수도 늘어나고 있다. 전통적으로, 목회자는 법률가나 의료인과 더불어 대표적인 전문직종 가운데 하나로 꼽히고 있다.

일반 직업에 비해 전문직은 다음과 같은 직업적 특성을 갖는다.[75]

첫째, 물건의 생산이나 판매보다는 서비스의 제공이나 아이디어 생산을 주로 하는 직업으로서, 고객에 대한 봉사나 고객의 욕구 충족을 목적으로 한다.

둘째, 전문직은 특정분야에 관한 체계적 혹은 과학적 지식을 기초로 수행된다. 이러한 전문적 지식과 기술은 장기간의 교육과 훈련을 통해 습득된다.

셋째, 직업활동을 신장하고 보호하기 위해 전문조직이나 동업조합을

---

75) 조현석, 「전문직 직업윤리」, 직업윤리연구회 편, 『현대사회와 직업윤리』, 형설출판사, 1992, 208–211.

만들어 자신들의 직업활동을 자율적으로 규제하는 규범과 규정을 제정하고 시행한다.

넷째, 전문직은 자유직종으로 의사결정의 자율성을 지닌다.

다섯째, 전문직 종사자들은 직업활동의 성격과 전통으로 인해 사회적 존경의 대상이 되고 고객에 대한 권위를 향유한다.

한편, 전문직을 직종 종사자들의 태도에 따라 이해하려는 학자들은 그 특성을 다음 세 가지로 요약한다.[76]

① 직업에 대한 고도의 참여의식.

② 경제적 보상보다 내면적 보상을 기반으로 하는 직업에 대한 의무감.

③ 공식적이거나 비공식적 전문가 협회를 통해 다져진 동료 전문인에 대한 친밀감이나 연대의식.

물론 전문직 자체에 대한 비판이 없는 것은 아니다. 한 예로, 버나드 쇼우(G. B. Shaw)는 전문가를 향해 사회에 대한 봉사보다는 자신의 이익만 추구하는 음모꾼이라고 비난했다.[77] 그리고 전문직의 인플레이션, 즉 모든 종류의 직업이 전문성을 주장하면서 전문직이 지닌 본래적 의미가 곡해되고 있다는 점도 비판의 대상이 된다. 그 외에도 전문직 종사자의 품성보다는 기술적 숙련에만 관심하는 기능주의적 경향에 대해서도 비난이 적지 않다.

한편, 신학적 관점에서 목회를 전문직으로 볼 것인가에 대해서도 의견이 분분하다. 목회자가 다른 전문직 종사자들처럼 특별한 제복을 입거나 권위를 나타내는 상징을 만들고, 비전문가로부터 전문가를 보호한다

---

76) 강명구, 『한국언론전문직의 사회학』, 나남, 1993, 24.

77) 잭슨 캐롤, 『목회지도력』, 69.

는 명분으로 입문과정(안수제도)을 두는 것이 결국 또 하나의 전문가주의적 음모가 아닐까 하는 의구심이 존재한다. 자끄 엘룰(J. Ellul)은 전문직이란 단지 사회가 인간에게 요구하는 직업일 뿐이며, 목회란 하나님을 섬기는 일이기 때문에 목회를 전문직이라 볼 수 없다고 주장한다.[78] 그 외에, 성령의 자유로운 역할을 제한할 수 있다는 이유에서 목회를 전문직으로 보는 것을 거부하기도 한다.

전문직으로서 목회에 대한 이러한 부정적 시각은 전문직이란 개념 자체에 대한 오해에 그 부분적 책임이 있다. 어원적으로 살펴볼 때, 전문직(profession)이란 개념은 종교적 의미로 사용되던 것으로서 '고백한다'는 의미를 지닌 라틴어 프로파테리(pro-fateri)에서 왔다고 한다. 고대세계에서 이 개념은 하나님께 봉사하기 위해 공중(公衆) 앞에서 선언(profess)하는 사람을 가리켰다. 중세에 들어 이 개념은 가난과 순결과 복종을 맹세한 성직자들을 가리키는 개념으로 사용되었다. 그러던 것이 근대에 들어서면서 '아마추어'에 반대되는 개념으로 사용되었고, 사회가 세속화되면서 점차 종교적 의미를 잃어버린 하나의 세속적 직업을 가리키는 것으로 바꾸고 말았다.[79] 이러한 배경에서 우리는 목회자를 전문직이라 규정하더라도 그것의 의미가 목회 기술자(technician)가 아니라 고백하고 헌신하는 사람(professional)으로, 그리고 목회를 개인적 특권과 성공의 수단이 아닌 공공의 이익을 위한 직업이라는 개념으로 이해하고자 한다.

위에서 본 것처럼 전문직 자체에 대한 사회학적 · 신학적 비판에도 불구하고 우리가 목회를 전문직으로 이해해야 하는 이유는 다음과 같이 정리할 수 있다.

---

78) 게이로드 노이스, 박근원 역, 『목회윤리: 전문화를 위한 윤리형성』, 도서출판 진흥, 1992, 251.

79) P. Stevens, "Professions/Professionalism", R. Banks & P. Stevens (ed.), *Complete Book of Everyday Christianity*, Illinois: IVP, 1997, 805-806.

첫째, 이 개념은 목회가 성직에 대한 진지함이나 올바른 이해가 결여된 '아마추어리즘'으로 전락하는 것을 막아준다.[80] 우리가 소명이나 성령의 능력으로서의 목회만을 일방적으로 강조할 경우, 자칫 목회자 자신의 무지와 무능력을 변명하는 구실이 될 수 있다.

둘째, 만인사제설을 오해하여 목회자와 평신도 사이의 기능과 역할의 차이마저 없애려는 잘못된 태도를 바로잡는 데에도 도움이 된다.

셋째, '은혜스럽게'라는 이름 아래 목회자가 목회와 관련한 모든 일을 임의로 처리하는 잘못된 관행을 막아줄 수 있다. 목회를 전문직으로 이해하면, 목회자의 직무와 관련된 권리와 의무 관계가 분명해 질 수 있다.

마지막으로, 목회를 전문직으로 볼 때 목회란 세습될 수 있는 것이 아니라 다만 각 개인의 능력을 통해 획득해야 할 직업임을 알게 된다. 이러한 이해는 최근 일부 대형 교회에서 이슈가 되고 있는 목회자 세습문제를 해결하는 데에도 도움이 될 것이다.

이처럼 목회를 전문직의 하나로 이해하게 된다면 두 가지 목회윤리적 과제가 제기됨을 알 수 있다. 하나는 목회의 전문가답게 목회자가 목회활동에 필요한 전문적 지식과 기술을 갖추어야 한다는 점이다. 다른 하나는 목회자는 목회 전문가로서 다른 사람보다 뛰어난 도덕적 탁월성도 지녀야 한다는 점이다.

전문가로서 목회자는 설교가, 상담자, 교육자 그리고 지역사회를 섬기는 일과 같은 다양한 목회활동에 필요한 전문적 능력을 갖추어야 한다. 사람들이 병을 잘 고치는 의사를 신뢰하고 소송에 잘 이기는 변호사를 더 신뢰하듯 교인들도 좋은 설교와 상담, 교육 그리고 봉사의 지도력을 지닌 능력있는 목회자를 더 신뢰하기 마련이다. 이러한 전문적인 목회활

---

80) 도날드 E. 메서, 이면주 역, 『새시대 새목회』, 기독교대한감리회 홍보출판국, 2001, 113.

동 능력은 신학교에서 충분히 습득해야 할 뿐만 아니라 목회현장에서 지속적으로 배워가야 하는 평생의 과업이다. 따라서 부실한 신학교육의 문제, 무인가 신학교의 난립, 그리고 학위위조와 같은 문제는 윤리적으로 심각하게 다루어야 한다.

한편, 전문가로서 목회자에게는 도덕적 탁월성도 요청된다. 케이스 맥도널드(K. Macdonald)가 주장한 대로, 전문직을 특징짓는 것은 전문적 지식만이 아니라 탁월한 윤리의식이기 때문이다.[81] 전문가는 윤리적으로 행동하는 사람이며, 그러기에 가치의 물음은 전문직 업무에서 필수사항이다. 전문가는 무엇이 옳은가에 대한 도덕적 판단, 즉 당위의 물음에 항상 관심해야 한다.

(3) 소명자로서 목회자의 권위

사회학적으로 볼 때 목회는 전문직이지만, 신학적으로 볼 때 목회는 소명이다. 목회란 목회활동과 관련된 전문적인 기능과 기술을 수행하는 것 이상의 일이다. 목회의 근본 동기는 사회적 위상이나 경제적 보상에 있지 않다. 목회의 궁극적 목적은 고객의 욕구충족에만 관심하는 일반 전문직과 달리 교인들의 욕구를 충족시키는 것 이상이며, 사람들을 돕더라도 '예수님의 이름으로' 돕는 것이다.[82]

그런 의미에서 목회는 소명(vocation/calling)이다. 목회자가 되는 것은 자신의 감정이나 교회의 승인 이전에 하나님의 부르심에 대한 확신이 있기에 가능한 것이다. 리차드 니버(H. R. Niebuhr)는 목회자의 소명이 다음 네

---

81) 케이스 맥도널드, 권오훈 역, 『전문직의 사회학』, 일신사, 1999, 289.

82) J. E. Trull & J. E. Carter, *Ministerial Ethics: Being a good minister in a not—so—good world*, Broad & Holman, 1993, 35–36.

가지 부르심으로 구성된다고 말한다.[83]

> 첫째, 그리스도인으로 부르심(the call to be a Christian).
> 둘째, 전문적인 목회사역을 향해 내적 충동을 느끼는 은밀한 부르심(the secret call).
> 셋째, 목회사역에 필요한 소질을 지녔다거나 목회자가 될 수밖에 없도록 하나님의 인도하심을 받았다는 섭리적 부르심(the providential call).
> 넷째, 교인들의 동의와 승인 아래 자신들의 목회자로 청빙하는 교회의 부르심(the ecclesiastical call).

일반적으로, 목회자는 세속화된 사회에서 하나님의 현존을 대표하는 사람이요, 거룩하심과 초월적인 것에 대한 제도화된 상징이라 볼 수 있다.[84] 목회자의 권위는 신학지식과 목회기술의 전문성 때문만이 아니라 그가 인격적으로나 영적으로 하나님을 대표하기 때문에 주어진다. 따라서 목회자가 인격적으로나 영적으로 하나님을 대표하지 못할 때, 그의 권위는 사라지고 만다. 목회자의 카리스마는 목회자 자신의 힘이 아니라 하나님으로부터 오는 힘이기 때문이다.[85] 그렇게 볼 때 목회의 위기란 결국 소명의 위기라 할 수 있다. 말하자면 소명(calling)이 하나의 일상적 직업(career), 즉 경쟁에서의 승리가 될 때 그리고 언약(covenant)사상이 계약(contract)사상, 즉 거래관계에서 양방의 공리적 합의로 대체될 때 목회는

---

83) Richard Niebuhr, *The Purpose of the Church and Its Ministry*, New York: Harper and Bros., 1956, 64.
84) 잭슨 캐롤, 『목회지도력』, 208.
85) 앞의 책, 47.

위기에 빠진다.[86]

참된 목회자는 목회직을 기계적으로 수행하는 단순한 목회 기술자가 아니다. 그런데 헨리 나우엔(H. Nouwen)의 지적처럼, 교회에서의 교육이 단순히 지식을 전달하는 일에서 그치고, 설교가 듣는 사람들을 내적 성찰로 이끌지 못한 채 무의미한 이야기의 반복이 되고, 상담이 공감 없는 기술적인 처방에 그치고, 사회참여가 권력에 대한 욕망으로 전락하며, 예배의식의 집례가 정해진 문구나 동작을 반복하는 하나의 종교의식으로 전락할 때, 목회는 기술과 기능으로 전락하고 만다.[87] 목회란 아침 여덟 시부터 저녁 다섯 시까지 근무하는 하나의 직업이 아니라, 무엇보다 타인들로 하여금 참다운 자유가 가능하다는 것을 눈으로 보고 터득하게 만드는 하나의 '생활방식'이다.[88] 목회가 전문직 가운데 하나의 직업으로 전락하지 않기 위해서는 반드시 목회자 자신의 뿌리깊은 영성 생활이 뒷받침되어야 한다. 우리가 목회를 소명으로 이해해야 하는 이유는 다음과 같이 정리할 수 있다.

첫째, 목회자가 자신의 고객이라 할 수 있는 교인에 대해서만 아니라 그를 부르신 하나님에 대해서도 책임지는 존재임을 깨닫게 만들기 때문이다. 목회자는 교회를 위해 존재하지만 단순히 교인들의 욕구 충족만을 위해 존재해서는 안 된다. 또한 자신이 속해 있는 교단에 대한 충성과 하나님에 대한 충성을 동일시해서도 안 된다. 목회자란 교회로부터 부름을 받기 전에 먼저 하나님으로부터 부름을 받으며, 교단으로부터 안수를 받기 전에 성령에 의해 안수를 받기 때문이다.

---

86) M. L. Stackhouse, *Public Theology and Political Economy. Christian Stewardship in Modern Society*, Grand Rapids: WM. B. Eerdmans Publishing, 1987, 172.

87) 헨리 나우엔, 성염·성찬성 역, 『새 시대의 사목』, 성바오로출판사, 1984. 17-125.

88) 앞의 책, 13.

둘째, 일반 전문직종 종사자들이 자칫 빠지기 쉬운 함정인 직업적 교만과 독선을 극복하는 데에도 도움이 되기 때문이다. 이반 일리치(I. Illich)의 지적처럼, 흔히 전문가들은 인간이 직면하는 모든 문제들을 자신들만이 해결할 수 있다고 오만스럽게 생각하는 잘못을 저지를 수 있다.[89] 도날드 메서(D. Messer)가 옳게 표현했듯이, 목회의 신비를 상징하는 것은 전문적인 '직업인 예수'가 아니라 '종된 예수'라는 사실을 기억해야 한다.[90]

셋째, 성공주의 신화에서 목회자를 자유롭게 하기 때문이다. 물량적인 성공주의 신화에서는 대형교회당과 많은 수의 교인이나 많은 예산이 목회성공의 지표로 생각된다. 하지만 목회를 소명으로 이해하게 되면, 양적인 요소들 대신에 질적인 요소들이 목회성공의 지표가 된다. 왜냐하면, 하나님만이 목회사역의 정당성을 확인하고 목회의 성공 여부를 최종적으로 판단하신다고 믿기 때문이다.

물론, 목회가 소명이라고 해서 목회의 전문성을 무시하거나 약화시켜서는 안 된다. 소명을 이루기 위해서는 뜨거운 가슴과 선한 의도만으로는 부족하다. 전문성으로서의 목회와 소명으로서의 목회란 상호 대립적인 것이 아니라 상호 보완적인 것이다. 제임스 거스탑슨(J. Gustafson)의 표현대로, "전문화하지 못한 '소명'은 무능한 실책이요, 비효과적이고 위험스럽다. 한편, 소명 없는 전문직은 목회동기를 생동감 있게 하고, 인간적 민감성과 감수성을 예민하게 하며, 자기성취감에 도움이 되는 도덕적 특징이나 인간적 근본됨을 지니지 못한다. 그뿐만 아니라 개인의 노력으로 봉사할 수 있는 인간적 선을 위한 더 큰 목표나 목적들을 계획조차 못하게 만든다."[91] 윌리엄 윌리몬(W. Willimon)이 지적한 것처럼, 목회가 '하나

---

89) 게이로드 노이스, 『목회윤리: 전문화를 위한 윤리형성』, 251–252.

90) 도날드 메서, 『새시대 새목회』, 107.

91) W. H. Willimon, *Pastor: The Theology and Practice of Ordained Ministry*, Nashville: Abingdon

님의 은사'라는 사실(from above)만을 일방적으로 강조할 때, 목회는 개인의 사적인 일로서 시간이 지나면 언젠가 사라지고 말 것이다. 한편, 목회가 '교회공동체가 요구하는 필요와 기대'라는 사실(from below)만을 일방적으로 강조할 때, 목회는 제도화되고 형식화되고 말 것이다.[92] 이러한 위험성을 극복하기 위해서라도 우리는 반드시 목회의 전문성과 소명, 즉 전문적 지식/기술과 영적 탁월성/도덕적 인격성 사이의 균형을 강조해야만 한다.

3) 목회윤리의 방법론적 특징

(1) 목회윤리의 인격적 차원

여러 해 전 교회성장연구소가 우리나라 불신자 1,500명을 대상으로 조사한 자료에 따르면, 바람직한 목회자 상으로 30.6%가 '훌륭한 인격'을 꼽고 있다.[93] 목회자란 전문가라는 이미지만 아니라 그의 탁월한 인격과 성품을 통해서도 설명되는 직업인이다. 전문직 가운데 목회직만큼 인격과 도덕성이 요청되는 직업은 없어 보인다. 의사의 경우엔 의료기술이 인격보다 중요할지 모르나, 목회자에게 있어서는 목회적 기술보다 인격과 도덕성이 훨씬 더 중요하다.[94] 윌리엄 윌리몬(W. Willimon)이 주장한 것

Press, 2002, 20 재인용.

92) 앞의 책, 38

93) 〈뉴스앤조이〉, 2004년 7월 22일자, 14면.

94) 노영상, 「한국교회와 목회윤리의 모색」, 한국기독교윤리학회 편, 『새세기의 한국교회와 기독교윤리』, 한국기독교윤리학논총 제2집, 한들출판사, 2000, 166.

처럼, 목회윤리에 있어서 목회행동의 지침이나 원칙, 그리고 규칙들보다 더 중요한 것은 잘 형성된 인격이라 할 수 있다.[95]

목회윤리 형성에 있어 인격적 차원이 강조되어야 할 이유는 여러 가지다. 우선, 목회자 개인의 인격성과 진실성이 뒷받침되지 않는 제도적 권위는 좋은 지도력의 토대가 될 수 없기 때문이다. 데이비드 리지(D. Leege)의 표현대로 "지도력이란 단순히 어떤 지위가 아니라 어떤 일을 실행하는 방법이다. 권위란 어떤 위치에 존재할 수 있는 것이지만, 그 위치에 위임된 사람이 그의 주위의 사람들의 눈으로 볼 때 적절하게 그리고 효과적으로 행동하지 않는 한 그는 지도자로서 여겨질 수 없다."[96]

다음으로, 목회의 전문성에서 오는 권한과 자율성 때문이다. 목회자는 종교적 전문가로서 평신도에 대하여 우월적인 종교적 힘과 권한을 지니고 있다. 게다가 목회는 다른 전문직과는 달리 덜 조직화되어 있어 자율성이 매우 큰 직업이다. 목회자에 따라 하루 24시간이 모자랄 정도로 열심히 일할 수 있고, 반대로 얼마든지 게으르거나 불성실할 수도 있다. 목회자 윤리강령이 있다고 하지만 그 내용이 모호하고, 그것을 어겼을 때 제재수단도 분명하지 않다. 그렇기 때문에 자신의 힘을 통제하고 자신의 생활을 스스로 규율할 수 있는 고도로 훈련된 도덕적 양심이 요청된다. 이것은 개인의 도덕적 성향과 좋은 습관의 계발을 통해서만 도달할 수 있는 목표다.

트룰과 카터(J. E. Trull & J. E. Carter)는 전문가이며 소명자인 목회자가 갖추어야 할 성품으로 다음 여섯 가지를 제시한다.[97]

---

95) W. Willimon, *Pastor*, 309.

96) 잭슨 캐롤, 『목회지도력』, 66 재인용.

97) Joe E. Trull & James E. Carter, *Ministerial Ethics*, 36.

첫째, 목회사역에 필요한 신학과 목회에 대한 전문적 지식이다. 목회자는 끊임없이 학습하며 성장하는 사람이어야 한다(딤후 2:15).

둘째, 목회사역에 필요한 기술들을 적절히 활용할 수 있는 능력(엡 4:11-12; 고전 12:7 이하).

셋째, 종이며 동시에 지도자였던 예수님을 본받아 책임적으로 결단할 수 있는 자율성(요 13:1-16).

넷째, 목회동기가 사회지위나 경제적 안정이 아닌 섬김과 사랑(고전 13).

다섯째, 하나님의 복된 소식을 온 세상에 전하고 보여주는 일에 헌신(롬 1:11-17).

여섯째, 공동체, 동료 목회자, 회중, 그리고 개인관계에서 최고수준의 윤리적 기준(딤전 3:1-7).

목회자가 지녀야 하는 도덕적 덕목이 수없이 많겠지만, 그 가운데 다음 두 가지를 특히 강조하고자 한다. 하나는 겸손이다. 왜냐하면 모든 유형의 전문가들은 교만과 독선에 빠지기 쉽기 때문이다. 목회자들 역시 신학지식이나 영적 힘을 남용하거나 오용할 유혹을 받는다. 설교자로서 목회자는 신학지식을 이용해서 교인들을 조종하거나 통제하려고 해서는 안 된다. 교육자로서 목회자는 지시하고 명령만 하는 일방통행적 교사가 되어서는 안 된다. 상담자로서 목회자는 구세주 콤플렉스에 빠져 교인들 스스로가 풀 수 있는 문제까지도 일일이 간섭하려 해서는 안 된다. 때로는 자신의 한계를 인정하고 전문가인 심리치료사나 정신의학자들에게 위탁할 수 있어야 한다. 지도자로서 목회자는 자신에 대한 비판을 경청할 수 있는 태도를 지녀야 한다. 그는 어떠한 경우에도 교인들을 수단이 아니라 목적으로 대하도록 힘써야 한다. 의사가 환자를 실험대상으로 삼아 위험한 수술이나 투약을 함부로 시도해서는 안 되는 것처럼 목회자도 개인적 야망 성취를 위해 교회나 교인을 이용해서는 안 된다.

또 다른 덕목은 성실과 정직이다. 한 예로써, 설교란 설교자의 인격과 밀접히 관련되어 있다. 필립 브룩스(P. Brooks)는 설교를 '인격을 통해 전달되어지는 진리'라고 표현했다.

> 설교는 인간에 의해 인간에게로 전해지는 진리의 커뮤니케이션이다. 그것은 그 자체에 두 본질적인 요소가 있는데, 진리와 인격이 바로 그것이다. 이 두 가지 중 어느 한 요소라도 결핍되면 설교를 행할 수 없다. 설교는 인격을 통한 진리의 전달이다.[98]

일찍이 아리스토텔레스 역시 연설가에게는 이성(logos)이나 감성(pathos)만이 아니라 에토스(ethos)가 필요하며, 그 가운데 가장 중요한 요소가 바로 에토스라고 말했다.[99] 회중은 설교 내용을 듣기에 앞서 누가 말하는지 설교자의 인격에 관심하고 반응하기 마련이다.

주승중은 설교자의 에토스를 두 가지로 요약하고 있다. 하나는 설교자의 진실한 인격이고, 다른 하나는 설교자의 신앙과 삶의 일치에서 오는 인격의 통일성이다.[100] 리차드 백스터(R. Baxter)의 표현에 따르면, 설교자의 언행불일치란 결국 설교자가 자신의 입으로 한두 시간 동안 쌓아올린 것들을 일주일 내내 스스로 부수는 행동이며, 하나님의 말씀을 한담이나 단순한 지껄임으로 전락시키는 행위가 된다.[101]

한편, 영적 상담자로서 목회자는 상담을 통해 알게 된 교인의 사생활

---

98) P. Brooks, 서문강 역,『필립스 부룩스 설교론 특강』, 크리스챤 다이제스트, 2001, 16.

99) W. H. Willimon, *Pastor*. 157.

100) 주승중,「설교자의 에토스(ethos), 파토스(pathos) 그리고 로고스(1)」,『교육교회』, 2004, 32–35.

101) 리차드 백스터, 지상우 역,『참된 목자』, 크리스챤 다이제스트, 2003, 70.

이나 약점에 대한 비밀을 지킬 의무를 지닌다. 교인들이 목회자에게 자신의 잘못을 고백하고 고민을 털어놓을 때는 목회자가 비밀을 지켜줄 수 있으리라는 신뢰감이 전제되어 있기 때문이다. 목회자들 가운데에는 설교시간에 자기도 모르게 상담사례를 이야기함으로써 해당 교인에게 마음의 상처를 주는 경우가 있다. 그리고 목회자의 성실과 정직의 덕목에는 목회자에 의해 쓰여지는 여러 가지 형태의 추천서들의 정직성도 포함된다. 교회를 다니겠다는 약속만 받고 세례증명서를 발급해주는 일은 세례의 의미를 모독할 뿐만 아니라 증명서를 믿고 사람을 쓰게 되는 상대기관에도 해악이 된다.

(2) 목회윤리의 제도적 차원

목회윤리 형성에 있어 목회자 개인의 인격적 차원만이 아니라 제도적 차원이 강조되어야 할 이유는 여러 가지다. 우선, 목회자는 사적인 존재이며 동시에 공적인 존재이기 때문이다. 목사안수란 목회자를 공적 존재나 제도적 존재가 되게 하는 일이다.[102] 안수와 청빙을 통해 목회자는 교회를 대표하며 교회에 대해 책임지는 공적 존재가 된다. 안수를 받을 때 목회자는 자신이 개인의 이기적인 목적을 위해서가 아니라 하나님의 나라를 위해서 자신에게 전수된 교회의 권위를 책임적인 방식으로 행사할 것을 공적으로 서약한다. 안수를 받을 때 얻게 되는 목회자의 권위는 교인들에 대해 권위주의자가 되어도 좋다거나, 교회에 의해 고용되었으므로 교인들의 노예가 되어야 한다는 의미는 아니다.[103]

다음으로, 전문직으로서 목회의 자율성 때문이다. 전문직 종사자들이

---

102) 도날드 메서, 『새시대 새목회』, 99.

103) 앞의 책, 103.

독점적으로 제공하고 있는 전문적 지식과 기술은 일반 고객들이 쉽게 이해하거나 접근할 수 없는 것들이다. 그래서 비윤리적 방법으로 부당한 이득을 취하거나 불성실하게 활동해도 비전문가들이 알아채기 어렵다. 게다가 타율적 규제는 대개 사후대책에 머물고 만다. 그래서 전문직 종사자들은 윤리강령을 두어 자율적 규제를 제도화한다. 만약 자율적인 규제가 원활하지 않을 경우, 소수 개인의 잘못이 직업 전체의 공신력을 떨어뜨리게 되거나 외부의 제재를 불러들이게 된다. 교회 역시 교단 안에 윤리강령이 있고, 재판부(국)를 두어 목회자의 윤리문제를 다룬다. 하지만 강제력이 약하고 법 규정들이 모호하여 실효성을 거두기란 대단히 어려운 현실이다.

이런 현실적 이유에서 오늘날 개교회적으로 교회내규를 통해 목회자와 교회 사이의 협약을 맺는 일이 많아지고 있다. 과거 목회자와 교회 사이에 암묵적으로 존재하던 협약이 점차 명시화되는 추세다. 물론 교회내규가 절대적으로 필요한 것은 아니지만, 교회의 형편에 따라 목회자와 교회 사이에 갈등을 예방하거나 생겨난 갈등을 해결하는 데 구체적인 도움을 줄 수 있을 것으로 생각된다.

(3) 의무윤리와 덕윤리 사이의 목회윤리

1970년대 이후 일반 윤리학계와 기독교윤리학계에서 덕이나 도덕적 성품에 대한 논의가 활발하다.[104] 덕윤리(virtue ethics)는 아리스토텔레스에

---

104) 알래스데어 매킨타이어, 이진우 역, 『덕의 상실』, 문예출판사, 1997; S. Hauerwas, *Vision and Virtue: Essays in Christian Ethical Reflection*, Notre Dame, Ind.: University of Notre Dame Press, 1974; J. Gustafson, *Christian Ethics and the Community*, Philadelphia: Pilgirm Press, 1971; —, *Can Ethics Be Christian?*, Chicago: University of Chicago Press, 1975.

게서 시작되어 중세 기독교와 결합되며 더욱 발전한 중요한 윤리적 전통 가운데 하나다.

오늘날 윤리학의 관심이 '행위'에 대한 관심에서 '존재'에 대한 관심으로 방향 전환을 시도하고 있는 배경에는 윤리에 대한 계몽주의적 기획의 실패와 관련이 있다.[105] 계몽주의자들은 도덕의 보편적이고 합리적인 정당성을 이성에서만 추구했다. 그들은 사실과 가치를 분리하면서, 행위자의 성품보다는 행위 자체, 즉 '무엇이 옳은 행위인가?'라는 물음에 초점을 맞추었다. 결과적으로 규칙이나 법의 규정들에 대한 의무를 강조하는 의무윤리가 발전했다.[106]

하지만, 의무윤리와 달리 덕윤리는 행위 자체보다는 행위자에 초점을 둔다. 우리가 '어떤 행위를 해야 하는가?' 라는 물음에 앞서 우리가 '어떤 종류의 인간이며, 어떤 종류의 인간이 되어야 마땅한가?'를 묻는다. 행위자의 성격유형, 생활방식, 동기, 그리고 인간됨의 질, 근본적 성향과 같은 요소들이 윤리논의의 핵심이 된다.[107] 레로이 롱(E. L. Long, Jr.)은 이러한 윤리방법론을 가리켜 원칙윤리와 상황윤리 사이의 대안적 윤리방법론이라 표현했다.[108] 덕윤리를 강조하는 사람들에게 있어서 행위란 성품에 비하면 부차적이다. 행위란 성품의 표현으로서, 그리고 성품 계발을 위한 하나의 수단으로서만 중요할 뿐이다.[109] 그래서 덕윤리에서는 규칙 체계를 제시하는 대신에 성품이나 성향과 관련된 덕의 목록을 제시한다.

---

105) 알래스데어 매킨타이어, 이진우 역, 『덕의 상실』, 문예출판사, 1997, 67–124.

106) 황경식, "덕의 윤리에 대한 찬반 논변", 김영철 외, 『현대사회와 윤리』, 김영철교수 회갑기념논문집, 서광사, 1989, 169.

107) E. LeRoy Long, Jr., *A Survey of Recent Christian Ethics*, Oxford: Oxford University Press, 1982, 101–102.

108) 앞의 책, 106.

109) 스탠리 그렌즈, 신원하 역, 『기독교윤리학의 토대와 흐름』, IVP, 2001, 48.

덕윤리의 관점에서 볼 때, 의무윤리는 '최소 도덕'에 불과하다. 사람들에게 최소한의 사회의 도덕규범이나 법질서의 준수를 강조할 뿐 그 이상의 도덕적 탁월성을 요청하지 않기 때문이다. 법을 지키는 것으로 충분히 윤리적이라 평가한다. 하지만 목회윤리는 최소도덕에 머물 수 없다. 이는 그리스도의 제자들이 윤리적 탁월성을 요청받기 때문이다. 윤리적 탁월성의 보다 구체적인 내용은 산상수훈에서 찾아볼 수 있다.

하지만, 덕윤리에 대한 비판이 전혀 없는 것은 아니다. 덕윤리는 구체적인 상황에서 무엇을 해야 하는가 하는 물음에 대해 실제적인 충고나 조언을 해주지 못한다.[110] 그리고 덕윤리가 타당성을 갖는 사회적 배경은 고대 아테네의 폴리스와 같은 소규모의 인격공동체다. 오늘날과 같이 익명적이고 거대한 도시공동체에는 적용하는 데 어려움이 많다.[111]

이런 배경에서 우리는 목회윤리가 목회자의 인격과 품성을 강조하는 덕윤리만이 아니라 전문가로서 의무와 책임을 강조하는 의무윤리적 방법론을 상호 보완하는 방식으로 형성되어야 한다고 본다. 실제로 덕윤리나 의무윤리의 관계는 서로 상반되는 것이라기보다는 상호보완적이다. 이는 어떤 존재가 '된다'는 것이 '행위'하고자 하는 노력을 포함하기 때문이다. 행위함이 없이 어떤 사람이 된다는 것은 결국 행위 없는 신앙과 같은 것이다. 윌리엄 프랑케나(W. Frankena)의 관찰대로, "성품 없는 원칙은 무력하고 원칙 없는 성품은 맹목"이다.[112] 트룰과 카터(J.E.Trull & J. E. Carter) 역시 존재(being)의 '온전함'과 행위(doing)의 '올바름'을 조화시킬 필요가 있음을 강조한다. 행위자의 성품이나 덕에 바른 행동과 가치가 포함될 때에만 올바른 도덕적 판단이나 결단에 이를 수 있다고 보기 때문

---

110) D. Reeck, *Ethics for the Professions: A Christian Perspective*, Minneapolis: Augsburg, 1982, 47.

111) 황경식, 「덕의 윤리에 대한 찬반 논변」, 191–197.

112) 윌리엄 프랑케나, 황경식 역, 『윤리학』, 종로서적, 1987, 116.

이다.[113] 그런 이유에서 목회자의 성품과 인격 교육만 아니라 목회자 윤리강령이나 교회내규와 같은 규칙이나 법에 대한 논의도 교회 안에서 보다 더 활발해져야 할 것으로 보인다.

4) 맺는 말

목회자의 도덕적 탁월성을 통해 교회의 사회지도력을 강화하기 위해서는 무엇보다 먼저 도덕적 주체로서 목회자의 정체성에 대한 명확한 인식이 요청된다. 목회자는 하나님의 거룩하심과 도덕성을 상징하는 공적 존재다. '목사도 사람인데'라는 말로서 목회자 자신의 비윤리적 행위를 정당화해서는 안 된다.

목회지도력의 토대가 되는 목회자의 권위는 목회 전문가로서 목회활동에 필요한 전문적 지식과 기술, 그리고 그것을 활용할 수 있는 능력에 기초한다. 동시에 목회자는 소명자로서 단순한 전문인 이상의 책임을 지닌다. 그의 직업적 동기와 목적, 그리고 윤리성은 일반 전문가와 달라야한다. 소명자로서 목회자는 자신의 고객이라 할 수 있는 교인과 교회에 대해서만이 아니라 그를 부르신 하나님 앞에서도 책임을 지게 된다. 그의 권위는 하나님의 부르심에 대한 확신과 교인들을 위한 섬김과 희생의 삶에 기초한다.

목회와 관련된 제반 윤리문제를 체계화하는 목회윤리는 목회자의 도덕적 탁월성을 위한 목회자 개인의 성품과 인격만이 아니라 목회자의 직무와 관련된 윤리강령이나 교회내규와 같은 제도적 측면에도 관심을 기

---

113) J. E. Trull & J. E. Carter, *Ministerial Ethics*, 51.

울여야 한다. 윤리학적으로 볼 때, 목회윤리는 존재나 성품을 강조하는 덕윤리와 행위나 규칙을 강조하는 의무윤리를 상호 보완하는 방향으로 형성되어야 할 것이다.

이를 위해 목회자를 양성하는 신학교육에서부터 목회윤리에 대한 체계적이고 깊이 있는 교육과 훈련이 필요하다. 목회란 단순한 기술직 이상이기 때문에 그들이 목회현장에서 만나게 될 수많은 유형의 윤리적 딜레마에서 바른 인식과 판단에 이르도록 교육하고 훈련시켜야 한다. 목회자의 인격과 성품 형성을 위한 교육과 훈련은 신학교에서만이 아니라 평생교육 차원에서 끊임없이 추구되고 성취되어야 할 과제이다. 그리고 교단적 차원에서 목회윤리강령을 정비하고, 그것을 기초로 각 개별 교회의 특성에 따라 만들어진 교회내규가 목회자의 직무와 관련하여 예견되는 갈등상황을 예방하고 해결하는 데 도움이 될 것이다.

4.
생명신학과 살림공동체[*]

1) 서론

21세기는 '생명'을 둘러싼 사회적 · 윤리적 논쟁이 가열될 전망이다. 경제의 지구화, 생명공학기술의 급격한 발전, 그리고 지구적 환경위기의 확대는 인간을 포함한 지구 생명공동체 전체의 생존을 위협하고 있다. 국내적으로도 폭력행위나 자살자의 증가 등 생명경시풍조가 날로 확산되고 생명가치의 절대성이 훼손되고 있다. 이런 현실적 위기 인식으로부터 생명운동 · 생명문화 · 생명윤리 · 생명신학 등에 대한 논의가 교회 안팎에서 활발해지고 있다.

기독교는 생명의 종교로서 복음을 통해 생명을 구원하는 데 목표를 둔 종교다. 다행히 최근 들어 우리나라 신학계에서도 생명 문제에 대한 신학적 논의가 활발해지고 있다. 그러나 아직 생명신학의 이론적 토대가 확고하지 않은 가운데 실천적 과제와 책임만 강조되는 형편이라 평가된다.

---

[*] 이 글은 「기독교 생명신학의 이론적 기초에 대한 연구」라는 제목으로 『신학사상』 119, 2002에 실었던 것을 약간 수정했다.

이런 비판적 문제인식에서 출발하여 이 연구는 생명신학의 이론적 토대를 모색함으로써 오늘의 생명위기 현실에 대해 응답하고, 21세기 기독교 신학의 새로운 패러다임으로서 생명신학의 가능성을 탐색하는 데 그 목적을 둔다. 이러한 목적에 도달하기 위해 이 연구는 아래와 같은 순서로 진행될 것이다. 2절에서는 생명신학의 개념과 태동 배경, 발전 과정을 살펴볼 것이다. 3절에서는 생명신학의 핵심 개념인 생명에 대한 철학적·자연과학적 이해를 통해서 생명현상에 대한 일반 학문의 연구 업적을 정리할 것이다. 4절은 이 연구의 핵심 부분으로 먼저 성서에 나타난 생명관을 살피고, 그러한 토대 위에서 삼위일체론적 생명신학을 구상하게 된다. 그 후에 생명에 대한 파수꾼으로서의 인간 이해와 생명공동체로서의 교회론을 정립하게 될 것이다. 그 다음 생명신학의 종말론적 차원을 다룬다. 이는 온전한 생명이해는 죽음에 대한 바른 이해, 즉 부활신앙과의 관계에서만 제대로 해석될 수 있다고 생각하기 때문이다. 마지막으로, 기독교 생명신학의 전망과 과제를 언급함으로써 연구의 결론을 맺게 될 것이다.

2) 생명신학의 태동 배경과 발전 과정

(1) 생명신학의 태동과 전개

생명신학이란 생명과 관련된 모든 것을 신학적 관점에서 다루는 것으로서, 여기에는 생태신학·환경윤리·생명의료윤리·평화신학 등이 포함된다.[116] 피터 바이어(P. Beyer)는 생명신학을 신학적 강조점에 따라 '생태학적 영성 중심의 생명신학', '사회정의 중심의 생명신학' 그리고 '기독교

전통 보전 중심의 생명신학'으로 구분한다.[115] 이삼열은 생명신학의 특징을 단순히 생명을 신학적 연구 대상으로 삼는 서술적 신학이 아니라, 생명을 긍정하고 생명을 촉진하며 생명을 구하는 신학, 즉 가치지향적 신학이라고 정의하면서 생명이야말로 모든 신학의 목표와 목적이 되어야 한다고 주장한다.[116] 래리 라스무센(L. Rasmussen)은 잉게마 헤트슈트룀(I. Hedström)의 표현을 빌려 생명신학은 '생명에 대한 우선적 선택'을 특징으로 한다고 말하면서, 생명윤리의 네 가지 규범으로 지속성(sustainability), 참여(participation), 충족성(sufficiency), 연대(solidarity)를 제시한다.[117]

생명신학에 대한 논의는 세계교회협의회(WCC) 차원에서 태동되었다. 일찍이 1983년 밴쿠버에서 개최된 WCC 총회는 주제를 "예수 그리스도 – 세상의 생명"이라고 정하고, 기독론적 관점에서 생명위기 현실과 교회의 과제를 다루었다.[118] "오소서 성령이여, 만물을 새롭게 하소서"라는 주제로 모인 1991년 캔버라 총회는 성령론적 토대에서 생명신학을 전개했다.[119] 이러한 신학적 논의가 발전하여 마침내 1994년 WCC 중앙위원회의 위임을 받은 정의평화창조보전국에서 이른바 '생명신학 프로그램(Theology of Life Programme)'을 출범시키게 된다. 이 프로그램은 각 지역교회와 사회의 경험에 기초해서 공동체 안에서 생명을 활성화시키는 일에 목표를 두었다.[120] 동시에 이 프로그램은 에큐메니칼 사회사상과 사회행동

116) 선순화,「생명 파괴 현상에 직면한 생명신학의 방향 모색」,『신학사상』92, 1996, 45.

115) 앞의 글, 48–51.

116) 이삼열,「이삼열의 논찬」, 이삼열 편,『생명의 신학과 윤리』, 열린문화, 1997, 309.

117) L. Rasmussen, "Theology of Life and Ecumenical Ethics", in: D. G. Hallman (ed.), *Ecotheology. Voices From South and North*, WCC Publications: 1994, 126–127.

118) *Gathered for Life*, ed. by David Gil, Geneva: WCC, 1983.

119) *Signs of the Spirit*, ed. by Michael Kinnamon, Geneva: WCC, 1991.

120) M. Robra, "Theology of Life – Justice, Peace, Creation. An Ecumenical Study", in: *The Ecumenical Review*, vol. 48, no. 1, 1996, 29.

을 새롭게 하기 위해 '생명중심의 윤리'를 구상하면서, 다음과 같은 다섯 가지의 윤리 원칙을 제시하였다.[121]

> 모든 형태의 생명체에 대한 평등의 원칙(equity), 모든 생명체에 대한 윤리적 책임성의 원칙(accountability), 해당된 모든 존재들의 참여의 원칙 (participation), 모든 존재의 기본욕구 충족의 원칙(sufficiency), 의사결정 과정 에서의 힘의 분배를 통한 보조의 원칙(subsidiarity).

정의평화창조보전국은 위의 원칙에 기초하여 오늘날 이슈가 되고 있는 유전공학만이 아니라 자연환경의 파괴, 시장의 지구화, 그리고 정의 와 평화 문제들을 중심으로 생명신학에 대해 포괄적으로 연구하고 있다.

이상에서 간략히 살펴본 것처럼 에큐메니칼 운동 차원에서 태동하고 전개되고 있는 생명신학은 그간 에큐메니칼 운동의 두 축이었던 '신앙과 직제' 전통과 '정의 평화 창조질서 보전(JPIC)' 사이, 즉 교회의 가시적 일 치를 추구하는 전통과 민중의 참여를 강조하는 해방 전통 사이에 존재했 던 갈등과 대립을 우주공동체 전체의 생명보전을 위한 연대라는 공동목 표를 통해 극복하려는 시도라고 해석할 수 있다.

(2) 생명신학의 한국적 수용과 전개

WCC의 생명신학 프로그램의 일부분으로 '생명의 신학 – 지역별 사 례연구'가 우리나라에서 진행되었고, 그 결과물이 단행본으로 출판되었 다.[122] 한편, 한국신학연구소의 계간지 『신학사상』은 1996년 봄호에 '생

---

121) www.wcc–coe.org/jpc
122) 이삼열 편, 『생명의 신학과 윤리』, 도서출판 열린문화, 1997.

명의 신학'을 특집으로 다룸으로써, 생명신학에 대한 논의를 보다 체계화하기 시작했다. '죽임의 문화와 생명의 문화'라는 주제로 열린 심포지엄에서 참석자들은 현대문명을 '죽임의 문화'로 규정하고 대안적 문명인 생명문화의 당위성과 가능성을 검토했다.

이정배는 한국적 생명신학의 가능성을 동학의 시천주(侍天主)나 지기(至氣) 사상, 풍수지리에 나타나는 지모(地母) 및 지효(地孝) 사상, 그리고 민족의학에 나타난 신토불이적 인간이해에서 찾고 있다.[123] 그리고 그는 한국적 생명신학의 미래적 연구 주제로 다음 네 가지를 제시한다.[124]

① 신학과 자연과학과의 대화.
② 총론 대신 세부적 각론의 이론적 토대 마련.
③ 생명공학과 생명과학에 대한 비판적 이해.
④ 살림공동체로서의 교회형성.

한편, 기독교윤리학자들 역시 생명윤리적 입장에서 생명신학을 탐색하고 있다. 맹용길은 미래신학의 새로운 패러다임으로서 생명신학을 제시하고 있다. 그는 미래 사회가 과거와는 달리 모든 생명체가 생태학적인 네트워크 관계에서 살아가는 '생태학적 사회'로 발전할 것으로 전망하면서, 기독교윤리적인 관점에서 생명살리기운동과 생명문화창조운동의 필요성을 강조한다. 여기서 새로운 생명문화란 통합적 사고와 행동, 관계망과 상호의존관계로서의 생명관, 생명운동을 위한 연대와 협력, 확장 대신 보전, 경쟁 대신 협력, 양 대신 질, 그리고 지배 대신 참여의 가

---

123) 이정배, 『토착화와 생명문화』, 종로서적, 1991; 동저자, 『조직신학으로서의 한국적 생명신학』, 도서출판 감신, 1996.
124) 이정배, 『신학의 생명화 신학의 영성화』, 대한기독교서회, 1999, 74-77.

치를 주요 내용으로 삼는 문화를 가리킨다.[125] 박충구는 생명복제 문제와 관련하여 생태중심적 가치를 강조하면서, 생명공학자들은 하나님께서 지으신 자연의 통일성, 안정성, 다양성, 자기보존 체계, 그리고 조화와 균형을 존중할 의무가 있음을 역설한다.[126] 그리고 강남순은 여성윤리적 입장에서 생명신학의 가능성을 탐색하며, 생명신학의 주체로서 여성의 역할을 모색한다.[127] 그 외에도 생명의 신학과 윤리에 대한 다양한 연구활동이 이루어지고 그 결과물들이 활발하게 출판되고 있다.[128]

3) 생명의 개념과 특성에 대한 일반적 이해

생명신학은 생명에 대한 이해에 따라 각기 다른 입장이 생겨날 수 있다. 그런데 '생명이 무엇인가'를 규정하는 작업은 결코 쉬운 일이 아니다. 이는 관점에 따라 문학적 · 철학적 · 정치적 · 사회적 · 윤리적 · 신학적 · 의학적 · 생물학적 · 물리화학적으로 다양하게 정의될 수 있기 때문이다. 그리고 그 모든 차원에서의 연구를 다 종합한다 하더라도 그것이 생명의 본질을 다 밝힌 것이라 할 수도 없다. 제임스 러브록(J. Lovelock)의 표현대로 '생명이 무엇인가?'라는 물음에 대한 대답은 너무나 중요한 것이기 때문에 오직 인류의 마음 깊숙한 곳에 직관으로만 자리잡고 있는

---

125) 맹용길, 『미래신학 · 미래목회 I』, 장로회신학대학출판부, 1999, 51–105.

126) 박충구, 『생명복제 생명윤리』, 가치창조, 2001.

127) 강남순, 「페미니즘과 생명윤리」, 한국기독교윤리학회, 『생명윤리와 생명신학』, 한들출판사, 2001, 115–156.

128) 김영한 외, 『21세기의 생명문화와 기독교』 숭실대기독교문화연구소, 쿰란출판사, 2000; 강원돈 외, 『생명문화와 기독교』 한남대기독교문화연구소, 한들출판사, 1999; 이경숙 외, 『한국 생명사상의 뿌리』, 이화여자대학교출판부, 2001; 문시영, 『생명복제에서 생명윤리로』, 대한기독교서회, 2001.

것인지도 모른다.[129]

(1) 철학적 생명관

생명의 본질이 무엇이냐는 물음에 대한 답은 현재까지도 계속해서
논의 중이지만, 철학사적으로 볼 때에는 크게 세 가지 입장, 즉 기계론
(mechanism), 생기론(vitalism) 그리고 유기체론(organism)으로 나눌 수 있다.

첫째, 기계론적 생명이해는 데카르트(R. Descartes) 이후에 태동하여 현대
의 화학진화설과 분자생물학을 통해 획기적으로 발전한 입장이다. 생명
에 대한 기계론적 입장은 생명을 과학법칙을 통해서도 충분히 설명될 수
있는 물리 화학적 물질현상으로 환원시킨다. 생명이란 하나의 기계와 같
이 물질로 구성된 생체 속에서 일어나는 복잡한 화학반응들의 결과에 불
과하다. 1930년대부터 발전하기 시작한 분자생물학 역시 이러한 기계론
적 생명 이해에 기초하고 있다.

둘째, 생기론적 생명 이해는 기계론적 생명관에 반대하여 18세기에
생겨나서 19세기 중엽까지 영향력을 끼쳤던 철학적 생명관이다. 생기론
자들은 생명현상이 물리적 법칙들로 환원될 수 없는 어떤 생명원리나 인
간의 능력을 초월한 어떤 초자연적인 힘(창조주)에 의하여 나타나는 것이
라고 생각한다. 이러한 생각은 기독교 창조론과 조화를 이루어 오랫동안
서구의 정신세계를 지배하였다. 이들은 생명현상이 물리 화학의 법칙만
으로는 충분히 설명되지 않는다고 보면서, 생명을 제대로 이해하기 위해
서는 물리 화학 법칙에다가 일종의 비(非)물리적인 실체, 힘, 또는 장(field)
이 부가되어야 한다고 본다.[130]

---

129) 제임스 러브록, 홍욱희 역,『가이아의 시대』, 범양사 출판부, 1988, 51.

130) 프리초프 카프라, 김용정 · 김동광 역,『생명의 그물』, 범양출판사, 1998, 43–44.

셋째, 유기체론적 생명이해는 생명현상을 기계적 부분의 결합이 아니라 각 부분의 유기적 결합으로 이해한다는 점에서 생기론과 비슷하지만, 조직(organization) 또는 조직하는 관계(organizing relations)에 대한 이론을 첨가한다는 점에서 차이가 난다. 유기체론은 '전체가 부분의 합보다 크다'는 시스템이론과 밀접히 관련된다. 사물들을 시스템적으로 이해한다는 것은 그것들을 하나의 맥락으로 묶어서 그들 간에 이루어지는 관계의 본성을 파악하는 것이다.[131]

(2) 과학적 생명관

본래 생명과학의 관심은 생명의 본질에 대한 것이 아니라, 다만 생명의 현상에 대한 것이다. 생명의 본질과 기원 문제는 실험과학의 검증 대상이 될 수 없기 때문이다. 생명이란 일회적이며, 내면적이고, 역동적이고, 영적이며, 체험을 통해서만 비로소 이해할 수 있는 초합리적인 어떤 것이다.[132] 따라서 우리는 다만 겉으로 드러난 다양한 형태의 생명현상을 기술함으로써 생명의 본질이 무엇인가를 미루어 짐작할 수 있을 뿐이다. 일반적으로 생명의 현상은 총체성, 경계성, 성장성, 사회성, 그리고 다양성 속의 일치성과 같은 특징들을 지니고 있다.[133]

생물학자들은 생명을 생리적(physiological) · 대사적(metabolic) · 유전적(genetic) 차원에서 정의한다. 물리학과 화학의 기반 위에 세워진 분자생물학은 생명현상을 DNA로 환원시켜 이해한다. 물론 DNA는 생명의 질료

---

131) 앞의 책, 48.

132) 진교훈, 「생명과 철학: 철학에서 본 생명」, 서강대생명문화연구원 편, 『생명의 길을 찾아서』, 민지사, 2001, 24.

133) 선순화, 「생명 파괴 현상에 직면한 생명신학의 방향 모색」, 36–40.

이기는 하지만, 생명의 본질은 아니다. 인간은 DNA 이상인 존재다. 과학적으로 보더라도 DNA는 하나의 잠재태에 불과하며, 환경과의 상호작용을 통하여 비로소 현실태로 나타나게 된다. 심지어 인간의 정신 활동이 DNA에 영향을 주기도 한다.[134]

하지만 최근 들어 과학자들에 의해 새로운 생명 이해가 시도되고 있는데, 그 가운데 하나가 장회익의 '온생명' 개념이고, 다른 하나는 카프라(J. Capra)의 '생명의 그물(The Web of Life)' 개념이며, 또 다른 하나는 제임스 러브록(J. Lovelock)의 가이아(Gaia) 개념이다. 이들 모두는 생명을 전 지구적으로 연관된 하나의 전일적 현상이요, 살아있는 유기체적 현상으로 본다는 점에서 공통적 특징을 지닌다.

물리학자 장회익은 생명을 '살아 있음의 성격을 추상해낸 개념'이라고 정의하며, 생명체의 특징으로 대사, 생식, 그리고 진화를 든다.[135] 그는 생명의 본질에 대한 물음 대신에 생명의 단위 문제에 관심하면서, 개체가 아니라 우주적 '온생명(global life)'을 생명의 최종 단위로 주장한다. 온생명이 기존의 생명 개념과 다른 점은 지구상에 나타난 전체 생명현상을 하나하나의 개별적 생명체로 구분하지 않고, 그 자체를 하나의 전일적 실체로 인정한다는 점이다. 생명의 참 모습은 단순한 개체생명들의 집합체가 아니라 하나의 총체적 단일체다.[136] 이러한 온생명의 관점에서 볼 때 자연의 근본적 질서는 경쟁이 아닌 협동으로 파악된다.

동종의 개체들은 협동을 통해 한층 높은 차원의 상위 개체를 형성하며,

---

134) 김상득, 「유전공학과 생명의료윤리」, 한국기독교윤리학회 제2차 학술대회 자료집 『생명신학과 생명윤리』, 2001년 4월, 63.

135) 장회익, 『삶과 온생명: 새과학 문화의 모색』, 솔, 1998, 174–175.

136) 앞의 책, 175.

이러한 상위 개체들은 다시 그들 사이의 새로운 협동을 통해 한층 더 높은 상위 개체를 형성해나가면서, 최종적으로는 하나의 생존단위인 온생명에 이르게 되는 것이다.[137]

한편, 인간은 온생명과 무관한 독자적 존재가 아니라, 온생명의 한 부분으로서 하나의 개체생명으로 파악되며, 동시에 온생명 안에서 특별한 지위를 점유한다.[138] 여기서 인간이 가지는 '특수한 지위'란 의식과 지능을 지니고 온생명을 인식할 수 있는 지적 능력을 가리킨다. 말하자면, 인간은 온생명의 신경세포적 기능을 지닌 존재라 할 수 있다. 인간은 자신이 속한 생명의 전모, 즉 온생명을 파악할 줄 아는 최초의 존재이다. 특수한 존재로서 인간은 온생명 자체를 자신의 몸이라고 느끼며, 위험이 다가올 때 이를 감지하고 보호할 책임을 지닌다.

에너지 물리학자인 프리초프 카프라(F. Capra)는 생물학을 물리학이나 화학으로 환원하는 것을 비판하면서 생명을 통합된 전체로서 살아 있는 유기체로 파악한다. 이것은 '전체가 부분의 합보다 크다'는 시스템적 사고를 전제로 한다. 그는 생명의 패턴을 자기제작(self-making)으로, 생명시스템의 구조를 열려 있으면서 동시에 닫혀 있는 소산구조로, 그리고 생명의 과정을 인지과정으로 각각 설명한다. 생명은 하나의 연결망이기 때문에 생태계를 올바로 이해한다는 것은 곧 이 연결망을 이해하는 것이 된다.[139] 이러한 생명관에 기초하여 그는 기계론적 세계관에서 상호의존성 · 순환성 · 협력 · 다양성을 내포하는 생태학적 세계관으로의 패러다

---

137) 앞의 책, 192.

138) 앞의 책, 194.

139) 프리초프 카프라, 『생명의 그물』, 57.

임 전환을 촉구한다.[140) 여기서 상호의존성이란 관계에 대한 이해로서, 인식방법은 부분에서 전체로, 대상에서 관계로, 내용에서 패턴으로 바뀐다. 순환성이란, 생태계 속에서 한 생물이 생산하는 폐기물이 다른 생물의 먹이가 되는 재생적 특성을 가리키는데 이런 관점에서 볼 때 선(線)적인 특성을 지니는 오늘날의 산업시스템은 비판의 대상이 된다. 그리고 협력이란, 생명체들이 경쟁 대신 협동을 통해 진화해간다는 생각이다. 여기로부터 경쟁·확장·지배의 경제학 대신에 협동·보전·협력의 생태학적 사고가 요청되며, 그것은 곧 민주주의적 질서에 대한 요청으로 귀결된다. 마지막으로, 생명의 다양성이란, 생태계 내부에 존재하는 다수의 피드백 루프로서, 복잡한 연결망을 통해 생태학적 교란을 안정상태로 바꾸는 힘을 지닌다. 이러한 사실로부터 인간사회 공동체의 다양성이 요청되는데, 이는 연결망이 복잡하고 다양할수록 그 시스템의 복원력이 더 커지기 때문이다.

한편, 대기생물학자인 제임스 러브록(J. Lovelock)에 의하면, 지구는 그 자체로 거대하고 복합적이며 스스로를 부양해가는 살아 있는 생명체 가이아(Gaia)다.[141) 그의 이론에 따르면 지구는 생물·육지·바다·대기로 이루어져 있는데, 이 구성 요소들이 상호작용해서 자기조절 기능을 가지고 스스로 생존해갈 수 있는 환경을 만들어간다. 말하자면, 지구는 지구상의 다양한 생물 요소들이 지구의 대기와 해양 상태를 거의 일정하게 유지하는 자기조절 능력을 지니고 있는 초거대 생명체라는 것이다. 그는 이 가설을 입증하기 위해 대기 중의 산소 농도와 이산화탄소 용량이 일정 수준으로 유지된다는 점, 오존층이 존재하여 지구온도를 적절하게 유지하고 생물체에 해로운 자외선을 차단시킨다는 점, 그리고 해양의 염분

---

140) 앞의 책, 389–398.
141) 제임스 러브록, 『가이아의 시대』.

농도가 일정하게 유지된다는 점을 근거로 내세운다. 물론, 가이아 이론의 과학적 엄밀성이나 우주 안에서 인간의 위치에 대해서는 의견이 분분하다.[142] 그럼에도 불구하고 가이아 가설이 자연생태계를 해석하는 새로운 관점을 제공했다는 점에 대해서만큼은 이의가 없다. 지구는 더 이상 죽은 기계나 물건이 아니라 살아있는 거대한 생명체다. 그리고 지구상의 모든 생명체가 상호 밀접하게 관련되어 있으므로 지금의 자연과학적 방법과는 다른 통전적 세계관이 필요하다. 따라서, 인간이 지구생태계의 다양한 요소들과 그것들 사이의 상호작용 관계에 대해 더 잘 알게 될 때까지 무분별한 자연 조작이나 파괴 행위를 금지할 필요가 있다.

> 우리 인류가 지구에 대하여 더 많이 알게 될 때까지 우리들은 인간의 손길이 미치는 범위를 스스로 한정하여 더 이상 이들 지역이 파괴되지 못하도록 해야 할 것이다. 가이아에게는 매우 중요한 부분이지만 우리들이 아직 알아차리지 못하고 있는 영역이 존재하고 있는지도 모를 일이다.[143]

4) 기독교 생명신학의 이론적 토대

(1) 성서에 나타난 생명 개념

구약성서에는 두 가지의 서로 다른 창조 이야기(창 1:1–2:3; 2:4–25)가 나오는데, 공통적으로 생명의 근원이 하나님이며, 각각의 생명체는 창조주

---

142) 「지구는 살아 있는가: 가이아 이론에 관한 학술적 검토」, 『과학사상』 4, 1992, 117–141.

143) 제임스 러브록, 『가이아의 시대』, 207.

의 섭리에 따라 존재의 목적과 가치를 지닌다는 점이 강조된다.[144] 생명의 창조주인 하나님은 생명에 대한 절대적 주권을 행사하여 생명을 죽이기도 하며 살리기도 하고, 상하게도 하며 낫게도 한다(신 32:39). 이러한 하나님중심적 생명 이해는 오늘날 생태위기와 관련하여 문제가 되고 있는 인간중심적 생명 이해나 그에 대한 대안으로 논의되는 자연중심적 생명 이해와도 뚜렷이 구분된다. 생명은 인간에 의해서나 아니면 그 스스로에 의해서 존재의 의미와 가치를 지니는 것이 아니라 오직 창조주와의 관계에서만 존재의 의미와 가치를 지닌다.

구약성서에서 생명을 표현하는 '네페쉬'란 몸과 혼, 그리고 영으로 구분되지 않은 전체적인(holistic) 존재를 가리킨다. 헬라 철학에서 육체가 영혼을 소유한다는 생각과는 달리 구약성서에서 인간은 네페쉬를 가지는 것이 아니라 그 자체가 곧 네페쉬며, 네페쉬로서 살아간다.[145] 인간은 '몸을 지닌 혼'이며, 동시에 '혼을 지닌 몸'이다. 육체는 영혼의 감옥이 아니라 생명의 외면성이며, 영혼은 생명의 내면성이다. 네페쉬는 몸을 지닌 인간 생명을 말하는 것이지 헬라적 영육이원론이 말하는 의미에서의 영혼이 아니다.[146] 그래서 히브리인들은 장수하는 것을 하나님의 특별한 축복으로 간주하였으며, 육체적 죽음을 생명의 끝으로 생각했다. 그러나 중간시기를 지나면서 비로소 사후의 생명, 즉 종말론적 의미의 생명에 대한 표현들이 나타나기 시작한다.

구약성서에서 생명의 상징은 피다. 피는 생명과 동일시된다(레 17:14). 따라서 고기를 먹을 수는 있지만, 피 채 먹어서는 안 된다(창 9:4; 신 12:23).

---

144) 천사무엘, 「구약성서에 나타난 생명신학」, 강원돈 외, 『생명문화와 기독교』, 한들출판사, 1999, 159.

145) 앞의 글, 160, 각주 5번 참조.

146) 김경재, 「영생을 위한 삶의 방식」, 한국종교학회 편, 『죽음이란 무엇인가』, 도서출판 창, 2001, 207-208.

짐승을 잡을 때에 그 피는 땅에 쏟아 버려야 했는데(신 12:24), 이는 생명에 대한 권한이 오직 하나님께만 있기 때문에, 주인되신 하나님께 되돌려야 한다고 생각했기 때문이다.

신약성서의 생명관은 기본적으로 구약성서의 생명관과 크게 달라보이지 않는다. 구약성서처럼 하나님은 생명의 근원이시며 생명의 주관자요, 모든 생명은 하나님의 선물로 파악된다. 신약성서에서는 하나님의 아들이신 예수 그리스도가 생명 자체이며(요 11:25), 생명을 풍성하게 하는 자이며(요 10:10), 부활을 통해 생명을 새롭게 하는 자로 이해된다(요 11:24-26).

신약성서에서 생명을 지시하는 헬라어 단어들은 비오스·프쉬케·조에 등이다. 일반적으로, '프쉬케'는 자연적 생명, 즉 현 세상에서의 육신의 생명을 지칭한다. 그리고 '비오스'는 개역성경에서 생활(living)이란 말로 번역되며, 생명의 본질이 아니라 생명의 지속과 생명유지의 방편 및 수단이란 의미로 쓰인다. 외연적인 생명을 의미하는 비오스와 달리, '조에'는 생명의 핵심과 본질로서 내연적인 생명을 의미한다.[147] 조에라는 단어를 사용하는 영생은 생물학적인 죽음 이후에 이루어지는 삶이 아니라, 지금 여기에서 영적 현실로 이루어지는 삶을 가리킨다.(요 5:24) 영생이란, 시간의 무한한 연장을 의미하기보다는 이 세상의 생명과 질적으로 다른 전혀 새로운 삶을 가리킨다고 보아야 한다. 영원이란 하나님과의 완전한 사귐에서 오는 충만함을 뜻하는 것으로서, 건강, 복지, 행복이 충만한 상태를 가리킨다.[148] 영원한 생명이란 현재적 시간의 연속선상에서의 생명 연장이나 장소의 이동이 아니라 생명자체이신 하나님의 생명과의 사귐이며, 교통이며, 참여이며, 새로운 존재양식으로의 창조됨이

---

147) 노영상, 『기독교와 미래사회』, 대한기독교서회, 2000, 132.
148) 김균진, 『죽음의 신학』, 대한기독교서회, 2002, 423-427.

다.[149] 그것은 공간적으로는 우주적이며, 시간적으로는 미래적이고, 질적으로는 신적인 삶이라는 특징을 지닌다.[150] 그런데 영생은 이기적인 자기중심적 삶을 통해서가 아니라 자기부정의 희생적인 삶 안에서 실현된다 (요12:24-25).

(2) 생명의 하나님

성부 하나님은 창조주로서 생명의 근원이요 주인이시다. 성부 하나님은 그 자신이 살아 계신 '생명의 하나님' 혹은 '살아 계신 하나님'이다 (민 14: 28; 신 32:40; 삿 8:19; 삼상 17:26; 수 3:10 등). 모든 생명이 하나님의 피조물임을 고백하는 창조신앙은 생명이 하나님의 선물이며, 따라서 인간이 임의대로 조작하거나 처분하거나 파괴할 수 없음을 밝힌다. '생명권(生命權)'이란 인간이 자기 생명의 주인으로서 처분권을 가진다는 의미가 아니라 하나님의 생명 창조권이라는 의미로 해석되어야 한다.[151] 그리고 창조신앙은 생명의 가치가 인간의 관점에서 인간을 위해 좋은 것이 아니라, 창조주 하나님의 관점에서 좋은 것이기 때문에(창 1:4, 10, 12, 19, 21, 25, 31) 생명에 대한 인간중심주의적 해석을 거부한다. 동시에 살아 계신 생명의 하나님을 믿는다는 의미는 죽음의 문화, 곧 생명을 해치고 파괴하는 모든 종류의 죽음의 세력에 대한 저항을 가리킨다.

성부가 생명의 창조자라면 성자는 생명을 구속하고 풍성하게 하는 분이다. 예수 그리스도는 생명 자체이시며(요 11:25; 14:6), 생명의 떡이요

---

149) 김경재,「영생을 위한 삶의 방식」, 214.

150) 노영상, 『기독교와 미래사회』, 134-135.

151) 맹용길,「인간복제에 대한 기독교윤리학적 이해」, 장신대 교회와 사회연구원 편, 『기독교윤리학 연구』 9, 2000.3, 51.

(요 6:33, 35, 48), 생명의 빛이요(요 8:12), 생명을 풍성하게 하시는 분이다(요 10:10). 예수 그리스도 안에서 육신을 입으신 하나님은 모든 생명체의 고난과 죽음을 함께 경험하고, 십자가와 부활을 통해 생명을 살리며 새롭게 하신다. 부활하신 그리스도는 모든 잠든 자들의 첫 열매다(고전 15:20). 그의 부활은 과거의 사건으로 끝나지 않고 죽음의 세력에 대항하여 생명의 세계를 확장시키는 새로운 생명 역사의 시작이 된다.[152]

성육신 기독론(요 1:14)은 역사적 예수뿐 아니라 모든 자연세계 안에 임재하시는 하나님을 가리킨다. 말하자면, 성육신 사건을 통해 하나님은 피조세계와 관계를 맺으신다. 우주론적 기독론(골 1:15-20)은 예수의 구원 사역의 범위가 인간을 넘어 만물에까지 확대됨을 가르친다. 예수는 단지 인간의 구원자만이 아니라 만물의 구원자로서 우주적 샬롬의 비전을 제시한다. 예언자적 기독론(눅 4:18-21)은 우리 시대의 새로운 약자인 자연세계에 대한 편듦을 통해 인간에 의해 위협받고 있는 자연 생명에 대한 하나님의 사랑과 정의를 실현한다. 하나님, 인간, 그리고 만물의 화해가 실현되는 예수 그리스도의 십자가와 부활 사건을 통해서 우리 모두는 인간과 자연세계의 생명보전을 위한 화해자로서 부름받은 자들임을 깨닫게 된다(고후 5:18-19).

성부가 생명의 창조자이며, 성자가 생명의 구속자라면, 성령은 생명을 보전하고 새롭게 하는 분이다. 성령은 창조의 능력이요, 창조 안에 있는 하나님의 현존으로서[153] 세계 창조에 함께하신 분이다(창 1:2). 성령은 창조 후에도 계속해서 피조물에게 생명과 생기를 주신다(시 104:30). 구약성서에서 하나님의 영을 가리키는 히브리어 '루아흐(ruah)'는 바람 · 기운 · 김 · 생기 · 생명 · 숨 · 심령 · 호흡 · 영 · 영감 등 다양한 말로 번역되어

---

152) 김균진, 『죽음의 신학』, 193.

153) 위르겐 몰트만, 김균진 역, 『창조 안에 계신 하느님』, 한국신학연구소, 1991, 126.

있다. 민영진에 따르면, 사람 안에서 작용하는 루아흐는 생명의 상징인 숨이나, 육체(basar) 안에 있는 생명, 혹은 정서가 깃든 중심이다. 그리고 하나님의 루아흐는 창조의 영으로서 무형의 혼돈에 생명을 가져다주는 창조적 힘이다.[154] 궁켈(H. Gunkel)의 해석대로 루아흐는 '생명을 주고 형성하는 신적 힘'이다.[155] 말하자면, 성령은 온 우주에 편재하시어 만물을 지탱하시고 그것들을 성장시키시며 생기 있게 만드시며, 만물에게 에너지를 주입하시고, 그것들에게 생명력을 불어넣어주시는 생명의 영이다.[156]

이상에서 본 것처럼 생명신학적으로 이해된 삼위일체 신관에 따르면 창조자로서 하나님은 사랑 때문에 생명세계를 창조하시며, 화해자로서 하나님은 모든 생명체를 자신과 화해시키며, 성령 하나님은 끊임없이 생명을 새롭게 하고 보전하신다.

(3) 생명의 파수꾼으로서 인간

전통적으로 '하나님의 형상(imago dei)' 개념은 합리성 · 인격성 · 도덕 능력 · 자유 · 불멸성 · 공동창조성 · 영성 · 하나님과의 관계성 · 하나님에 대한 책임성 · 사랑의 능력 등으로 다양하게 해석되었다. 이러한 인간의 특성들은 동물과 다른 점들로서 자연세계에 대한 인간의 우월성과 자연지배를 정당화하는 근거가 되었다. 하지만, 오늘날 구약성서 학자들은 하나님의 형상 개념을 해석하는 데 있어서 '인간이 누구이고 그의 본질이 무엇이냐?'는 존재론적 물음 대신에 '그가 왜 지음을 받았으며, 어떻

---

154) 민영진, 「구약성서의 영(ruah)이해」, 김성재 편, 『성령과 영성』, 한국신학연구소, 1999, 221–223; 224–238.

155) 위르겐 몰트만, 김균진 역, 『생명의 영』, 대한기독교서회, 1998, 65, 각주 2번.

156) 위르겐 몰트만, 김균진 · 김명용 공역, 『예수 그리스도의 길. 메시야적 차원의 그리스도론』, 대한기독교서회, 1990, 359.

게 살 것인가?'라는 관계론적이고 기능론적인 물음에 관심을 둔다. 그들은 이 개념이 본래 인간의 본성이 아니라 책임과 행동을 가리키는 것이라고 지적한다. 한스 발터 볼프(H. W. Wolf)는 이 개념을 하나님의 '대리 지배인'으로,[157] 게르하르트 폰 라트(G. von Rad)는 '하나님의 전권자'로 해석한다.[158] 크리스찬 링크(Chr. Link)는 이 개념이 인간의 신적 기원, 출처 혹은 속성에 관한 신학적 논술이 아니라, 전 세계의 운명을 책임질 인간 자신의 미래적 목적에 대한 표현이라고 해석한다.[159] 말하자면, 하나님의 형상으로서의 인간은 지상에서 하나님을 대리하는 자로서 하나님의 뜻을 지상에서 관철시켜야 할 창조질서의 청지기다.

우리는 이러한 생명에 대한 파수꾼으로서의 인간 이해를 창조 이야기(창 2:15)에서 분명히 확인할 수 있다. 여기서 인간은 '정원사'와 같은 존재로서 에덴동산의 각종 생명들을 돌보고 가꾸고 지키는 책임을 지니고 있다. 그리고 노아의 홍수이야기(창 6-9장)에서는 대홍수의 위기 앞에서 모든 살아있는 생명체들을 방주에 들여 생명을 보전할 책임을 지닌 존재로 묘사되고 있다. 사도 바울은 이러한 온전한 인간을 가리켜 피조물을 허무와 고통으로부터 구원해낼 '하나님의 아들들'이라고 표현한다(롬 8:20).

신약성서에 나타난 하나님의 형상은 예수 그리스도를 가리키는데(고후 4:4; 골 1:15), 그분의 삶의 특징은 사랑과 자기희생이다. 그분은 십자가를 통해 인간과 피조세계를 하나님과 화해시키셨고, 우리에게 동일한 사명을 주셨다(고후 5:19; 골 1:19-20). 말하자면, 하나님의 형상으로서 우리들은 예수 그리스도께서 그리했듯이 사랑과 희생을 통해 온 우주와 인간을 하나님과 화해시키는 삶을 살아갈 책임적 존재들이다.

---

157) H. W. Wolf, 문희석 역, 『구약성서 인간학』, 분도출판사, 1996, 275.

158) G. von Rad, *Das Erste Buch Mose: Genesis*, 11 Aufl., Göttingen, 1981, 39.

159) 이정배, 『조직신학으로서 한국적 생명신학』, 도서출판 감신, 1996, 465.

(4) 생명 살림공동체로서의 교회

교회는 하나님께서 생명의 근원이시며, 예수 그리스도가 생명을 구원하는 분이며, 성령이 생명을 새롭게 하시는 분임을 믿음으로써 영원한 생명을 얻게 된다는 믿음 위에 세워진 생명공동체다. 생명공동체로서 교회는 생명을 선포하고, 생명의 풍성함을 추구하며, 생명을 누리는 집단이다. 따라서 교회는 생명을 주제화하고, 생명축하의 예배를 드리고, 생명살림에 대한 비전을 제시하고, 생명을 살리는 구조로 끊임없이 자기갱신을 하는 공동체가 되어야 한다.[160] 교회는 영원한 생명이 그 속에서 경험되는 구체적 현실이 되어야 하며, 영원한 생명의 현실을 이 땅 위에 건설해가는 전위대가 되어야 한다.[161] 말하자면, WCC 캔버라 총회(1991)의 결의대로 교회는 '모든 창조세계의 생명을 위한 계약행동'으로서 '새 창조'의 징표가 되어야 한다.[162]

다니엘 밀리오리(D. L. Migliore)는 전통적 교회론인 '구원의 제도', '성령의 친밀한 공동체', '구원의 성례전', '복음의 전달자', 그리고 '섬기는 종'으로서의 교회론이 지닌 약점을 지적하면서 대안으로 삼위일체론적 교회론을 제시한다. 그는 하나님의 본성이 공동체적이며, 하나님이 세상을 창조하고 화해한 목적도 자신과 피조물 사이의 보다 깊은 사귐을 위한 것이라고 본다. 따라서 교회는 이러한 삼위일체 하나님의 이름과 능력 안에서 섬기는 사역을 감당하기 위해 세계 안에서 지어지고, 세계로 보내어진 공동체다.[163]

---

160) 맹용길, 「생명윤리와 미래신학」, 『생명문화와 기독교』, 한들출판사, 1999, 98–102.

161) 김균진, 『죽음의 신학』, 449.

162) 이형기, 『복음주의와 에큐메니칼 운동의 세 흐름에 나타난 신학』, 한국장로교출판사, 1999, 279–280.

163) 다니엘 L. 밀리오리, 장경철 역, 『기독교 조직신학개론』, 한국장로교출판사, 1994, 285.

제임스 내쉬(J. A. Nash)는 교회를 특별한 종류의 '돌봄 공동체'로 규정하면서, 생태계를 돌보는 일이야말로 이 시대 교회의 중요한 선교적 과제라고 주장한다.[164] 그는 돌봄 공동체로서 교회론의 신학적 토대로서 보편성과 사도성을 제시한다. 보편성은 하나님 사랑의 보편성을 가리키는 것으로서, 하나님의 사역이 모든 피조세계를 창조하고 보전하고 구원하시는 행위를 포함한다. 사도성은 교회가 피조세계 전체의 해방과 화해를 이루는 하나님의 선교에 상응하게 항상 자신을 개혁하는 공동체가 되어야 함을 의미한다. 따라서 교회는 그리스도의 새 창조에 대한 비전을 보여주고, 하나님 나라의 표지(marks)가 되도록 힘써야 한다. 그리고 하나님의 종말론적 목표가 모든 피조세계의 샬롬을 실현하는 데 있기 때문에 교회의 사명 역시 정의와 평화 그리고 생태학적 통전성을 추구해야 한다.[165]

한편, 위르겐 몰트만(J. Moltmann)은 에베소서와 빌립보서에서 교회의 머리인 그리스도와 그리스도의 몸인 교회 상(像)이 만물의 구원에 적용된다는 사실에 주목하여, 교회를 우주만물의 생명을 돌보고 양육하는 '만물의 어머니'로 이해한다.[166]

교회의 표지(marks)와 관련하여 밀리오리는 가톨릭교회가 '눈의 교회(성례전이 올바로 집행되는 곳)'만을 강조했다면, 개신교회는 '귀의 교회(복음이 올바로 선포되고 들려지는 곳)'만을 일방적으로 강조하는 잘못을 범했다고 지적한다. 그리고 이 두 입장은 다 같이 마태복음 25장에 보여지는 가난한 자들, 배고픈 자들, 아픈 자들, 그리고 갇혀 있는 자들 가운데 계시는 예수 그리

---

164) J. A. Nash, *Loving Nature. Ecological Integrity and Christian Responsibility*, Abingdon Press, 1991, 133.

165) J. A. Nash, *Loving Nature. Ecological Integrity and Christian Responsibility* 134–136.

166) 위르겐 몰트만, 김균진 역, 『창조 안에 계신 하느님』, 한국신학연구소, 1991, 351–352.

스도를 발견하지 못한다고 비판한다. 그러면서 그는 '고통당하는 생태
계와의 연대'야말로 생명위기의 시대에 새로운 교회의 표지라고 주장한
다.[167)

이정배는 레오나르 두한(L. Doohan)과 더불어 교회를 가정 곧 살림공동
체 모델로 이해할 것을 제안하면서, 그 이유로 다음 세 가지를 든다.[168)

① 교회라는 용어가 가정을 가리키는 그리스어 퀴리아케 오이키아(kyriake
oikia: 주님의 가정)란 말에서 유래되었다.
② 가정은 살림살이가 이루어지는 공동체이고, 교회는 우주적 살림공동
체다.
③ 가정의 살림살이에서 여성이 중요하듯이 교회 내에서도 여성의 역할이
중요하다.

가정과 교회의 유사성에 대한 이런 인식에 기초하여 이정배는 살림 공
동체로서의 교회의 과제를 성만찬이 교훈하는 진리에서 찾는다.[169)

① 성만찬 식탁에 올려 진 모든 음식은 공평하게 나누어지는데, 모두가 저
마다 필요한 것을 얻는다는 것이야말로 생명문화의 근본조건이 된다.
② 성만찬 식탁은 단순하고 소박한 음식으로 준비되며, 음식물쓰레기는
굶주리는 이웃들을 생각할 때 명백한 죄악이다.
③ 성만찬 식탁은 대화와 사귐을 동반한 밥상공동체로서 모든 종류의 단
절된 관계를 회복하는 힘을 지니고 있다.

---

167) 다니엘 L. 밀리오리, 『기독교 조직신학개론』, 291-292.
168) 이정배, 『조직신학으로서 한국적 생명신학』, 464-468.
169) 앞의 책, 466-468.

④ 성만찬 식탁은 인간이 이 땅의 주인이나 소유자가 아니라 초대받은 손님으로 존재한다는 진리를 확인시킨다.

⑤ 종말론적 식사로서 성만찬은 감사는 물론 새 하늘과 새 땅에 대한 비전을 동반하는 식탁이다.

(5) 생명과 죽음: 생명신학의 종말론적 차원

생명을 올바로 이해하기 위해서는 죽음을 언급하지 않을 수 없다. 왜냐하면 삶과 죽음은 하나의 생명 과정이며, 죽음 앞에서 비로소 생명의 신비가 가장 분명하게 드러나기 때문이다. 죽음에 대한 대답이야말로 생명의 의미를 가장 분명히 드러낸다고 할 수 있다. 따라서 죽음을 두려워하고 거부하는 태도는 삶을 거부하고 무의미하게 만들 위험성을 지닌다. 마틴 호네커(M. Honecker)의 주장대로, 죽음에 대한 태도는 삶에 대한 태도만 아니라 삶 가운데서의 행동까지 결정하기 때문에 죽음에 대한 연구는 생명신학의 중요 과제가 될 수밖에 없다.[170]

그럼에도 불구하고 현대의학과 생명과학기술은 공통적으로 죽음의 문제를 기피하고 터부시하며, 기술의 힘을 빌려서 생명을 시간적으로 연장하는 데에만 관심하고 있다. 그 결과 오늘날 죽음은 종교적이고 도덕적인 설명으로부터 과학적이고 가치중립적인 방식으로 설명되고 만다. 생명문제에 관한 한 의사들은 '왜'가 아니라 '어떻게'에 대한 질문에만 관심한다.[171]

성서 안에는 죽음에 대한 통일된 견해가 나타나지는 않는다.[172] 하지

---

170) M. Honecker, *Einführung in die theologische Ethik*, Berlin/New York, 1990, 362.

171) 박노권, 「다원주의 시대에서 죽음에 대한 신학적 접근」, 『기독교사상 논단』, 1999, 519.

172) 심상태, 『인간: 신학적 인간학 입문』, 서광사, 1989, 280.

만 기독교는 죽음을 모든 피조물에게 정해진 운명으로서 자연스럽게 받아들여야 할 인간 현실로 이해한다.[173] 엘리자베스 퀴블러 로스(E. K. Ross)는 죽음을 인간 발달 과정의 마지막 단계로서 삶의 한 부분이라고 보았다. 그녀에게 있어서 죽음은 "정복되어야 할 적이 아니고, 기대되어지는 것이며, 삶의 여행길의 우호적인 동반자"다.[174]

물론 성서는 죽음이 하나의 생물학적 사건이기도 하지만 동시에 생명을 위협하고 파괴하는 영적 세력임을 지적한다. 그래서 바울은 신학적으로 죽음을 죄의 결과로 보며, 죄성에 대한 하나님의 심판으로 본다(롬 5:12; 6:23; 고전 15:22). 그리고 죽음은 우리가 유한한 존재임을 깨닫게 하며 죽음의 순간에 생명의 근원이신 창조주 하나님을 바라보게 만든다. 생명의 근원이신 하나님은 인간이 죽음에 임해서도, 그리고 죽음 너머에 있을 때에도 인간의 삶과 죽음 그리고 영생의 존재 근거요 존재 희망이시다.[175] 하나님은 생명의 주관자이실 뿐만 아니라 죽음의 주관자이시기도 하다(신 32:39; 행 10:42; 롬 14:9). 그러므로 우리가 참으로 두려워해야 할 대상은 죽음 그 자체가 아니라, 죽음의 순간에 대면하게 될 하나님이다.[176] 죽음 앞에서 우리들 자신의 감추어진 모든 비밀과 죄악들이 노출되어 마치 벌거벗은 몸처럼 하나님 앞에 드러나게 될 것이기 때문이다.

그리스도인이라고 해서 죽음의 현실을 무시할 수는 없지만, 죽음이 최종적인 언어가 될 수는 없다. 그리스도인에게 죽음은 새로운 생명이 시작되는 길이다. 죽음은 삶의 실패가 아니라 오히려 삶의 열매를 맺고 사

---

173) H. 포그리플러, 심상태 역, 『죽음: 오늘의 그리스도교적 죽음 이해』, 바오로 딸, 1994, 67.

174) 박노권, 「다원주의 시대에서 죽음에 대한 신학적 접근」, 520 재인용.

175) 김경재, 「영생을 위한 삶의 방식」, 206–207.

176) 앞의 글, 213.

명을 완성하는 길이다. 죽음은 끝(finis)인 동시에 완성(telos)이다.[177] 한 알의 밀 알이 땅에 떨어져 열매를 맺듯이 우리의 죽음이야말로 우리의 삶을 완성시키고 많은 열매를 맺게 한다(요 12:24).

예수 그리스도의 부활하심은 죽음에 대한 완전히 새로운 해석을 가능케 한다. 왜냐하면, 부활에 대한 신앙 안에서 죽음이 이미 극복되었기 때문이다(요 5:24). 기독교 부활 신앙은 죽음의 힘을 무력화시키며 상대화시킨다(롬 8:38-39; 고전 15:55). 부활 신앙으로부터 우리는 죽음의 참된 극복이 우리의 삶에서 죽음을 제거하거나 회피하는 데 있는 것이 아니라, 부활의 희망 안에서 이루어짐을 알 수 있다.[178] 그러기에 신약성서에서는 신앙인의 죽음을 '잠들었다'고 표현한다. 이것은 그리스도인들이 영생에 대한 신앙과 부활에 대한 믿음을 통해서 이미 죽음에 대한 공포와 두려움으로부터 벗어났다는 사실을 보여준다.

5) 맺는 말

환경파괴가 멈추지 않고 생명공학기술의 발전이 가속화할수록 인간 생명과 자연 생명은 더 심각한 생존 위기에 직면할 것이며, 그에 상응해서 생명에 대한 신학적 논의도 더 활발해질 것이다. 생명신학과 생명윤리가 신학과 윤리의 새로운 패러다임으로 발전해 나갈것이다. 생명신학은 생명의 절대적 가치와 의미를 신학적으로 논증함으로써 죽음의 문화를 극복하고 보다 충만한 생명을 가능하게 하는 생명문화에 대한 이론적 토대를 제공해야만 한다. 이 일을 위해 생명신학은 먼저, 생명의 근원

---

177) 김균진, 『죽음의 신학』, 202.

178) 심상태, 『인간: 신학적 인간학 입문』, 291.

되신 하나님에 대한 이해로부터 출발해야 한다. 창조주 하나님은 생명의 근원이시며, 예수 그리스도는 생명을 구원하시며, 성령은 생명을 새롭게 하신다. 이런 하나님 중심의 생명이해로부터 생명의 절대적 가치와 존엄성에 대한 인간의 윤리적 책임이 도출된다. 한편, 인간은 하나님의 형상으로서 하나님이 창조하시고 구원하시며 새롭게 하시는 생명을 돌보고 가꾸고 구원해야 할 책임을 지닌 존재다. 그리고 교회는 부활신앙에 기초한 생명공동체로서 새창조의 징표가 되어야 한다.

생명신학의 발전을 위한 연구과제로는 다음과 같은 주제들이 남아 있다.

첫째, '한국적' 생명신학의 정립을 위해 한국종교들과 전통사상에 나타난 생명에 대한 이해를 계속적으로 연구해야 한다.

둘째, 생명을 낳고 기르고 양육하는 주체들인 여성들에 의해 이루어지는 신학적 통찰들과의 대화가 필요하다.

셋째, 생명문제와 관련한 갈등 상황에서 생명의 절대적 가치를 선택할 수 있는 실천윤리적 연구도 필요하다. 여기에는 인간 배아 연구, 유전자 조작 기술, 그리고 인간복제 기술 등 생명공학적 이슈들만이 아니라 자살, 낙태, 안락사, 뇌사 등의 생명의료윤리적 주제들도 포함될 것이다.

넷째, 일체의 생명경시풍조나 죽음의 문화를 극복할 수 있는 생명문화의 창조에 대한 연구도 필요하다. 이것은 경쟁지향적 삶의 방식 대신에 연대와 협력을 강화하고, 물질주의의 양적 성장 대신에 질적 성숙을 도모하며, 소비나 소유 대신에 존재를 내용으로 하는 새로운 문화운동을 의미한다.